Fluchtpunkt Musik

Peter Gülke

Fluchtpunkt Musik

Reflexionen eines Dirigenten zwischen Ost und West

Bärenreiter
J. B. Metzler

Gemeinschaftsausgabe der Verlage
Bärenreiter, Kassel und J. B. Metzler, Stuttgart und Weimar

Die Deutsche Bibliothek – CIP-Einheitsaufnahme

Gülke, Peter:
Fluchtpunkt Musik : Reflexionen eines Dirigenten zwischen Ost und West / Peter Gülke. – Kassel : Bärenreiter ; Stuttgart ; Weimar : Metzler, 1994
ISBN 978-3-7618-1198-6 (Bärenreiter)

ISBN 978-3-476-01209-8 (Metzler)
ISBN 978-3-476-03539-4 (eBook)
DOI 10.1007/978-3-476-03539-4

Ursprünglich erschienen bei Bärenreiter-Verlag Karl Vötterle GmbH & Co. KG, Kassel und J. B. Metzlersche 1994

Inhalt

Der Verfasser dieser »Reflexionen« lebte und arbeitete bis zum Frühjahr 1983 in der DDR, zuletzt als Generalmusikdirektor in Weimar, wo er auch geboren wurde und aufgewachsen ist. Neun Jahre nach seinem abrupten Abschied hat er in Weimar wieder ein Konzert dirigiert. Dieser Anlaß, obwohl unter den neuen Umständen nicht mehr außergewöhnlich, erschien ihm mitsamt dem Umfeld – dem Wiedersehen mit Musikern, Kollegen, Bekannten, Freunden, dem Besuch der klassischen Stätten, neubelebten Erinnerungen – außergewöhnlich genug, um in einem Tagebuch reflektiert zu werden. Dessen Spuren findet der Leser in der Datierung einiger Abschnitte, die den Aufzeichnungen ein von persönlichen Begegnungen geschaffenes Gerüst geben. Die Spannweite des in den Weimarer Tagen Erlebten und dessen, was sie anregten, war zu groß, als daß der Schreibende das Resultat noch als »Tagebuch« bezeichnen dürfte. So sah er sich angewiesen auf einen sehr allgemeinen Hauptnenner, den – in historischen, ästhetischen, politischen, musikalischen, privaten Reflexionen und deren Vermischung – unbescheiden breitgefächerten Versuch eines aus Weimar stammenden Musikers, dorthin heimzukehren.

Je suis mon passé

Vor neun Jahren »gezwungen, die DDR freiwillig zu verlassen« (so die Formulierung eines Schicksalsgenossen) hatte ich »Fidelio« zu dirigieren. Und jetzt, im Februar '92, wieder. Damals dort nie ganz abgefahren, hier nie ganz angekommen, könnte ich jetzt zurück, ohne abfahren zu müssen wie damals; die Kategorien Abfahrt und Ankunft aber gelten nicht mehr wie vor neun Jahren und sind dennoch unerledigt.

Eben erklärt der Regisseur, der Schluß des »Fidelio« habe mit Utopie und Öffnung in ein besseres Morgen wenig zu tun, die da »Heil sei dem Tag, Heil sei der Stunde« sängen, seien dazu gepreßt und sollten von eilig verteilten Blättern ablesen. Ich kenne das theatralische Schwelgen im Entlarven von Hoffnungen, die Prahlerei mit vermeintlich aufgeklärter Illusionslosigkeit und mißtraue dem als Flucht nach vorn vor unserer Unfähigkeit zur Naivität und weil es sich gegen Leute richtet, die mit den humanen Träumen, den erschwindelten Wahrheiten des Theaters ohnehin nichts im Sinne haben. Heute ganz und gar erscheint es mir selbstbetrügerisch töricht, ähnlich der aktuellen Rede vom »Ende der Geschichte«. Wir arbeiten hier keine Autostunde entfernt von der früheren jugoslawischen Grenze.

Ich höre mich schwerfällig dagegenreden und registriere, daß meinen Argumenten das Umfeld gemeinsamer Erfahrungen und Begriffe fehlt: ich sei Blochianer und wüßte, weshalb; schließlich gebe es das Trompetensignal etc. Mein Kontrahent verzeiht die Kindereien. Daß nicht irgendeiner gesagt hat, man solle den »Träumen seiner Jugend ... Achtung tragen« und Beethoven wie kein anderer Musiker ein Beispiel solcher Achtung gegeben habe, behalte ich schon für mich. Unser Minimalkonsens betrifft das unheiter Angestrengte, Militante des Schlußjubels, die Nähe zum Terrorismus der Glücklichen, die den hinausdrängen, der nicht einstimmen kann – Schillers »...und wer's nie gekonnt, der stehle / weinend sich aus diesem Bund«, das Beethoven in der Neunten genaugenommen

›unkomponiert‹, vom Strophenmechanismus gedeckt passieren ließ. Ein Bezug auf den politischen Fatalismus in Sartres »Räderwerk« bringt uns wieder auseinander; mit dem Hinweis, daß Beethoven bei »O Gott, welch ein Augenblick« seine Kantate auf den Tod Josephs II. zitiert und die zugehörigen Worte »da stiegen die Menschen ans Licht« nahezu hörbar mitgedacht erscheinen, richte ich wenig aus. Ohne noch davon zu reden, daß jeder ambitionierte Stückschluß transzendieren, die Grenzen der für dieses Werk, diesen Abend geltenden Spielverabredung tendenziell überspringen muß, halte ich mich an die Trompete, an »Es sucht der Bruder seine Brüder« – als Botschaften, die nicht in Zweifel gezogen werden müssen, weil vielleicht eines Tages auch des Ministers Regime degenerieren werde – vorderhand bezeichnet die Intervention des durch »des besten Königs Wink und Willen« Entsandten den geschichtlichen Augenblick des Josefinismus, das seinerzeit höchst Erhoffbare und Erreichbare; ich vertraue darauf, auch im Gedanken an die Dresdner Aufführung vom Herbst '89, daß die Chiffre »Fidelio« heute wieder anders, konkreter gelesen wird und der Hoffnungsdruck, der vor 200 Jahren Bouilly/Treitschkes Kolportage adelte, zugleich denjenigen formuliert, der die Menschen in Leipzig, Berlin, Prag auf die Straßen trieb. Da war die zunächst scheinbar chancenlose, ›unrealistische‹ Hoffnung nicht mehr nur entschuldbar ›menschlich‹, sondern, indem sie Realitäten schuf, klug und realistisch. Und die frühere, Entfremdungen ausgesetzte Hoffnung war keine grundsätzlich andere, auch sie ›gütig-geschäftig‹, aufrichtend, tröstend, getreten, verbogen, gewiß zu mancher rettenden Selbsttäuschung und dazu einladend, ein Leben als uneigentlich und vorläufig zu begreifen, das jetzt als schwer verständlicher Irrtum, eine krude Fehlinvestition, als kostspieliger Treppenwitz der Geschichte erscheint und dazu auffordert, Verantwortung für dieses Stück Leben loszuwerden.

»Je suis mon passé« – aber welches? Die DDR vom Frühjahr 1983 war eine andere als die sechs Jahre später delirierende, die ich, obwohl ausgeschlossen, ebenfalls für mein »passé« beanspruche. Die mit Mauer, Wachtürmen, Stacheldraht, Laufhunden gegen mich abgesperrte Heimat war eine andere als die, in die ich nun jederzeit reisen kann – selbst wenn ich die jüngsten Veränderungen übersähe. Und dieselben Umstände, Ereignisse, Erlebnisse hatten je andere Gesichter für den, der dort lebte, für den Fortgegangenen und für den, der wie ein Kartenhaus zusammenbrechen sah, was vordem lebenslänglich verordnet schien. Er gehörte zu ihr wie sie zu ihm, er muß sie, allen nunmehr erwiesenen Scheinhaftigkeiten zum Trotz, als gewesene Wirklichkeit bejahen, nach Sinn und Notwendigkeit befragen, um sein »passé«, seine Geschichte aufzufinden, um sich in einander überkreuzenden, widersprechenden Geschichten zusammenzusuchen.

Dort, wo du nicht bist

Tiefurt hatte mich schon vor zwei Jahren belehrt, welche Heimkehr es nicht gibt. Ich hatte die Stadt östlich umfahren und eben diesen Einstieg gesucht, der vom Lebensklima des Hofes der Anna Amalia am meisten bewahrt. Die Sonne hing ziemlich tief im milchig dunstigen Himmel; Schloß, Kirche und kahle Bäume warfen, vom Hang oberhalb des Ilm-Bogens gesehen, lange Schatten über die große Wiese, das grüngelbe Licht paßte zu dem Schwefelgeruch, der sich auf die Brust legte. Die Idylle lag eingezogen, wie unerreichbar unter der Dunstglocke; das heruntergekommene Musentempelchen, wo Corona Schröter die »Fischerin« kreiert hatte, stand verloren, von der eigenen Örtlichkeit im Stich gelassen. Vor mir die gurgelnde, schnell fließende Ilm, auf der sich Enten treiben ließen, jetzt vor allem der heraklitische Fluß: »Wir steigen in denselben und doch nicht in denselben; wir sind es (noch) und sind es doch nicht.«

Fatale Emigranten-Wehmut, die auf die Unerreichbarkeit der Heimat angewiesen ist, auf ein von störenden Realien gereinigtes Erinnerungsbild, das an der heraklitischen Erfahrung vorbeimogeln hilft und der von Schiller nachsichtig denunzierten »Rührung« nahekommt: »...bezeichnet die gemischte Empfindung des Leidens und der Lust am Leiden. Rührung kann man also nur dann über eigenes Unglück empfinden, wenn der Schmerz über dasselbe gemäßigt genug ist, um der Lust Raum zu lassen, die etwa ein mitleidender Zuschauer dabei empfindet. Der Verlust eines großen Gutes schlägt uns heute zu Boden, und unser Schmerz rührt den Zuschauer; in einem Jahr erinnern wir uns dieses Leidens selbst mit Rührung.«

Schillers »Lust« arbeitet dem Heimweh trefflich zu: Enten im

Wasser und untergehende Sonne gab es auch auf einer Sehnsuchts-Ikone, dem Foto eines in vielen Sommern befahrenen, nun acht Jahre versperrt gewesenen Sees. Im klar gezeichneten Vordergrund, bei den Wellenringen, die die Enten vor sich herschieben, findet die Erinnerung kaum Ansatzpunkte; bestenfalls taucht sie ins dunkle, kühle Wasser. Im Hintergrund aber, wo die goldrote Sonne über der Bucht steht, wo ihre Lichtbahn sich auf der Oberfläche mit hellen Streifen kreuzt und die Uferlinie im Dunst verschwimmt, im Sfumato, in das sich viel hineinsehen, hineindenken läßt, kann sie sich gar nicht genug tun, sie destilliert die Essenz aller dort verbrachten Abende, legt um mich Geräusche und Assoziationen wie konzentrische Ringe. Sehr leicht und gleichmäßig auf dem Ohr der Druck einer Brise, darüber zuweilen das Surren eines Insekts oder, wenn ich das Paddeln unterbreche, das weiche Staccato der von den Blättern fallenden Tropfen, dazu das Spülen und Glucksen des nur noch kräuselig gewellten Wassers; manchmal ein sanftes Platschen, wenn, verlockt durch schräg einfallende Sonnenstrahlen, die Fische springen. Dahinter, ein weiträumig um das Boot herumgelegter Kranz, die Rufe der Haubentaucher und Blesshühner, sogleich höher intoniert, wenn oben ein Milan oder Bussard kreist; als ein weiterer Ring, hell timbriert, das Rascheln des Schilfs am Ufer, den Orgelpunkt dazu gibt das dunklere Rauschen der Bäume, der »alten Buchen..., deren Zweige von ihrer eigenen Schwere nach unten gezogen, den See mit ihrer Spitze berühren« (Fontane über den Stechlin). Ganz weit entfernt, die Dimension, den Landschaftsraum anzeigend, ein Zug, ein Auto, das Bellen eines Hundes; und irgendwann, viel näher, der schwere Flügelschlag eines Reihers; allmählich höher steigend, weiter sich entfernend überquert er die Schichten der Partitur dieses Abends, ritzt dessen hörbare Stille wie die Pinselstriche eines chinesischen Malers, der in den leeren Bildraum ein Boot setzt, das uns die Weite eines zeichnerisch kaum angedeuteten Sees suggeriert. Und wenn ich Glück habe, höre ich, von weither herüberklingend, das heisere Gru-gru eines Kranichpaars an den Ufern anderer Seen widerhallen.

Zurück nach Tiefurt, wo eine gar nicht goldrote Sonne im gelben Schwefeldunst ersäuft und Corona Schröter ihre Szenerie schwerlich wiederfände: Noch vor kurzem hätte ich viel darum gegeben, zum vielleicht zehnten Male eines Schloßführers Erzählung von der über Nacht in ihrem Zimmer eingemauerten Göchhausen anhören zu können. Jetzt blieb es beim Entenfüttern.

Stallwärme

Heimweh nach der DDR – noch zwei Jahre nach seiner Rückkehr habe es ihn verfolgt, erzählt ein amerikanischer Musiker, der einige Jahre im Gewandhaus gespielt hat: »die Freundlichkeit, das Entgegenkommen, die Herzlichkeit, die Wärme!« Und viele Kollegen, die jetzt drüben arbeiten, bestätigen dies. Das hört selbst ein Rausgeworfener nicht ungern; freilich erinnert es auch an die Schwärmerei westlicher Autofahrer für Dörfer und kleine Städte »noch wie vor dem Krieg« oder die stillen Chausseen in Brandenburg. Was die Städte und Chausseen so ließ, wie sie waren, brauchten sie nicht mitzutragen. »Wärme eines Kaninchenstalls« befindet einer, der es erlebt hat; ohne Mief war sie nicht zu haben.

Und hier die Kontrapunkte. »Ich lebte in einem Land, in dem jede Erinnerung an ›früher‹ belastet war, unter Menschen, die schnell beleidigt waren, aggressiv wurden, zu schimpfen begannen oder erbittert schwiegen... Die anheimelnde Wärme des Kachelofens, der Küchen- und Spinnstubendunst, die konservierte Bodenständigkeit – vielen Westdeutschen mußte in der Zugluft international geprägter Unruhe, im Wirbel der überseeischen Moden und Trends, das Milieu DDR wie eine innige Erfüllung des Wortes ›Zuhause‹ erscheinen. Die Enge, das giftige Aufeinanderhocken in der Isolation, die paranoide Vorstellung, rings von Feinden umstellt zu sein – es sind alte deutsche Gefühlslagen« (Chaim Noll). »Es waren Gesichter, geprägt durch das dauernde Atmen des gleichen Sauerstoffs, entfärbt durch den dauernden Andrang des gleichen Lichts, durch ein dauernd gleiches Denken, durch laufend wiederholtes Voransprechen derselben Formeln geebnet; die meisten von ihnen hatten seit vierzig Jahren den gleichen Staub ertragen, den gleichen Rauch, sie waren durch immer ähnlich gemäßigte Temperaturen gegangen, sie hatten durch ein fast vierzigjähriges Identitätstraining jeden schärferen Knick in ihren Seelen ausgebügelt« – in Wolfgang Hilbigs Beschreibung (unfairerweise aus einem novellistischen Zusammenhang herausgerissen) finde ich Wahrheit und zugleich Ungerechtigkeit gegenüber dem einstigen Lebensumkreis – und zuviel Freispruch für die vermeintlich Unverbogenen der anderen Seite.

Sicherlich hatte die Wärme zu tun mit Einräumungen, dem dummen Bedürfnis, sich zu entschuldigen für etwas, was man nicht kann, nicht hat, nicht ist. Westlichen Besuchern war es leicht gemacht, sich nicht nur als besser weggekommen zu fühlen, sondern, waren sie nur grob genug gebaut, als bessere Menschen – der blank geputzte Mercedes als humane Qualifikation: zu bereitwillig in Einräumungen, zu sehr der eigenen Beengungen bewußt das Entgegenkommen gegenüber denen, die den Duft der weiten Welt mitbrachten, für die eine Reise nach Paris gleiche Dimension hatte wie für uns eine Radtour nach Großkochberg. Sie mochten noch so nüchtern erzählen – allemal leuchteten die unerreichbaren Orte, deren Namen allein schon utopische Bedürfnisse stillen konnten, sie mußten alle schöner sein als Krakau, Prag oder Budapest. Mancher saß gern im Zug bis Magdeburg oder Eisenach, weil er wußte, daß der später in Frankfurt oder Paris Est einrollen würde. Und durfte er wirklich weiterfahren, so tat er gut daran, mit dem augenleuchtenden »ich bin da« bei den Gastgebern hauszuhalten, denn die konnten das selten so aufregend finden wie er.

Inwiefern die Wärme, nach der mein Kollege in Yale sich sehnt, auch erleichterte Bedingungen hatte, kam spätestens zutage, wo eine DDR-typische Muffelei davon Gebrauch machte, daß es nicht zu Buche schlug, ob man freundlich war oder nicht, wo die Rolle der Schlechtweggekommenen sehr selbstverständlich reklamiert war samt dem Anrecht aufs regelmäßig eintreffende Westpaket. Gemeinsamkeit des Unvermögens, ob selbstverschuldet oder nicht, verbindet nicht weniger als gemeinsame Vorhaben – dafür liefert die Solidarität unter Bürokraten, in der DDR diejenige innerhalb der Funktionärskaste, schlimme Beweise.

Zu wissen, daß wir dies nicht können, jenes nicht dürfen, bringt uns einander näher, beginnend bei dem gemeinsam genossenen Zorn angesichts der auf Rot gestellten Ampeln und auf die, die es besorgt haben. Wenn so eindeutig geklärt ist, welche Verantwortungen wir nicht beanspruchen können, wenn der Druck von oben uns Konkurrenzverhältnisse weitgehend erspart, fällt es nicht schwer, unterhalb der Reglementierungen in kleinen Raten geglücktes Leben in die Scheuer zu bringen. Nur fragt sich, ob diese Konstellation bedrückenden Verhältnissen reserviert sei – eine Einräumung, die die ödipale Zuspitzung made in GDR nicht besser macht, das vergiftende Ineinander von Bedrückung und Bequemlichkeit, die verführerische Einladung, belastende Verantwortungen los zu sein (sie hat bei den unpolitischen Deutschen eine lange Tradition) und Rechenschaft zu versäumen darüber, inwiefern Freiheit und Verantwortung zusammenhängen.

Wenn wir von Wärme schwärmen, dürfen wir die Entlastungen des Lebens unter diktierten Verhältnissen nicht vergessen, und wenn wir vom kalten Wind der neuen Verhältnisse reden, nicht die Zumutungen einer per intentionem demokratisch verfaßten Gesellschaft, die Wagnisse und Risiken der Freiheit. Immerhin – auch das war möglich, auch das eine Wahrheit: daß ein Amerikaner sich nach Leipzig anno 1984 sehnt.

Fortgehen, Ankommen

Wenn einer nur »von Deutschland nach Deutschland« gegangen ist, sollte er nicht in Emigrantengefühlen baden, sollte sie auch nicht nachträglich damit legalisieren wollen, daß mittlerweile jeder weiß, wie weit beide Deutschlands auseinanderliegen. Emigranten – erst recht die, die sich gern als solche sehen – sollten immer wissen, inwiefern sie lästig sind. So wenig schon ein Gutwilliger das Unglück des Nächsten lange aushält, so wenig der Einheimische, was ihm der Fremde vor Augen stellt: dem geht es – meistens – schlechter, schon, weil er die Heimat verlor, und dort ging es noch viel schlechter; ob er will oder nicht, er verschafft dem Gastgeber Schuldgefühle, mindestens das belastende Bewußtsein, in einer lebenswichtigen Hinsicht nicht mitreden zu können, nicht zu dürfen. Weil der Emigrant die Beglaubigung seiner Existenz von woandersher mitbringt, kann der andere sie nicht nachvollziehen; er empfindet das umso mehr, als jener, um das schwierige Zurechtkommen mit der neuen Umgebung zu erklären, zu viel davon redet – er will sich entschuldigen und versorgt seine Umgebung mit Schuldgefühlen, an denen sich, wenn das humane Kommando versagt, Aggressionen nur zu gern nähren. Daß der Einheimische zu Hilfe verpflichtet ist und der Fremde – wie nüchtern er immer reflektiert, daß keiner hier auf ihn gewartet, keiner ihn hergebeten hat – sich vom Anspruch auf Hilfe schwer trennen kann, setzt die beiden in ein schwieriges Verhältnis. »Ein Mensch, der nicht mehr ›wir‹ sagen kann« (Améry) – wie kommt man mit dem zurecht? Insofern Moral, wenn sie gesellschaftlich taugt und wirkt, allgemein verbindet, läuft der Emigrant Gefahr, unmoralisch zu erscheinen: Er kann sich in die Höhle der früheren Existenz zurückziehen in dem Bewußtsein, daß keiner aus der neuen Mitwelt ihm dorthin folgen werde. Das gilt auch für den, der rasch Arbeit und Auskommen fand, unvermutet viele Freunde entdeckte und keine andere Sprache lernen mußte – trotzdem empfindlich für alle mit »Exil« und »Emigration« verbundenen Assoziationen und Stichworte, offenbar also doch teilhabend an der Erfahrung »man muß Heimat haben, um sie nicht nötig zu haben« (Améry).

Alle indessen, ob irgendwo weggegangen und anderswo angekommen oder nicht, haben ihre »Höhlen«, wenn auch nicht so genau bestimmbare, haben ihre eigene, geheime, für andere kaum nachvollziehbare Geschichte, ihre inkommensurablen Beglaubigungen; eine durchaus moralische Erfahrung weiß, daß jedes Leben, jede Lebensform, fast jede Situation eine je eigene Moral besitzt, jeweils tragfähige Erklärungen oder Entschuldigungen mobilisiert – so daß Exil sich auch als Zuspitzung von etwas verstehen ließe, was jeder erlebt, und der Eingesessene längst nicht so viel identitätstiftendes ›Wir‹ beschwört, wie er meint, wenn er davon redet (wie oft definiert er es erst an dem, den die Definition ausschließt); daß aber auch der Emigrant, in seine »Höhle« rückblickend, dort mehr Identität findet, als im verlorenen Leben realiter je war.

Spätestens in der seltsamen »Enttäuschung«, daß Städte und Landschaften, nach denen man sich sehnte, nicht mehr unerreichbar sind, entdeckt Heimweh sich auch als Gegenstand seiner selbst, als etwas, das die Menschen, Städte, Landschaften halb als Vorwand benutzte. Sehnsucht nach Unerreichbarem gehört in unseren seelischen Haushalt, weil, genaugenommen, »der Mensch nicht weiß, wohin er zurückkehren noch wie er den Zustand wiedererlangen soll, an den er sich nicht mehr erinnern kann. Das Heimweh danach bildet den Grundton seines Wesens, dank dieser Trauer kommuniziert er mit dem, was in ihm am ursprünglichsten ist« (Cioran). Dieses Heimweh bedarf als Arbeitshypothese der Illusion einer »dort, wo du nicht bist« versprochenen Identität, eines dort möglichen vollkommenen Selberseins und läßt zu leicht vergessen, daß »man selber zu sein bedeutet – ununterbrochen zu rufen, daß man nicht jemand anderes ist«, daß man »nicht jemand anderes sein kann... nur inmitten von anderen« (Szcypiorski). Wo immer wir uns befinden, wie immer wir dort ankamen, Emigranten wie Einheimische, wir sind dorthin gestellt, entliehen, verschlagen; inwiefern eine Existenz einen bestimmten, eigenen Ort braucht, weiß derjenige freilich genauer, der, auf »mobile Heimat« (Améry) angewiesen, es neu versuchen mußte. Wie stets von Freiheit mehr weiß, der sie entbehrte.

»Geh mit dem Wind, / sagen die Schatten«, heißt es in Peter Huchels »Exil«, dem vielleicht schönsten Gedicht zu dem Thema – welches beziehungsreich offenhält, ob der Sprechende sich schon im Exil befinde oder es nur erwäge. »Sei getreu, sagt der Stein« beginnt die zweite Strophe und unterscheidet nicht zwischen Treue zu sich selbst und Treue zur Heimat und sie setzt fort: »Die dämmernde Frühe / hebt an, wo Licht und Laub / ineinanderwohnen / und das Gesicht / in einer Flamme vergeht.« Licht und Laub wohnen überall ineinander und versprechen jedem, dem Emigranten wie dem Einheimischen, neu »dämmernde Frühe.«

Si j'étais roi

Als die Wende kam, beschloß er, Politiker zu werden. Zuvor hatte er auf bescheidenem Lebensniveau Berufe, Städte, Wohnungen, Konfessionen, Parteien und Frauen mehrmals gewechselt; nun ist er einer, ohne den – das sagt er alle drei Minuten – »in dieser Stadt nichts läuft«. Wir haben uns lange nicht gesehen und hätten uns einiges zu erzählen. Die erste Viertelstunde unter der Dusche seines Redestroms versuche ich es für mich mit Entschuldigungen: Da sitzt einer, der sich fast über Nacht als öffentliche Figur wiederfand, eine neue, große Aufgabe gestellt bekam, von ihr erfüllt ist, sich an sie weggibt etc. In der zweiten Viertelstunde verfolge ich, ob es ihm gelingt, einen Satz ohne »ich« zu beginnen, beobachte, wie in allem, was er tut, wie er Getränke eingießt, Zigaretten anzündet, Rauch in die Luft bläst, mit Denkermiene dreinblickt, der Gestus der very important person sich eingenistet, wie er seiner dürftigen Körperlichkeit einen machohaften Bewegungshabitus abgezwungen hat. Um das Gespräch erträglich zu machen, suche ich weitere Einräumungen: daß die beiden letzten Jahre eher die Zeit der schnell Zupackenden waren als die der Bedenklichen und Zauderer, die sich ob des Geschehenen die Augen reiben, seine aus unerschöpflichem Geltungsbedürfnis gespeiste Tüchtigkeit also gut am Platze ist; daß er rechtsfreie Räume, manches Machtvakuum nicht ungeschickt im Interesse des Allgemeinwohls genutzt haben mag und, durch Erfolg bestätigt, das Hasardspiel dabei nicht mehr bemerkte – zumal er die Begabung hat, selbst wenn er flunkert, wenigstens augenblicksweise zu glauben, was er sagt. Wie sehr die Wonnen des Bedeutendseins andere Rechenschaften und jeglichen unpragmatischen Realitätssinn beiseiteschieben, fällt mir besonders auf, während er sich rühmt, in den ersten Amtswochen viele Leute »durchschaut«, »unschädlich gemacht«, »ausgeschaltet« zu haben, und meine Bemerkung, das sei nun fast die Terminologie von Mielkes Dienstanweisungen oder gar der Nazis, nicht wahrnimmt. Im übrigen glaube ich ihm nicht die Hälfte, mir genügt allmählich, wie er sich vorführt. Unter dem Siegel der Verschwiegenheit verrät er sich als zu höheren Aufgaben vorgesehen, ergeht sich, Namen nicht meidend, in den derzeit wirksamsten Verdächtigungen und vergißt, fröhlich ausnutzend, daß hierbei der Beschuldigende kaum die Schuld beweisen muß, der Beschuldigte aber seine Unschuld, wie sehr etliche seiner Argumente auf ihn zurückschlagen könnten. »Macht ist für mich kein Schamwort«, »Politik zu fünfzig Prozent Schweinerei« – dies der Nachhilfeunterricht des von Skrupeln nur mehr angeödeten »Mannes der ersten Stunde« für ein in seinen Augen realitätsfremdes, philosophisch-humanistisches Gemüt. So daß dieses zu fragen überflüssig findet, was außer einem Wählervotum in verworrener Zeit und Mangel an geeigneten Leuten ihn zu dem befähigt und befugt, was er jetzt tut, oder ob nicht auch er mit seinen höheren Zwecken wachsen könne. Am Ende steht mir nur noch das aberwitzig Komödiantische dieser Existenz vor Augen, der Schabernack des Schicksals, das ihn zum Hauptdarsteller der Oper »König für einen Tag« gemacht hat – offen nur, wie lang der Tag währt.

Aneinander vorbei

Man muß viel überhören, um im »Fidelio« am Gegensatz der kleingeschneiderten Singspielidylle zur Rettungsoper festzuhalten, um das Gift nicht zu schmecken, als dessen nur sichtbarstes Symptom sich Marzellines fehlgeleitete Verliebtheit in den neuen Gehilfen darstellt. Verdorben sind die Verhältnisse von Anfang an, Beethoven zeigt das im Eröffnungsstück, einer genau kalkulierten Unmöglichkeit: Marzelline und Jaquino singen ein Anti-Duett. Nicht irgendeiner z.B. pocht da ans Tor und verhindert den Dialog, sondern »es« pocht, Jaquinos Anklopfen bei Marzelline vergrößernd und vergröbernd. Wie er sie, so belästigt jenes Pochen ihn; die derb repetierenden Achtel erscheinen ebenso als drastisch direkte Übersetzung der Schläge wie simplifiziert aus einem Motiv hergeleitet. Im Hause Rocco ist nichts mehr geheuer; Marzellines Verliebtheit, weitab von aller kleinkarierten Singspielpointe, stellt die Antwort des überforderten Mädchens auf einen Anhauch dar, den sie wahrnehmen, nicht aber erklären kann (zu Jaquino wird sie schwerlich je zurückkönnen); die Familie findet kaum mehr die eigene

Sprache, wenn der seltsame Gast mitredet – das Terzett beginnt mit Roccos Worten »Gut, Söhnchen, gut«, aber auf eine Prägung, die offensichtlich zu Leonores »Ich habe Mut« intoniert ist (so hat Leonore schon zuvor im Dialog gesagt); im Quartett ganz und gar stehen die drei im Banne des für sie Unbegreiflichen – Leonore kann dem Mädchen getrost den Vortritt lassen, da die Musik, über die Bannmeile der »realen« Situation hinausgreifend, mehr »weiß« als die Worte und (wie notwendig!) genau dort zu reden beginnt, wo Leonore schweigen muß; denn das »Nein« auf Roccos gutmütig-borniertes »Meinst du, ich kann dir nicht ins Herz sehen?« kann nicht gesagt werden. Fast zuviel verlangt von Rocco, daß er Fidelios verräterisch doppelsinnige Überzogenheiten ignorieren soll, z.B. das »Ich folge dir, wär's in den Tod«, fast erleichternd, wie er nach dem Quartett in der Goldarie die eigene Sprache wiederfindet; fast könnte man verstehen, wenn Jaquino, der sich am deutlichsten gegen die Sprachhypnose des Kanons wehrt, die anderen wegen des Hofgangs der Gefangenen bei Pizarro verpfiffen hätte. Was das Neben- und Aneinandervorbeireden angeht, so fänden Theorien des modernen Dramas im ersten Terzett einen ergiebigen Gegenstand, und Marzelline ist schon, wenn wir sie kennenlernen, nicht mehr einfach ein und dieselbe, sondern zerspalten wie ihre Arie; wie kann sie fast in einem Atemzuge so beflügelt von der Hoffnung singen und sich danach (wie beengend, den Rückfall peinlich betonend, das Einbiegen der zweiten Violinen zur einfältigen c-Moll-Leierei!) ein Spießerglück in »der Ruhe stiller Häuslichkeit« erträumen?

Wie alles ver-rückt ward, zeigen schon die ersten Takte der ersten Nummer. Drei Anläufe sind nötig, um das Gespräch in Gang zu setzen, und dann springt es prompt in die falsche Weiche, nach h-Moll, von wo es in die Haupttonart zurückgeholt werden muß, damit Jaquino beginnen kann, mit gespielter Zufriedenheit »verliebt sich die Hände reibend«. Die Musik betont die dumm-behäbige Selbstsicherheit der Worte (»wir können behaglich nun plaudern«) und denunziert sie zugleich: Der springende Anlauf findet sich hier – melodisiert – wieder. Immer wieder muß Jaquino Anläufe machen, und immer wieder läuft er auf, zu Beginn just spiegelbildlich mit der sequenzierenden Versetzung, die den ersten Fehlgang korrigierte: dort nach Moll Dur, jetzt nach seinem Dur das Moll, in dem Marzelline ihn Ton für Ton nachäfft. Will er jedoch in ihrer Tonart weiterreden (»ein Wörtchen, du Trotzige, du«), so entwischt sie ihm abermals – in die seine. Also versucht er es ehrlicher, redet melodisch weich, fast flehentlich-weinerlich von seiner Verlegenheit, melodisch ziemlich genau in der Umkehrung des Anfangs; und abermals stiehlt sie ihm seine Diktion, schärft sie in Dynamik und Akzentuierung und zwingt ihn zu einem weiteren, nun längeren Anlauf, wie stotternd (»Ich – ich habe – ich habe – zum Weib dich – gewählet – verstehst du«). Die ins flinke Tempo hineingepreßten Schleifer der Violinen hecheln beschwerlich mit, sie beschreiben und stellen ihn ebenso bloß wie nach Marzellines abschneidendem »das ist ja doch klar« die Ausbreitung der allerersten, anspringenden Figur im durchbrochenen Satz, diese seine Figur – der kurzatmige Sprung, der zu nichts führt – spöttisch potenzierend. Weil er Marzellines höhnische Vervollständigung »so sind wir ein Paar« ignoriert und überdies zu meinen wagt, sie »könnten« doch »in wenigen Wochen...« (das Orchester hilft in aufdringlichen Wiederholungen), wird er hart gestraft: wie er zuvor ihren Spott überhörte, so nun, da er so gut im Zuge ist wie nie, ihre böse hackenden e's. Die sind fast schon das Pochen (ein Crescendo führt zum Fortissimo; dieses bricht also nicht von außen ein), das ihm allzu real, barsch trugschlüssig die Rede abschneiden wird. Auch wenn nicht ans Tor gerufen, müßte er gehen, weil er nicht weiter weiß.

Inwiefern der neue Anlaß eine neue Paradoxie heraufbeschwört, notiert die Komposition präzise: Marzelline und Jaquino tragen den harmonischen Satz gemeinsam länger als irgendwann zuvor; musikalisch läuft es nahezu glatt; aber die beiden reden – »Zum Henker das ewige Pochen...« bzw. »So bin ich doch endlich befreit« – nebeneinander her, für sich, und ein Gewitterhagel von Sforzati geht nieder, so daß sie wie auf einem mit Reißnägeln besäten Fußboden laufen. Sobald Jaquino fort ist, verschwinden alle Widerhaken und Nadelstiche, die Musik beginnt zu strömen, egalisiert das Verhältnis der melodischen und harmonischen Fortschreitungen, gibt die spitzig kommentierende Distanz auf und entspannt sich in der Identifikation mit einer Person und deren Kmpfindungen: Marzelline, endlich allein, kann vom Mitleid mit Jaquino und von der Liebe zu Fidelio sprechen; das Orchester redet mit wie in den Hoffnungs-Passagen ihrer Arie und trägt sie höher hinauf als irgendwo zuvor. Doch Jaquino kommt zurück, wieder verstrickt in das Netz des abermals in durchbrochener Arbeit ausgebreiteten Anfangsmotivs; und wieder repliziert sie genau, nur daß jetzt ihre Antwort in eine abseitige Harmonie verschlagen ist – viel größer nun die Verstörung, wie schon sein vieldeutiges »Wo war ich?« zeigt: »wo war ich stehengeblieben?« oder »wohin war ich vorhin gekommen, daß sie mich jetzt nicht einmal mehr ansieht?« und wohl auch: »wo war ich? – dort, wo wir klopfen hörten und doch keiner geklopft hat«, d.h. »wo hat es eigentlich geklopft?« Ans Letztere schließt er an, wenn er nun selbst klopft, crescendo hinführend zu einer neuen Attacke mit eben den repetierenden Achteln, die, von Marzelline »gehackt« (»recht schön, recht schön, du bestimmst schon die Zeit«), dem ersten Klopfen vorangingen. Wie das Klopfen dort kommt der neue Einsatz trugschlüssig, nun – vorgeahnt in neapolitanischen Ausweichungen – in B: Jaquinos direkteste Frage – »wann wirst du dein Jawort mir geben?« –, motivisch seinen Anfang wiederaufnehmend (fast ließe sich von Scheinreprise reden) in nahezu der falschesten Tonart, harmonisch als Trugschluß! Das bekommt er schnell zu spüren; Marzelline zahlt ihm jedes einzelne Achtel heim. Recht genau in der Konfiguration, in der er vordem »so herrlich in Gang« war, reden die beiden sich an einen Punkt heran, wo es nicht weitergeht. Just hier liegt der Eintritt der »Reprise« – abermals in böser Paradoxie: musikalisch Zwang zum Neubeginn eben dort, wo sicher ist, daß neu zu beginnen keinen Sinn mehr hat. Mit »so wirst du dich nimmer, nimmer bekehren« führt Jaquino bereits Rückzugsgefechte; Marzelline verpaßt ihm Gnadenschüsse, die seine mühsam gesetzte Rede durcheinanderbringen (»–wie– dich anzusehen«) und auf formaljuristische Einwendungen reduzieren (»du hast mir so oft doch versprochen«). Schnell treibt es abermals auf ein Pochen zu, nun harmonisch auf dem geradesten Wege – so wird auch vom Satz her alles Inzidentielle getilgt, nachdem schon die Tatsache der Wiederholung mehr Integration bedeutete. Daß jemand vor dem Tore steht, ist nun noch weniger wahrscheinlich und wichtig; die beiden haben sich in ihrem Dialog gerade genug auseinandergeklopft. Un poco più Allegro verbindet sie die Erleichterung, daß es ein Ende nimmt; wie nach dem ersten Klopfen, nun noch länger, singen sie wieder harmonisch, doch nebeneinander her. Marzelline frohlockt in Koloraturen, dieweil Jaquino, auf kleinstmögliche Erwartungen reduziert, sich zugutehält, daß »ihr im Ernst schon bang« war. Da ist er nun gar zu bescheiden, ihr war sogar »zu Tode ... bang« geworden. So sagt sie es am Schluß des Duetts, dessen Gegenstand die Auskunft bildet, daß es besser nicht stattfände und als Gespräch sich nicht realisieren kann.

Rocco

Porträt des kleinen Komplizen: Er ist ein guter, verläßlicher Beamter; da er die primären Tugenden nicht üben kann, brilliert er in den sekundären und »folget seiner strengen Pflicht« – vielleicht nicht zufällig erscheinen diese Worte in einer denunziatorisch flauen, konventionell komponierten Passage. Er weiß, daß er streng sein muß – Gefangene wie Florestan kennen ihn als »harten, grausamen Mann« –, um nicht selbst im Kerker zu landen. Wie vertraut: Dieser Tage erklärte ein ehemaliger Minister der DDR, er habe nur die Wahl gehabt, »entweder die Front zu wechseln, ...rauszugehen, sich einsperren zu lassen, oder zu versuchen, das Schlimmste zu verhindern«. Rocco liebt seine Tochter, in dem makabren Nebeneinander von kleinbürgerlichem Familienglück und Kerkerwelt hat er sich eingerichtet. Sein sensibler Ehrenkodex läßt ihn wohl darauf beharren, »das Leben nehmen« sei »nicht meine Pflicht« – das wäre ein »Schlimmstes, das er zu verhindern« sucht. Planmäßiges Verhungernlassen aber gehört zu seinen »Pflichten«, und weil das Opfer »kaum mehr lebt und wie ein Schatten schwebt«, kann die gutbezahlte Beihilfe zum Mord allemal passieren als Beihilfe zur Erlösung von den Qualen: »...der Tod wird ihn befreien«. Auf Selbstmitleid versteht sich Rocco virtuos, der Gefangene dort unten wird ihn »nicht lange mehr quälen«, »hart ist des Kerkermeisters Los«; und bei »ich bin ja bald des Grabes Beute« heult er geradezu. Die »höheren« Gesichtspunkte meidet er mit listigem, lebensrettendem Vorbedacht, sie könnten ihm peinliche Rechenschaften bescheren; umso lieber preist er die wahren Güter des Lebens, vor allem: Gold. Auch hat er das feine Gespür mittlerer Chargen für kleine noch verbliebene Freiräume; die Gefangenen hat er um des lieben Familienfriedens willen in den Hof gelassen, weniger aus Mitleid; mit ihnen, wir wissen es von Florestan, redet er nicht einmal, schon, um peinlichen Fragen aus dem Wege zu gehen. Der Hofgang erscheint beinahe als mutig riskierte Eigenaktion angesichts eines Brotherrn, den Rocco nur mit schlotternder Angst, in flüsterndem Pianissimo (der musikalische Satz verdünnt sich dort zum fahlen, schleichenden Unisono) und euphemistisch »gar zu streng« nennt. Rocco wird sich abgesichert, nur nicht bedacht haben, daß Jaquino, der abgewiesene Schwiegersohn, ihn verpfeifen könnte – der hat dem Nebenbuhler lange genug nachgespürt, um ihn hinter der erstaunlichen Aktion zu vermuten. Aber Rocco hat Glück, Pizarro hat den Namenstag des Königs vergessen; überdies erinnert Rocco an den geplanten Mord, also daran, daß es ihn als Mitwisser gebe und allzuviel ungebremster Zorn in der Öffentlichkeit des Gefängnishofs nicht am Platze sei. Wieviel verinnerlichte Repression andererseits, wenn sich Rocco in der Zisterne selbst Wasser und Brot nur widerwillig für den Todgeweihten abhandeln läßt! Wir erfahren sie musikalisch zu Beginn des Duetts mit Pizarro ähnlich suggestiv wie die schlotternde Angst bei der Nennung des Gouverneurs. Pizarro peitscht Rocco gewissermaßen mit dessen eigenem Namen, Beethoven macht aus den zwei Silben »Roc-co« einen Zweischlag, den er beschleunigt und gar in vier Mensuren übereinandertürmt (Ganze, Halbe, Viertel, Achtel), genial simple Chiffre brutaler Bedrohung. Was Wunder, daß Rocco nach der jähen Wende sich wortreich andient – in wechselnden Betonungen »*nur* Euer Kommen«, »nur *Euer* Kommen« und Leonore und Florestan vorführt nahezu als habe er sie befreit; um ein Haar hätte er das feierliche Hochamt gehalten und die Ketten abgenommen! Da er sein Metier kennt, sich auf Befehlsnotstand berufen und mit schlechtem Leumund als der besten Garantie für Dienstfertigkeit aufwarten kann, wird er nicht arbeitslos werden.

Der Weg aus dem Schweigen

Beethoven hat genau protokolliert, daß Unterdrückte schwer reden, schwer herauskommen aus stumpfer Hoffnungslosigkeit, in der zu reden sinnlos und gefährlich erscheint und gar dann noch schwerfällt, wenn es nicht mehr gefährlich ist. Heinrich Mann fand an Nazi-Deutschland vor allem unerträglich und unverständlich, daß es dort »still« war, daß man keine Schreie hörte. Im »Fidelio« schreit nur einer – Florestan. Die Einleitung zum Gefangenenchor beschreibt ebenso die aus dem Dunkel hervorquellende Masse der Eingekerkerten wie den Weg heraus aus dem Schweigen. Das B-Dur des Beginns mutet, wenn Violinen und Bratschen im dritten Takt dissonierend einsetzen, vorausgesetzt an, es wird über dem tiefen B der Celli und Bässe »verschwiegen«. Gang und Fluß findet die Musik zunächst nicht, hat eigentlich kein Tempo, zumindest kein faßbares (man könnte sich über jedem Klang eine Fermate vorstellen), und sie ermattet im liegenden F der Hörner, bevor ein einzelner, der Fagottist, eine erste Bewegung riskiert; andere schließen sich an, nacheinander einsetzend, gewissermaßen einer dem anderen Mut machend, einander die Zunge lösend – und gleich zuviel Mut: zusammen singend können sie sich bei »freier Luft« nicht bremsen und singen zu laut. Das korrigieren sie bei der Wiederholung, singen nun sempre piano, was laut gesungen zu werden verlangt: Zurücknahme also, wie von zwei einzelnen angelegentlich empfohlen, vom ersten umschreibend, vom zweiten expressis verbis; die vorsichtige Singweise des ersten riskiert nicht einmal melodisch etwas, bewegt sich mit zwei Terz-Ausnahmen überhaupt nur in Sekunden, als sei schon ein weiterer melodischer Ausgriff gefährlich.

Hat Beethoven bewußt auf Mozarts Jupiter-Finale, möglicherweise metaphorisch als einen Raum von Freiheit und Erfüllung, Bezug genommen? Durch die Aufschichtung der nacheinander einfallenden Stimmen schimmert dessen Viertonmotiv deutlich hindurch, gewiß ein kontrapunktischer Archetypus, den er auch woandersher bei Mozart oder aus dem »Wohltemperierten Klavier« kannte. Doch auch der Nachsatz »in freier Luft den Atem frei zu heben« klingt an den entsprechenden Nachsatz bei Mozart an. So ließe sich spekulieren, ob der Moralist Beethoven, der politische, persönliche und ästhetische Freiheit nicht trennen mochte, die von Mozart realisierte ästhetische als »Vor-Schein«, als vorweggenommene Utopie begriff, die er nun auf eine sehr reale Situation verpflichtet; ob nicht gerade anhand von Mozarts Summa des klassischen Komponierens Einspruch angemeldet werden mußte gegen die Privilegien des Kunstzeitalters, gerade dieser erlesensten Musik die Frage auferlegt sein sollte, wozu und für wen sie da sei – eine Spekulation ohne Aussicht, woanders bestätigt zu werden als in der eigenen Sinnfälligkeit. Noch näher zu den sukzessive einfallenden Stimmen der Gefangenen liegen die am Beginn vom Andante in

Mozarts g-Moll-Sinfonie KV 550, einem anderen Favoritstück Beethovens, auch sie den viertönigen Archetypus realisierend, welcher ein Minimum dessen darstellt, was als melodische Prägung gelten kann – auch insofern richtig im Munde derer, die zu reden neu lernen müssen.

Allmacht und Ohnmacht

Warum, wenn das Signal ertönt, sticht Pizarro nicht noch schnell zu? Die schußbereite Dame wäre kaum ein Hindernis, daß es zwischen Mord und Ministerankunft knapp werden würde, hat er ebenso kalkuliert (»Jetzt, Alter, hat es Eile...«) wie Roccos Mitwisserschaft; ihn und Leonore würde er notfalls beiseiteschaffen und einem Minister, der seine Aufsichtspflicht vernachlässigt, dem verschwundenen Freunde Florestan nicht nachgeforscht hat, die Zisterne gewiß vorenthalten können. Der Trompeter hat befehlsgemäß geblasen, sobald er in der Ferne die Kalesche des Ministers auftauchen sah. Ein Viertelstündchen bleibt allemal, genug für einen, der wie er auf den Mord fixiert ist und dem Kerkermeister die Weigerung auch nachsah, weil er genießen will, »in deinem Herzen« zu »wühlen...«.

Aber er kann nicht. Als häufigste, keineswegs falsche Erklärung gilt, hier verlaufe die Scheidelinie zwischen realistischer und symbolischer Handlung, mit dem in die Verliese dringenden Trompetenruf sei der Tag der Freiheit gekommen, in Leonore stehe dem Tyrannen die ganze zu ihrer Mündigkeit gerufene Menschheit gegenüber. Realistische Überlegungen zur Zwischenfrist erscheinen da hoffnungslos banal.

Dennoch kann die Kraft des durchschlagenden Symbols nicht als einziger Erklärungsgrund stehenbleiben, nicht nur sie lähmt Pizarros Arm. Der kann die »Wende« noch so genau vorauskalkulieren – bestehen kann er sie nicht, selbst, da ihm die Machtmittel noch nicht entwunden sind. Pizarros Lähmung reflektiert die Hilflosigkeit einer Diktatur, die sich alles gefügig, alles in ihrem Sinne berechenbar und sich selbst in paranoischem Sekuritätsbedürfnis zu einem Regelsystem perfektioniert hat, das nun, weil die Toleranzen zu eng eingestellt sind, jäh zusammenbricht. In der fugenlosen

Bezogenheit des Tyrannen auf die Tyrannisierten fehlt aller Spielraum; wird dieser zur Verarbeitung einer unvermuteten Störung gebraucht, so schlägt Allmacht um in Ohnmacht. Der den Streich nicht mehr führt, auf den er hingelebt hat, mehr also an sich selbst als an Leonore scheitert, vom Ton der Trompete »geblendet« wie von gleißend hellem Licht, taugt ebensowohl als Exempel für Hannah Arendts Unterscheidung von Macht und Gewalt – »jetzt stellt sich auf einmal heraus, daß alles von der Macht abhängt, die hinter der Gewalt steht« – wie zum Genossen derer, die im Herbst 1989 den Dingen freien Lauf geben, obwohl sie ein aufschiebendes Blutbad noch ausrichten konnten, und das Todesurteil für ihren Staat »gewissermaßen nebenberuflich mitteilen« (Schabowski). Und wie diese widerlegt er das antinomische Verständnis von Notwendigkeit und Zufall. Wieviel Zufall, wieviel Fehlleistung: daß Leonore nicht erkannt wird; daß sie gerade zu der Zeit sich in Roccos Dienst eingeschlichen hat, da der Minister den Kontrollbesuch macht; daß Rocco eben heute sich hat erweichen lassen, Fidelio in die tiefste, verbotenste Zisterne mitzunehmen; daß Schabowski nahezu überraschend in der Sakkotasche den Zettel mit der Regierungsmitteilung fand; daß die Menschen diese als Signal zur Maueröffnung verstanden, was sie nicht war; daß die bedrängten Grenzer die vorgesetzte Behörde nicht erreichten; daß sie sich einreden ließen, andere Übergänge seien längst offen. Je zwingender die Tendenz, desto nachlässiger verfährt sie in der Wahl der Mittel. Josuas Posaunen, die Ahnherren der »Fidelio«-Trompete, brauchten nicht überlaut zu blasen, damit Jerichos Mauern fielen.

Welche Treue?

Ziemlich anmaßend, sie zu erwarten – Treue oberhalb treuloser Verhältnisse. Während der ersten Proben registriere ich etwas zu genau, daß B. meine Nähe nicht sucht und im Vorbeigehen gebotene Anknüpfungsmöglichkeiten ignoriert. So tat er auch vor zehn Jahren; er vertrat das Orchester mit verläßlicher, unverbindlicher Sturheit vor allem in praktischen Angelegenheiten; höhere Eingebungen waren seine Sache nicht, er ließ beim Musizieren nicht erkennen, weshalb er gerade Musiker geworden war. Wenn seine sparsame Emotionalität in Bewegung geriet, dann in abwiegelnden Bemerkungen über zu viele, zu lange, anstrengende Proben, über fällige Pausen oder die Abscheulichkeit zeitgenössischer Musik. Er redete wenig, und auf das, was er sagte, konnte man sich verlassen – im Bereich seiner routinehaft praktizierten Zuständigkeit für das Orchester wie für mich gleichermaßen vertrauenswürdig.

Was verlange ich – ein Verhalten, das von den letzten neun Jahren nichts wüßte, meinem dorther stammenden »Gefühlsstau« hingegen Genüge täte? Wie dürfte ich ihn daran messen, daß andere mich offenkundig bewegt, überlang die Hände schüttelnd, begrüßen? – doch besser daran, daß seine Zurückhaltung zu jener Verläßlichkeit gehört, die mir damals viel bedeutet und geholfen hat. Ich kann nicht verlangen, daß in der einen Hinsicht viel Zeit vergangen sei, in der anderen aber keine, daß die Verhältnisse dieselben seien und ich gebraucht würde wie damals. Ich habe das Orchester, das Theater, Freunde, Verwandte, die Stadt verlassen und mußte ersetzt werden. Ob und inwiefern das gelang oder nicht – für keine Seite stand im Vordergrund, meinen Beweggründen gerecht zu werden. Das Gefüge der Beziehungen war durcheinandergebracht, der freundschaftlichen, verwandtschaftlichen, durch gemeinsame Arbeit und Ziele bestimmten, der nahen und fernen, innigen und losen, sympathetischen und feindlichen – alle in bestimmten Abhängigkeiten voneinander, und sei es, hinreichend zur Bäckersfrau, dem Friseur oder der Bibliothekarin, in sehr entfernten: ein kompliziertes Gefüge von

Umlaufbahnen, in dessen Zentrum von außen umso mehr hineingestört werden kann, als die hier peripher umlaufenden Gestirne woanders die Zentren sind. »Jedes Ding, das einmal unser gewesen ist, auch wenn es nur dank der Zufälligkeiten des Zusammenlebens oder des Blickfeldes der Fall war, wird wir selbst ... Der Dienstmann meines Büros hat uns verlassen. Ich bin heute amputiert worden. Ich bin nicht mehr derselbe ... Alles, was vor sich geht, wo wir leben, geht in uns selbst vor sich. Alles, was aufhört in unserem Gesichtsfeld, hört in uns selbst auf« (Pessoa).

Vor neun Jahren habe ich in den Musikern hier »aufgehört«, fanden sie sich abrupt als »nicht mehr dieselben«, durch die Überraschung auch gefoppt, wenn sie mich verstanden. Die Lücke mußte geschlossen, die »Umlaufbahnen« neu geordnet, ich überflüssig gemacht werden – weshalb B. vor neun Jahren (dem Orchester konnte er vielleicht nützen, mir jedenfalls nicht schaden) Formulierungen benutzt haben mag, an die er jetzt nicht erinnert sein möchte. Da war er gescheiter als die zwischen Vorgestern und Heute springende Emotionalität von einem, der jetzt mehr als ein Gast sein will, und bläut dem hypochondrisch auf Treue Klagenden ein, inwiefern der heraklitische Fluß niemals derselbe, vielleicht gerade noch der gleiche ist: daß richtig belehrte Treue auch wissen muß, woran sie nicht festhalten, worauf sie sich nicht berufen, was sie nicht erwarten sollte.

Wachsen und Machen

Irgendwann in der dritten, vierten oder fünften Aufführung in den mehr als zwanzig Konzerten der Vierwochen-Tournee mit den Weimarern 1982 begann es, zögernd und unterschiedlich in Stükken, Sätzen, Passagen: die Musik kam, wuchs von allein, wir brauchten nichts mehr zu »machen«, sie wollte nicht mehr gemacht sein. Im breiten chromatischen Dahinfahren am Ende der Introduktion zu Mozarts großer Es-Dur-Sinfonie stellte sich ein müde gezogener Ton, ein Hauch »Tristan« ein, wurde immer sparsameres Vibrato eins mit dem Hinwelken der Musik, der Aufgabe aller Kraft, allen Maestosos, womit das Stück eingesetzt hatte, Einwilligung fast in einen Stillstand, woraus sodann der Dreiklang der Hörner erdahaft aufsteigt und die Musik behutsam ins Allegro hineinführt; im Andante derselben Sinfonie waren die Punktierungen nicht mehr entweder präzise oder entspannt gesungen, sondern beides zugleich; Pizzikati waren nicht mehr richtig, weil sie saßen, sondern saßen, weil sie richtig waren. Am Beginn des zweiten Satzes der Vierten Sinfonie von Brahms konnte ich riskieren, nicht mehr zu wissen, wann die Pizzikati eintreten, konnte die vorsichtig crescendierenden Klarinetten die Streicher »herbeiholen« lassen; und die Coda von deren erstem Satz raste von selbst – entfesselte Musik, Blick auf »des Schrecklichen Anfang«, auf das, was aus diesem Ideenvorrat auch hätte werden können, wenn nicht, ohne den disziplinierenden, kalmierenden Zugriff des Komponisten hätte werden müssen, Paranoia nicht weniger als im dritten »Tristan«-Akt. Dynamische Wechsel verloren die Ostension, zuweilen einige Schnittschärfe, und wurden ›zugehöriger‹, immanenter, ihre Verursachung weiter nach innen verlegt; scharfe Schläge, komplizierte Rhythmen gewannen an federnder Aggressivität, weil der krampfig-einseitige Hinblick auf Koordinierung entfiel und wir einander gewiß waren. Wir musizierten leichter, entspannter, treffsicherer – ein Körper, der die jeweils erforderte Muskulatur um so präziser spannt, desto weniger falsche Verspannung der übrigen dazwischenkommt, zunehmend fixiert auf das, was klingen soll, immer weniger auf Mittel und Bewerkstelligung, ein kleines Stück vom Wege bogenschießender Zen-Mönche oder im Sinne des zweiten Kapitels im Tao-te-king (»So gedeihen die Dinge ohne Widerstand«), worin vom »wu-we« die Rede ist, dem Gebot, den Dingen nicht zuwiderzuhandeln, nicht zuvorzukommen. Dem half die Hochstimmung des reisenden Orchesters ebenso wie, indem sie routinehafte Sicherheiten verhinderte, die Unterschiedlichkeit der Konstellationen und Säle. »Jetzt sind wir ganz zusammengewachsen«, sagte ein Musiker am Ende der Tournee, und ein anderer, wie nach einer guten Mahlzeit: »Man muß die Musik eben im Bauch haben.«

Er hatte recht, umso mehr, als er den Gemeinplatz nicht brauchte, um gegen Musik aus dem Kopf zu polemisieren; nur: so etwas braucht Zeit. Und die uns zu stehlen sind Betriebsbüros, Agenten, Gewerkschaften mit je verstehbaren Gründen angetreten – jene, weil sie nachweisen müssen, wie viel mit wie geringem Aufwand eingespielt worden ist; diese, weil sie die Termine dicht drängen; die dritten, weil, gemessen an dem, was Musiker von sich aus einbringen, Einordnung, Unterordnung unverhältnismäßig großen Anteil haben an ihrer Arbeit, sie zu Recht allergisch sind gegen nutzlos vertane Zeit und dann nicht gesonnen, die Unterscheidung der »Musik im Bauch« und der halbverdauten zu akzeptieren; und jeder kann sich an Gelegenheiten erinnern, bei denen mit Glück und Konzentration Erstaunliches schnell zustandekam; überdies bleiben sich Aufführungen jeglicher Sorte, wohlvorbereitete wie zusammengehauene, allemal gleich im Charakter des gemeinsam gewagten und bestandenen Abenteuers. Das Plädoyer für Bedächtigkeit, vorsichtigen Umgang mit sich selbst und den Dingen, für Geduld und die im Wartenkönnen tätige Muße klingt fremd in einer auf Rationalisierung und Effektivität getrimmten Welt.

Wohl kann man – das haben die Musiker in Weimar bewiesen – eine Sinfonie wie Mahlers Fünfte in wenigen Tagen spielen lernen; »eingewohnt«, zuhause sein in ihr kann man in so kurzer Zeit schwerlich, und die Möglichkeiten des Dirigenten erscheinen überschätzt in der Erwartung, seine Vorarbeit könne das kompensieren. Damit ist eine Instrumentalität des Orchestermusikers supponiert, die sein Licht unter den Scheffel stellt – gleichgültig, ob er das, weil zeitsparend, akzeptiert. Wir musizieren weit demokratischer, als es den Anschein hat, probieren nie nur das, was wir gerade in Ordnung zu bringen versuchen; auf zehn spieltechnisch schwere Töne kommen hundert, die wir schon »können«, aber nicht auslassen können; wir arbeiten, auch wenn auf ein kleines Detail fixiert, immer zugleich an der richtigen Einstellung der weit gestreut liegenden Kontexte, wir üben das Verhältnis zu dem Werk insgesamt. Was bei Orchester und Orchesterspiel »Tradition« heißt, billiger: »Routine«, meint vor allem Sicherheit hinsichtlich solcher Kontexte, damit auch hinsichtlich der Funktion und Einbettung schwieriger Passagen, meint die Erfahrung bei ihrer Regulierung im Sinne des Ganzen, bei der Unterscheidung von Wichtig und Unwichtig. Spieltraditionen, Erfahrung und Routine mögen noch so gut assistieren – wir brauchen den Ärger mit den spieltechnischen bis zu den musikalisch substantiellen Schwierigkeiten, wir brauchen die Zeit, die sie uns abverlangen, auch weil wir sie immer zugleich anderweitig nutzen, und weil diese wichtigste Nutzbarkeit am schwersten zu erkennen, schon gar nicht abzurechnen ist. Je rascher die spieltechnische

Bewältigung, desto größer die Gefahr, daß die Dimensionen der Bewältigung schrumpfen, daß wir musizieren wie einer eine fremde Sprache anhört, deren einzelne Worte er zwar versteht, deren syntaktische Zusammenhänge er aber nicht begreift. Auf solchen Wegen ist schnell verdrängt, was an Musik alles verstanden und erfahren werden kann und müßte, auch außerhalb alles spezialistischen Verständnisses. Daß dezidiert virtuose Musik substantiell oft dürftig ist, sollte uns zu denken geben, wir haben gefährlich gute Voraussetzungen, den Rekord in der Absurdität zu schlagen, auf hohem spieltechnischen Niveau mit wenig Verständnis zu musizieren – »cultural lag«, weil uns das Machbare davonläuft, »Antiquiertheit des Menschen« also auch hier; und anders als Livingstones gehetzte Lastenträger bemerken wir oft nicht mehr, daß die Seelen nicht nachgekommen sind. Bis einer der Wahrheitszeugen, Celibidache, Fischer-Dieskau, Swjatoslaw Richter oder Carlos Kleiber, zwei Stunden lang lehrt, was uns fehlt. Die störrischen Alten, die lieber gar nicht antreten, als auf Arbeitszeiten zu verzichten, bei denen Disponenten und Orchestervorstände die Hände über den Köpfen zusammenschlagen, meinen, wie immer sie anders reden, vor allem dies: den Garten bedächtig einzäunen, worin gearbeitet werden und in Ruhe etwas wachsen kann.

Der Patriarch

Bruckners Siebente Sinfonie in einem Festkonzert zu Hermann Abendroths hundertstem Geburtstag – daß ich sie dirigieren würde, bedeutete mir viel. Zehn Jahre lang war Abendroth, obwohl bald nur noch für Konzerte zuständig, die dominierende Figur im Musikleben der Stadt; die meisten großen Sinfonien (Mahler ausgenommen) habe ich zum ersten und zum zweiten, teilweise zum dritten Mal von ihm gehört; und ein Gegenstand primanerhafter Heldenverehrung war er auch.

Im Januar 1983 waren die Fronten um den aufsässigen Generalmusikdirektor fixiert, die Drohung einer neuen Reisesperre ausgesprochen, Betreten der Hochschule verboten, »übergeordnete Organe« nicht mehr ansprechbar, die Nachbereitung der Tournee mit der Staatskapelle der Stasi übergeben. Weil Gründlichkeit sich am deutlichsten anhand von Unerheblichem demonstriert, mußte auch verhindert werden, daß ich an Abendroths Grab eine Rede hielt. Der einschlägige Stadtrat, ein Spießer mit Gemüt und Sinn für Anpassung und gutes Leben, wurde mit der Mitteilung beauftragt, die ihm peinlich war: es sei doch feierlicher, einfacher, richtiger, wenn nur Musik erklänge etc. Für mich gab es mittlerweile wichtigere Dinge, um die zu kämpfen war.

In der Nacht zum 19. Januar kam die Kälte; frisch verschneit, bei klarem Himmel sah der Friedhof unter der Wintersonne schön aus wie selten, die Honoratioren froren jämmerlich. Sie vornan, die Musiker hinterdrein – so zog die Trauergemeinde am Grab des »Rinaldini«-Verfassers vorbei in Richtung Fürstengruft, dann rechtsab zum Findling auf Abendroths Grab. Die Bläser winkten verlegen bedauernd ab, die Lippen wären ihnen an den Mundstücken angefroren, also bliesen sie nicht. Weil alle die Vorgeschichte des Rituals kannten und einige fürchteten, ich würde dennoch reden, breitete sich verdruckste Stille aus. Der Kranz, den der Stadtrat hochroten Gesichtes geschleppt hatte, wurde niedergelegt, die Schleifen wie üblich vom Stadtoberhaupt und mir drapiert; danach die von etlichen Schnüffelnasen gefährdete Schweigeminute – sehr komisch das alles, am komischsten die ruckartig zur Andachtsmiene eingeklappte Säuferphysiognomie des Kranzträgers. Abendroth, der befreiend, ansteckend lachen konnte, zu seinem siebzigsten Geburtstag die »Fledermaus« dirigiert und für seine Trauerfeier Bachs Drittes Brandenburgisches Konzert erbeten hatte, nicht das Air, keinen der berühmten Trauermärsche, hätte sein Vergnügen gehabt. Unfeierlich rasch zerstreute sich die Gemeinde, eine halbe Stunde später begann besseres Gedenken – Probe zum Adagio der Bruckner-Sinfonie.

Als Abendroth im Mai 1956 überraschend, offenbar infolge eines ärztlichen Mißgriffs, starb, war er dreiundsiebzig Jahre alt und alles andere als ein alter Mann. »Altern als Problem für Künstler« hatte er nicht kennengelernt, er problematisierte kaum – ein ansteckend glücklicher, wenn nicht fröhlicher Mensch mit katalytischen Wirkungen auf die Musiker, die, wenn er an einem Stück zum wiederholten Male arbeitete, allzu genau vorauswußten, was er sagen würde: er hatte ein fixiertes, schwer irritierbares Programm, hörte voraus und nicht selten darüber hinweg. »Ein Musiker kann einfach sein was er ist« (Thomas Mann über Bruno Walter) – diese zweifelhafte Neidformel eines skrupulös Geplagten paßte auf ihn besser als auf seinen Vorgänger im Gewandhaus, den er nach der schändlichen Austreibung 1933 etwas prompt beerbte. Solche Vorgänge mit der bequemen Überlegenheit derer zu verurteilen, die genau wissen, was daraus wurde, sollten wir uns schwermachen in Zeiten, da die postmortale Bescheidwisserei wieder Konjunktur hat. Abendroth, der Reger uraufführte und Bruckner durchsetzen half, gehörte zu einer Generation, die vom Erbe des idealistischen »Kunstzeitalters« wie von der Gründer-Prosperität des kunstsinnigen Bürgertums profitierte – und von einem tief im Ästhetischen gegründeten Selbstbewußtsein, dokumentiert noch durch Sinfonien, die in bombardierten Konzertsälen, nahe bei Lagern und Folterkellern, in Gegenwart von Naziprominenz als Wahrheits- und Gegenzeugen zelebriert wurden. An Sinn und Wert großer Musik hat diese Generation nicht gezweifelt, nach deren Historizität und gesellschaftspolitischen Bedingungen allerdings kaum gefragt. Das machte sie in der großen Bewährungsprobe ihres Lebens unsicher und wehrlos, machte sie sträflicher Arglosigkeit wenn nicht »selbstverschuldeter Unmündigkeit« verdächtig. Abendroth hat als Gürzenich-Kapellmeister noch Widerstand versucht, in Leipzig freilich den »deutschen Gruß« nicht verweigert und anläßlich der Beseitigung des Mendelssohn-Denkmals sich mindestens öffentlich nicht exponiert, andererseits im Sommer 1938 die Ehrenmitgliedschaft in der »Vortragsbühne des Westens« abgelehnt mit dieser schriftlich niedergelegten Begründung: »...Zwar bin ich Arier von Geburt, und auch meine Weltanschauung ruht auf dieser Basis; ich bin aber nicht geneigt, mich an einem Unternehmen zu beteiligen, das das Judentum planmäßig boykottiert. Die Juden sind Menschen wie wir, und es geht nicht an, die ganze Rasse leiden zu lassen für die Fehler und Vergehen einzelner Schädlinge, die schließlich in jeder Menschengattung auftreten.« Zu beurteilen, inwieweit der Mut der Formulierung die bis in die Wortwahl hineinreichenden Einräumungen, vielleicht gar den deutschen Gruß aufwiege, sollte jedem schwerfallen, der vergleichbare Situationen nicht erlebt hat; ein Mut, der überdies geeignet ist, allzu prinzipielle Vorwürfe gegen die nicht außer Landes gegangenen Prominenten vorsichtiger zu intonieren. Von alledem war nach dem Kriege schon bald nicht mehr die Rede, weil er neu als Renommierobjekt entdeckt wurde und sich gern entdecken ließ: gefährlichste déformation professionelle der Dirigenten, daß sie gewohnt sind, im Mittelpunkt zu stehen.

Muß man hierüber bei einem Musiker reden, der hinreißend sein konnte und mit Engagement nie und nirgends sparte? Die schiefe Fragestellung enthält die Gründe, derentwegen im Dritten Reich Musiker insgesamt weniger gute Figur machten als z.B. Schriftsteller. Man muß also davon reden – übrigens auch, um Abendroths unverwüstliche Positivität in ihrem ganzen Glanz und Elend zu begreifen, um zu ermessen, wie er sich dennoch unkompromittiert empfinden konnte, sich bei dem »Abstieg« von Leipzig nach Weimar nicht aufhielt (später kehrte er als Chef des Rundfunk-Sinfonie-Orchesters halb dorthin zurück) und am neuen Wirkungsort mit gleichem Elan zu Werke ging, wie immer er den Weimarern auf patriarchenhaft-liebenswürdige Weise zu verstehen geben konnte, daß er eine Nummer zu groß für sie sei. Dennoch schien Weimar eine verschobene Optik zu rechtfertigen, die etlichen Leuten seines Schicksals Unrecht tut, war Abendroth doch, nach raschem Aufstieg von Lübeck über Essen nach Köln, nach Nikischs Tode einer der Prätendenten für dessen Nachfolge in Berlin gewesen, und für ihn gilt weniger als für etliche wenig Jüngere, daß erst der Exodus von Busch, Klemperer, Kleiber, Bruno Walter u.a. den Weg nach oben freigemacht habe. Abendroth steht gewiß zurück hinter dem ekstatisch-tragischen Furtwängler, hinter Walters sensibel-lyrischer Musikalität, Buschs unaufdringlicher Zauberei oder dem titanischen Klemperer – dies freilich auch »Markenzeichen«, gegen die sein sachliches Temperament, sein Pathos nüchterner Handwerklichkeit schwer ankommen. Sie mutet im Vergleich fast wie eine negative Bestimmung an, scheint kaum zu passen zum integrativen Vermögen seiner Person und seines Musizierens. Breite, alle Details berücksichtigende Tempi konnte er suggerieren vor allem kraft der »Fernsicht« seines Musizierens, einer überlegenen Sicherheit in der Disposition großer Formen; hört man seine Aufnahmen, so erweisen sich die Tempi keineswegs als generell breit.

Die Erinnerung an Abendroths Format ist konkreter als diejenige an Details; so ergeben sich, hört man seine Aufnahmen, oft seltsame Diskrepanzen. Bei aller pragmatischen Intelligenz des Musikers nicht von »des Gedankens Blässe angekränkelt«, kein Zweifler, auf kraftvolle und umfassende Weise naiv (zur Vorbereitung auf Bruckner-Sinfonien gehörten bei ihm nicht nur die Partituren, sondern auch Fotos von den Alpen), hat er eines immer vermocht: vom Format, der Würde der von ihm dirigierten Musik einen Begriff zu geben. »Groß« war sie immer, klassische deshalb mitunter etwas schwer, dank des »Fernhintreffenden«, der sich – so genau er wußte, wo bei der Erarbeitung anzupacken sei – um »Nähe«, allzu materielle Einzelheiten nicht immer kümmern mochte und darauf vertraute, daß vieles sich im Verlauf der Proben von selbst richten würde; Tüfteleien, geschmäcklerisches Herausmodellieren von Details fand er unnötig. Großlinig und kanonisch (nicht ohne einen Einschlag von Orthodoxie) erschien sein Musizieren auch in der unbeirrbaren Sicherheit z.B. der Agogik, der an analogen Stellen jeweils gleichartig begegnenden Verzögerungen, Beschleunigungen, Fermatendauern etc.; der furtwänglerschen Gefahrenzone der jeweils neu herzustellenden Vermittlung von Musik, Orchester, Dirigent, Saal, Publikum, »Klima«, Stimmung etc. hielt er sich fern, er riskierte weniger – und konnte andererseits allen Anschein von Vorfestlegung durch die Kraft und Frische, die lebendige Unmittelbarkeit seines Musizierens verscheuchen. Wo die Unbeirrbarkeit des »Wie es gemacht wird« gar zu sehr hervortritt (Tempoübergänge verraten, wie er dirigiert hat), läßt sich nicht überhören, daß auch die Art und Weise, ein zweites Thema einzuführen, einen Halbschluß zu retardieren, in eine Coda einzubiegen, Steigerungen anzusetzen, daß auch die Handhabung der »ausgesetzten«, ungefestigten, überleitenden Passagen historisch werden kann. Wobei nie vergessen sei, daß alte Aufnahmen andere wichtige Komponenten, mithin deren Zusammenspiel, nur mangelhaft überliefern. Dem stehen andere Eindrükke gegenüber, welche deutlich verraten, daß Abendroths Generation »näher dran« war, altersmäßig z.B. von Brahms so weit entfernt wie wir von ihm. Oft klingt es schlichter, direkter, gegebenenfalls mutiger in den Unbeholfenheiten, mancher Mahler-Aufnahme von Oskar Fried, Klemperer oder Walter ähnelnd, die im Vergleich mit jüngeren Einspielungen wie ein Kahlschlag anmutet. Da macht sich eine Familiarität in der Musik bemerkbar, die keiner Umwege bedarf, stilkritische Argumente nicht dreinreden läßt und großzügig ist in dem, was bei der Musik und beim Musizieren besser sich selbst überlassen bleiben sollte. Die verschattete d-Moll-Sonorität am

Beginn von Schumanns Vierter Sinfonie bedarf bei Abendroth keiner besonderen Aufmerksamkeit und Pflege (von Klangkosmetik hielt er ohnehin nicht viel), sofern für das gelassene Hinbreiten der Melodie und deren Stützung durch nie nachlassenden Atem gesorgt war; den Stau der beiden messa di voce-Takte im Hauptsatz nimmt er exzessiv wahr – umso mehr federt die Musik danach von ihnen ab und macht den alsbald folgenden Abschluß des Komplexes noch notwendiger; in die Coda rennt, stürzt er auf fast jungenhafte Weise hinein, es macht so viel Spaß, daß unwichtig erscheint, wenn nicht gleich alle dabei sind – fast, daß das den gemeinten Effekt noch verstärkt; schmelzende Kantilenen von Geigen oder Celli oder maestoso aufgeschichtete Blech-Sätze müssen in ihrem Für-sich-sein-Wollen zumindest spürbar gemacht sein, sie verlangen Raum, eine gewisse Breite; Abendroths Freude an ihnen ist zu groß, als daß er dies verweigern könnte, und er scheut sich nicht, wo ein Zurück in den Zusammenhang geboten ist, die Nachgiebigkeit merklich und offen zu korrigieren: Zur Glaubwürdigkeit seines Musizierens gehörte, daß er Raffinesse verschmähte. Allzuleicht vergessen wir bei derlei Eindrücken, daß zu Ende des 19. Jahrhunderts (und vielleicht schon früher?) in den Bruckner-Bearbeitungen die Rede vom »gemäßigten«, »sehr gemäßigten« oder »beschleunigten« Hauptzeitmaß gang und gäbe, die Identität eines Grundtempos also von vornherein als elastisch begriffen war.

Wie wenige Dirigenten war Abendroth bei Musikern beliebt, auch wenn sie seine kleinen Orthodoxien schnell durchschaut hatten; in der schlichten Handwerklichkeit seines Musizierens erschien er wie einer der ihren, andererseits als primus inter pares so unbestritten, daß Probleme hieraus nicht erwachsen konnten; Humor und Autorität fanden sich selten so ungezwungen beieinander wie bei ihm, entspannte Disziplin und psychologischer Takt bestimmten ein Verhältnis, zu dem die Musiker sich eher eingeladen fühlten, nicht zum »Dienst« (so feudalistisch heißt es heute noch) verpflichtet, beim Musizieren viel weniger untertan als bei eigener Gestaltung unterstützt. Das Verhältnis zwischen ihm und der Weimarischen Staatskapelle entwickelte sich bald zu einer den normalen professionellen Widernissen entzogenen Enklave, Weimar fühlte sich geehrt durch den von Nikischs, Walters, Furtwänglers Pult Hierhergekommenen, von den großen Alten überdies der einzige im

Lande. Und er, viel unterwegs und mit festen Bindungen in Leipzig und Berlin, lohnte das durch Treue, mit dem musizierend immer wieder erneuerten Bekenntnis: zuhause bin ich hier.

Das Quintett

Wenn wir im ersten Satz von Schuberts Streichquintett die Kurve zum Seitensatz nahmen, er das hohe g zunächst intensiv vibrierend festhielt, dann allmählich entspannte und sichtlich wünschte, ich möge die Ankunft in der neuen Tonart verzögern, gingen die Dilettanten in Führung – ich noch Pennäler, er ein angesehener Arzt, ein fast immer heiter gelassener Mann, von einer so integren Kultur des Lebens, Umgangs, des Herzens, daß er sie zu verteidigen nie nötig zu haben schien – auch unter anderen Umständen hätte er gelebt wie hier und jetzt. Die anderen waren »Profis«, zwei Mitglieder der Staatskapelle, und der Primarius Fritz Ehlers, der, wenn er nicht ein sehr guter Geiger (zeitweise Konzertmeister in der Staatskapelle) und ein geborener Pädagoge gewesen wäre, ein ausgezeichneter Dirigent hätte werden können. Aber er brauchte die körperliche Unmittelbarkeit des Tons, die schwingende, klingende Geige unter dem Kinn. Seine Musiziererfahrungen gab er – ein »katalytischer Musiker« – weniger belehrend weiter als durch Beispiel und »Infektion«; arbeitete sein Kammerorchester mit einem anderen und betrat er nur den Raum, so spielte es plötzlich anders, frischer, lockerer, entspannter; den ansteckenden Wirkungen konnte keiner sich entziehen. Auch, weil selbst mit spieltechnischen Problemen ringend – an einem satt-ausgeglichenen Ton, der zu ihm gepaßt hätte, hinderte ihn ein schnelles, nervöses Vibrato –, übte er im Unterricht sokratische Hebammenkünste, kein Methodiker oder strenger Zuchtmeister, sondern ein erweckender, ermutigender Improvisator, der die Studenten lieber auf schwierigen Umwegen sich finden ließ, anhand ihrer Individualität die Geigerei gewissermaßen jeweils neu erfand, lieber mit Risiken und Phantasie unterrichtete als nach Plan – so etwa die Grundsätze einer Schule, deren Adepten sehr unterschiedlich spielten, alle aber sehr körperlich, mit eingewachsenem Instrument und sicher im Kommando über Konzentration und Entspannung, alle so, daß Musizieren als elementare

Lebensäußerung erschien, als Ausdruck von Freude. Das schöne Risiko, daß stets der ganze Mensch dabeisein, mitatmen, mitklingen müsse, trug Ehlers in einer schwer beschreibbaren Lauterkeit. Die meisten nannten ihn einfach »Fritz« oder »Professor Fritz«, und seine Autorität war unbestritten; man liebte ihn wie kaum einen Lehrer in der Hochschule, und er vergab sich nichts; ohne ostentativ kämpferische Geradlinigkeit, zu Toleranz und Versöhnung auch bereit, weil er Konflikte von sich abhalten mußte, war er unkompromittierbar – in einer Situation, in der die Studenten nur zu genau wußten, wo und inwiefern ihre Lehrer sich zu Kompromissen drängen ließen. Zu dieser Lauterkeit gehörte auch, daß er die pure Hervorbringung von Tönen nicht verstand, nicht verstehen wollte, daß man bei ihm etwas meinen, etwas mitteilen, im Auge haben, jemanden adressieren mußte, daß ihm die Elementarfreude jedes Musikers am spieltechnischen Funktionieren nie überging in Duldung von Mechanischem, daß Spontaneität und interpretatorische Phantasie kaum je ermüdeten; wenn doch, so hörte er schnell auf.

Wann immer ich das Quintett höre, höre ich seine Geige, seine »Klangrede«, am Beginn des Adagios die Seufzer, die ich am zweiten Cello mit Pizzikati sekundieren mußte – einerseits Gespräch zwischen Oben und Unten über das von den Mittelstimmen gezogene »Klangband« hinweg, andererseits eine zunächst nur stoßweise, aphoristisch zugelassene Ausdruckswilligkeit, dem Tempo eine Winzigkeit voraus die Ungeduld des an die Peripherie des »großen Gesangs« Verbannten artikulierend, endlich teilhaben zu können. Kein Wunder angesichts der Spielweise die optische Suggestion: an vielen Stellen hört ihn die Erinnerung nicht nur, sie sieht ihn, z.B. die nach unten abgewinkelte, fast schon abgesetzte Geige in passiv erwartender Haltung und nach oben ins Leere suchend blickende Augen dort, wo nach dem f-Moll-Inferno die Musik nahezu am »Verröcheln«, am Ende ist und sich knapp am Echo des eigenen Echos rettet. Weil es an dieser Stelle mit den gemeinsamen Einsätzen schwierig war, bat ich um deutliche Auftakte – und er lachte: »Woher soll ich wissen, wann das kommt, das können wir nur gemeinsam wissen! Und wenn wir es wissen, ist es auch schon da.« Der Rückkehr in die Haupttonart folgt die möglicherweise avancierteste kammermusikalische Passage jener Jahrzehnte, wieder ein Gespräch der ersten Geige und des Cellos über das »Klangband«

hinweg, ohne mittlere Werte als Brücke sehr lange Noten hier, sehr kleine dort – in zwei gegeneinander gesetzten Zeit- und Wirklichkeitsschichten: das Gespräch die bare Unmittelbarkeit, der langmensurierte Gesang der Faßlichkeit sich entziehend; da ging Ehlers mit Sechzehnteln und Zweiunddreißigsteln wie eine Nachtigall um, die im Frühsommer ihr Repertoire erprobt, er konnte locken, girren, schmeicheln, flehen, klagen, drängen, zögern und mich, der begleiten und ihm mit heranrollenden Aufgängen immer neue Absprünge verschaffen mußte, in Verlegenheit bringen, konnte in den Terzfällen, auf die es meistens hinausläuft, sehnsüchtig rufen wie nur irgendeiner. Das hat noch in der Erinnerung die Unausweichlichkeit dessen, was die Biologen »Prägung« nennen.

Einen Winter währte diese hohe Schule des Musizierens, von Oktober an fast jeden Mittwoch bis zu den Aufführungen im April in der Arztpraxis. Regelmäßig beim Einbiegen in die »Gesangsperiode« des ersten Satzes sanken die Augen der Cellisten ineinander, wie es eher Liebenden zusteht, ein schamlos »langer Blick«, gefolgt von einem aufhebenden, erkennenden, zurückholenden Lächeln. Wenn die beiden Geiger das Thema übernahmen und der Doktor in die Begleitung umsteigen mußte, sah ich ihn enttäuscht zurücksinken; immerhin »durfte« er in der Reprise noch einmal singen, sogar über der Bratsche.

Dreißig Jahre später, am Vormittag nach dem Konzert, das über meine Berufung zum Generalmusikdirektor entschied, habe ich ihn besucht. Er kämpfte die letzte Runde mit der Krankheit, die man in Todesanzeigen, als fürchte man schon den Namen, eine »bösartige« zu nennen pflegt. Das Glas Sekt, mit dem er anstoßen wollte, konnte er nicht mehr halten. »Wissen Sie noch«, sagte er, und pfiff leise und zittrig den Anfang des Seitenthemas, Tränen kullerten ihm über das Gesicht. »Und das waren die prämortalen Rührseligkeiten« – so schnitt er die Szene ab. Noch in derselben Woche ist er gestorben.

Schwanengesang

Zwanzig Jahre hatten sie sich aus den Augen, nicht aber aus dem Herzen verloren. Für ihn kam wohl nicht in Frage, ein hinkendes, obendrein älteres Mädchen zu heiraten. Sie suchte einen schweren

Weg allein; und er, von ihrer mitreißenden Musikalität immer wieder vereinnahmt, hatte das schlechte Gewissen und später eine eigene Familie.

Im Februar 1945, auf dem Wege vom Lazarett zur Front, kam er am Tage nach dem Dresdner Bombardement durch Weimar, wo sie, wie er von Freunden wußte, in einer Frauenschule arbeitete. Er stieg aus; noch ehe er am Telefon die vorsichtige Frage zuende gesprochen hatte, ob sie die ... aus ... sei, erkannte sie seine Stimme und lud ihn in die Schule ein – so selbstverständlich, als wisse sie, daß sein Leben seit ein paar Stunden verändert war: alle Versuche, zu erfahren, wie es um Mutter, Frau und Kinder in Dresden stünde, waren fehlgeschlagen. Und er ahnte, was das bedeutete.

Nicht einmal das hat er ihr bei der kurzen, trockenen Begrüßung sagen können; er empfand eher als hilfreich, daß persönliche Nachfragen verhindert waren durch die Gegenwart vieler Frauen und Mädchen. Diese erinnern sich, daß der Mann durch sie hindurchgegangen sei, als sehe er sie nicht, auf das Cembalo zu, das an der Stirnseite des Speiseraumes stand; daß er wie nachtwandlerisch Bach zu spielen begonnen habe und allen fragenden, erstaunten, dankbaren Augen und Reaktionen ausgewichen sei, sofern er sie wahrnahm; daß es im Saal und dann im ganzen Haus still geworden und vielen so erschienen sei, als stünden Uhren und Zeit still, als klänge das Cembalo immer lauter, fast wie eine Orgel; daß er am Ende, wie jäh erwachend, abgebrochen und gesagt habe, es sei Zeit, zum Bahnhof zu gehen.

Auf dem Wege durch die verdunkelte Stadt haben sie kaum und nichts Wichtiges gesprochen, auch litt sie, daß sie nicht verbergen konnte, wieviel Mühe es sie kostete, mit ihm Schritt zu halten. Dann fuhr er in die Nacht davon, Richtung Osten, und sie hat nie mehr von ihm gehört.

Die Protestantin

Unmusikalische Kinder gebe es nicht, Musikalität sei bestenfalls blockiert oder verschüttet, befand Käte Michael und bewies das fast lückenlos in dem Kindergarten, den sie energisch und beschwingt kommandierte. Da wurde unentwegt gesungen und getanzt, Abseitsstehen galt nicht; oft spielte sie am Klavier vor – wehe dem, der nicht zuhörte!

In einem Armeleuteviertel hatte sie in den zwanziger Jahren unter unsäglichen Bedingungen Sozialarbeit geleistet und war an den Konsequenzen ihres strengen Berufsverständnisses beinahe gescheitert, ehe sie woanders unter günstigeren Umständen, nun auch pädagogisch verpflichtet, fortfahren konnte. Was sie geworden war, verdankte sie sich selbst; da sie Bildung nie als bequemes Angebot und Lern-Pensum kennenlernen konnte, hatte sie zu allem Gelesenen, Gehörten, Gesehenen ein persönliches, existentielles Verhältnis; dies, befördert durch ihre Begabung zu Engagement und Begeisterung, bewirkte, daß man selten jemanden fand, der Gedichte, Musik, Bilder so ernst nahm, so hingegeben lesen, betrachten und zuhören konnte wie sie. Gleichgültigkeit verbot sie sich; ohne Reserve und Halbheiten vollzog sie für sich – um einen berühmten Titel zu zitieren – die »reale Gegenwart« der Werke. Bach, Mozart und Schubert standen einsam obenan, bei Beethoven haderte sie mit dem ideologischen Einschlag und war glücklich mit der »Pastorale«, Schumann und Brahms liebte sie und ertrug Bruckner nicht immer; unter Mahler litt sie auf eine Weise, die ihm näher war als manche psychopathische Verfallenheit, bei Wagner wurde ihr übel, mit den Zeitgenossen versuchte sie es immer wieder. Ihr Vater, kleiner Beamter in Leipzig, konnte Klavierstunden, aber keine Ausbildung bezahlen und mußte darauf vertrauen, daß seine Tochter ihren Weg aus eigener Kraft gehen werde. Die Hausgötter hießen Nikisch und Straube, man schwärmte für Furtwängler und Ramin; wichtige Prägungen erfuhr sie in der Thomaskirche und deren Umkreis und in der sozialdemokratischen Bildungsarbeit, und denen blieb sie bis zuletzt treu – bis zu den Begründungen ihres Parteiaustritts in späten Jahren (»wo fändest du soviel anständige Kerle wie bei denen?«); wann immer möglich, las oder hörte sie Bonhoeffer, Niemöller, Gollwitzer, Heinemann, Albertz, Jens oder Sölle.

Ihr Kindergarten war der populärste in Weimar, seine Leiterin eine Institution. Der erwies sogar der Gauleiter, der »Reichsbevollmächtigte für den Arbeitseinsatz«, die Reverenz, seine Kinder zu schicken. Und »Michael«, wie sie genannt wurde, akzeptierte das, weil sie und die Schule, zu der der Kindergarten gehörte, Alibis nötig hatten. Die Lehrerinnen ließen sich nicht korrumpieren, ihr Freundeskreis war groß, engagiert christlich oder links oder beides, im Lager auf dem Ettersberg saßen etliche, die genau wußten, wo man notfalls ersten Unterschlupf finden konnte.

Eine Institution die mittägliche Verabschiedung der Kinder – die standen aufgereiht auf der langen Haustreppe, Michael untenan, wo die Mütter kamen und gingen, sehr viele auch, um die Labsal einer starken, in ihrer Unbeirrbarkeit ermutigenden, in ihrem Engagement ansteckenden Persönlichkeit zu erleben, viele darauf angewiesen, mit ihr über ihre Sorgen reden zu können: Kriegszeit. Sie wußten, daß Michael zu Solidarität und Hilfe bereit war, nicht aber disponiert zu wortreichem Mitleid. Zarte und schwankende Gemüter hatten es bei ihr schwer wie sie zuweilen mit der Gerechtigkeit gegenüber den Kindern; sie konnte aufbrausen, hart und alttestamentarisch sein mit »deine Rede sei ja oder nein« – und ärgerte sich darüber, wie bequem es für die meisten war, sie für eine »starke Frau« zu halten. Kleinmut, auch halbwegs entschuldbaren, vergab sie ungern und bestärkte Entschlossene auch in riskanten Entscheidungen; unsentimental, frei von aller betulichen Zuwendung auch ihr Verhältnis zu den Kindern, mit denen sie reden, spielen oder singen konnte wie nur wenige. Kein Wunder, daß die noch Jahrzehnte später von ihr sprachen, an ihr hingen, zu ihr kamen.

Die Nazijahre hat sie durchgestanden, die folgenden nicht lange. Die Besatzungsmacht zeigte sich an ihrer Lokalkenntnis so nachdrücklich interessiert, daß sie fliehen mußte. Fortan wurde ihre winzige Wohnung in Berlin-Schöneberg zu einem Vorort von Weimar, Michael blieb die Instanz, die sie über zwanzig Jahre schon war, von vielen besucht und befragt und so beansprucht, daß es für sie – sie mußte sich eine neue Existenz aufbauen – abermals über die Kräfte ging. Etliche fuhren nicht mehr zurück und kampierten bei ihr tage- und wochenlang, bis sie nach Westdeutschland fliegen konnten; und immer gab es Ratschläge für Behördengänge, Diskussionen, Empfehlungen, Anstöße und Geld für Konzerte und Theaterabende, neue Taschenbücher oder Filme im Amerikahaus oder in der Maison de France. Mit der ihr eigenen Entschiedenheit identifizierte sie sich mit dem kämpfenden Berlin der Ernst-Reuter-Zeit, mit dem Ruf der Freiheitsglocke.

Nach mehr als dreißig Jahren ist sie, eine sehr alte, mühsam an

Krücken gehende, in ihrem Feuer unverminderte Frau, wieder nach Weimar gekommen. Sie ließ sich durch die Straßen fahren und sagte fast nichts; ihrem gespannten, sehr blassen Gesicht sah man an, wie ihr die Straßen, Plätze, Häuser Geschichten erzählten. Abends brachen sie hervor, viele uns bekannt oder doch ahnungsweise erreichbar, bald unterbrochen durch Gegenberichte aus dem heutigen Weimar. Und bei denen erfuhren wir, wie oft davor und danach, daß ihre Teilnahme unsere Erlebnisse uns neu schenkte, ihre Nachfrage sie schärfer belichtete, sie bestätigte uns, wie sehr man davon lebt, kritisch eingefordert und zugleich bejaht zu werden. Das hält auch über ihren Tod hinaus – in der bei wichtigen Anlässen notorischen Frage: wie hätte sie es aufgenommen, was hätte sie gesagt? Nach dem Hamburger »Fidelio« im März 1983 habe ich sie als erste angerufen und mitgeteilt, daß ich nicht mehr zurückfahren werde. »Gott-sei-Dank, end-lich«, sagte sie, ohne zu zögern und jede Silbe betonend, und das war fast eine Initiation.

Bei ihrem Weimarer Besuch wollte sie auch nach Buchenwald. Es war ein sonniger, ruhiger Septembertag, windstill sogar an der westlichen Höhe des Ettersberges, wo wir langsam auf der Straße der Nationen gingen und darüber sprachen, daß an der Architektur des Denkmals etliches Faschistische hängengeblieben sei, ähnlich der unfreiwilligen Selbstanzeige im Begriff »Anti-Faschist«; daß »Art und Gang einer Revolution von dem Regime bestimmt sind, dem sie ein Ende bereitet«, hatte sie nicht lange zuvor bei Hannah Arendt gelesen. Später – wir saßen auf einer Bank – erzählte ich ihr, daß ich im übernächsten Konzert vor die Neunte Schönbergs »Überlebenden von Warschau« stellen wollte und das verhindert worden sei: »Wir haben das nicht nötig«, erklärte mir beleidigt einer der überanstrengten Tugendwächter. Unten über die Stadt breitet sich allmählich ein bläulicher Dunst, die Luft noch immer still. Sie ist außer sich: »Das werden sie büßen« – groß und drohend fährt eine ihrer Krücken durch die Luft; und weil ich zweifle, wiederholt sie: »Glaub mir, sie *werden* es büßen« – und war wieder alttestamentarisch, eine zornige, ihrer bannenden Wirkungen sichere Prophetin. Wir haben noch lange schweigend gesessen, dachten an Leute, von denen sie erzählt hatte, die hier oben waren, teilweise geblieben waren, sie zeichnete Kreise in den Sand; plötzlich: »Du könntest vor dem Adagio ein Gedicht von Nelly Sachs sprechen lassen.« Wieder langes Schweigen und dann abrupt: »Laß uns gehen, ich halte die Stille nicht aus.«

Der leere Stuhl

Als der Sarg in die Versenkung fuhr, stand sie steif und starr, fast als einzige trockenen Auges inmitten einer Menge, die auf sie blickte oder in Tränen schwamm; ihre Kinder, die um sie standen, spürten, daß sie ihnen Aufwallungen und teilnehmende Gesten verwies. So blieb sie monatelang, ging wortlos an ihre Arbeit und war auf so distanzierte Art freundlich, daß das Kondolenz-Ritual schnell abflaute und Zudringlichen die teilnahmsvollen Sprüche vergingen. Wenn sie von dem Toten redete, dann allgemein, fast belanglos, zuweilen – er war ein melancholischer Humorist gewesen – rekapitulierte sie seine Späße. Manchmal ließ sie sich im Theater oder in Konzerten sehen, seltener in der Kirche; so betrog sie die Stadt, in der viele sie kannten, um die Genugtuung, eine fassungslos trauernde Witwe zu erleben.

An einem Adventabend schaltete eins der Kinder am Radio in den Anfang des Weihnachtsoratoriums hinein: Da brachen alle Dämme, da weinte sie fassungslos. Sie muß den Jubel, das »Jauchzet, frohlocket« an sich vorbeiklingen gefühlt, muß entdeckt haben, daß sie neben ihrer neuen Einsamkeit eine andere, falsche zu verschulden im Begriffe war. So scheinbar nüchtern sie ihr Leben neu ordnete, so wenig hatte sie bisher zu verarbeiten begonnen, daß ein Teil dieses Lebens zuende war und aus der für sie wichtigsten Richtung, in die sie gewohnheitsmäßig viele Signale sandte, keine Antwort mehr kam. Bisher war der Tote nur nicht da, sein Stuhl am Familientisch noch freigehalten. Nun, da Bachs Musik ihr den Riß zwischen den beiden Existenzen ausgeleuchtet hatte, nun begriff sie, daß jene Antworten nie mehr kommen würden, nun begann der Tote wirklich tot zu sein. Mühsam, still und geduldig begann sie, die auseinanderklaffenden Teile ihres Lebens zueinanderzubringen und für ihn einen neuen Platz zu suchen. Fortan sprach sie öfter von ihm und nicht mehr so, als könne er gleich ins Zimmer treten; auch weinte sie manchmal, am ehesten, wenn sie allein war; und sie hatte keine Angst mehr, sich wie früher in Musik zu verlieren und zu finden.

Im Regen

Am 17. Juni 1953 begann es gegen Abend zu regnen. Wir Studenten waren umschichtig in die Hochschule befohlen worden, um sie gegen »Angriffe des Klassenfeindes« zu sichern. Gerüchte schwirrten; einige erzählten von einer Erschießung im Norden der Stadt, andere waren in Jena gewesen, hatten unter Führung eines populären Professors das Gefängnis gestürmt und waren verprügelt, nicht aber verhaftet worden. Zur letzten Schicht der Wachhabenden gehörig, mußte ich danach durch den Park nach Hause, möglichst rasch, denn die Polizeistunde war vorverlegt worden; es würde, wie angekündigt war, ohne Anruf geschossen, und der Park galt wegen mancher Unterschlupfmöglichkeiten als sensibles Gelände.

An der Ilm entlanglaufend, sah ich im Regen auf der Sternwiese eine große Gestalt mühsam an zwei Krücken gehen – die Gräfin D. Sie gehörte zu Weimars vornehmen alten Damen, die bessere Zeiten gesehen hatten (bei Marie-Luise Kaschnitz begegnet sie als »Daisy D.«) und die neuen so wenig zur Kenntnis nahmen wie zuvor die nazistischen. Aus ihren mittlerweile beengten Wohnungen wichen sie nicht und pflegten kleine Feindschaften weiter, als gäbe es keinen Anlaß für eine wichtigere Solidarität. Am ehesten fand man sie zusammen, wenn in irgendeinem Gemeindesaal ein Vortrag über westliche Kunst stattfand, Sartre, Camus oder Hemingway gelesen, Bartók oder Schönberg gespielt wurden; sie gehörten zu den treuesten Anhängern der damals alternativen Kunst.

Wir hatten den gleichen Weg – und Anlaß, uns zu beeilen; irgendwo zwischen dem Römischen Haus und Oberweimar fiel ein Schuß. Ich konnte die alte Dame aber nicht, nachdem ich sie eingeholt hatte, beim Arm nehmen und, den Weg abkürzend, die »Euphrosyne«, den steilen Pfad neben dem Goethe-Garten, zur oben verlaufenden Straße hinaufbugsieren. So zog sich die Strecke, bei leise rauschendem Regen, lang hin. Nach Polizisten oder Soldaten Ausschau zu halten, zu sichern, gewöhnte mir die alte Preußin, ohne zu reden, rasch ab – nicht ich helfend und möglicherweise beschützend, sondern kraft ihrer Weigerung, die Umstände zur Kenntnis zu nehmen, sie.

Abseits

In ihren engen vier Wänden, weit weg von Weimar, konnte man Weimar unfehlbar finden – schon in der Art, in der sie, sehr selbstverständlich als etwas ihr Gehöriges, den Worten mehr nachlauschend als sie produzierend, Goethe-Verse rezitierte. So wollen Haikus gesprochen sein, mögen Zen-Mönche ihre Koans vergegenwärtigen. Die sehr alte Studienrätin wohnte in einem abgelegenen Landstädtchen in der Prignitz, wo sie jahrzehntelang unterrichtet hatte und immer noch einzelnen Kindern aus Schulnöten half – die liefen ihr, obwohl sie als strenge Lehrerin galt, fast wie Hunde zu, wenn sie, mühsam am Stock gehend, in der Stadt ihre Besorgungen erledigte. Sie wohnte in zwei kleinen Zimmern im Obergeschoß eines Hauses, das sie großzügig einer lauten Familie überlassen hatte; »die haben es gebraucht«. Und die gaben ihr täglich zu verstehen, daß sie recht bald das Feld räumen solle. Das nahm sie heiter und betroffen zur Kenntnis und hielt, so zäh wie gebrechlich, lange stand. In ihrem kleinen Reich herrschte strenge Ordnung, auch die nächststehenden Besucher mußten sich fügen und sich mehr von ihr bedienen lassen, als ihnen lieb war. Die Ökonomie der nachlassenden Kräfte verlangte, daß man sich anmeldete und die Stunde genau einhielt; sie mußte sich einstellen, auch sich herrichten denn sie beobachtete genau, wie das Alter ihr zusetzte; sich gut präsentieren gehörte zu der dem Gast geschuldeten Aufmerksamkeit.

Genaue Anmeldung auch, weil viele, zuviele Besucher kamen. Generationen von Schülern waren durch ihre Hände gegangen, viele hingen an ihr und kamen immer wieder, oft von weither, suchten ihren Ratschlag, ihre besorgte, engagierte Teilnahme, ihre Bestätigung; schickten, mit Grüßen versehen, ihre Kinder, inzwischen gar Enkel. Dabei war sie nicht leicht zu nehmen, ihre Weisheit, weit entfernt vom Alles-Verstehen und Alles-Verzeihen, die parteinehmende, aufklärerische Weisheit einer altgedienten Linken. Aus Verhältnissen stammend, die man herablassenderweise »klein« zu nennen pflegt, hatte sie ihr Studium verdienen müssen und entsprechend intensiv deutsche Literatur studiert. Schon in jungen Jahren engagierte Sozialdemokratin, konnte sie gerade noch vor ’33 promovieren und schlug sich, ganz auf sich selbst gestellt, tapfer durch die zwölf schwarzen Jahre, verlor ihre Lehrstelle bald und arbeitete in einer Fabrik; ein Mann, der ihr viel bedeutete, Jude, emigrierte nach Amerika. Erzählt hat sie nie davon, aber andere wissen, daß sie alles riskierte. 1945 war auch ihre Stunde, von deren Wegweisung hat sie bis zu ihrem Ende nicht gelassen. Ganz und gar, weil sie auf keine Familie Rücksicht nehmen mußte, schonte sie sich nie und nirgends. Obwohl nie Mitglied der Partei, verzieh sie Gegnern des Neuen wenig und dessen Statthaltern fast alles, selbst dann noch, als die Männer der ersten Stunde, die aus Lagern, aus dem Untergrund gekommenen Freunde längst weg waren und es um sie selbst ging, ihr Aufstieg zu höheren Positionen gebremst, sie gar strafversetzt wurde. Stets fand sie genug Fehler bei sich selbst, um Widerstände, Gemeinheiten, mit denen sie zunehmend zu tun bekam, sinnvoll oder gar wohlverdient zu finden, die prinzipiell auf einem guten Wege befindliche große Sache klüger als sich selbst. Andererseits bekannte sie sich offen und durch regelmäßige Besuche zu einem Freunde, der in Bautzen einsaß. Daß für ihre Begriffe von Verantwortung und Glaubwürdigkeit kein Platz sei, konnte sie dennoch oft verdrängen, bestenfalls sich wundern, daß Funktionäre, wenn es kontrovers zuging, für Aufrichtigkeit nicht dankbar, nicht beschämbar waren und unter der Formalie »Selbstkritik« begruben, was ihr als Ritterschlag menschlichen Anstands galt: Reue. Dennoch war sie der Sache treu, machte es besonders Besuchern von »drüben« nicht leicht und beobachtete amüsiert, daß jeder von der DDR die Eindrücke empfing, an denen ihm seiner Einstellung gemäß gelegen war. Irgendwann vermischte sich ihr das Nichtmehrzurechtkommen mit der Gewißheit, ihre Zeit sei abgelaufen, immer besser verstand sie sich darauf, ohne Groll Verständnis zu verweigern, sich zurückzuziehen, ohne das teilnehmende Interesse zu mindern – eine Toleranz, die für die Nächststehenden freilich nicht galt. Zu den wenigen in den letzten Jahren Zugelassenen zählte, solange im Lande, auch ich; als ich gegangen war, hat sie auf keinen Gruß, keinen Brief reagiert.

Am meisten drückte sie die Sorge, eines Tages nicht mehr lesen zu können, sie hatte gern, daß nicht weit von ihrem Hause Züge vorbeifuhren: Das war Leben, sie blickte ihnen oft nach. Weil sie fast noch lieber als Germanistik Musik studiert hätte, diesen Traum sich aber nicht hatte erfüllen können, nannte sie es eine gütige Fügung, daß ihr nun Zeit gelassen war, Musik zu hören. Während in den Wohnstuben ringsum die Bilder zu tanzen begannen, die Umwelt spätestens ab 20 Uhr in die westliche Medienwelt versank, saß sie an ihrem alten Radio (ein neues anzuschaffen lohne nicht mehr) und hörte – fast ausschließlich auf DDR-Sendern – viel, aufmerksam und kritisch. Den auf dem Weg zum Tode von seinem Daimon zur Musik befohlenen Sokrates zitierte sie ebenso gern wie, etwas frei, den späten Goethe, daß »wir im Alter alle Mystiker würden«. Wenn man davonfuhr, mußte man versprechen, nach Ankunft von zuhause zu »telefonieren«, das hieß: intensiv an sie zu denken – denn ein Telefon besaß sie nicht. Zwei Tage später kam ein Brief mit der Auskunft, daß man dann und dann wohl zuhause gewesen sei.

Ihr Haus hatte sie bestellt, ihre gewissenhaft geführten Tagebücher rechtzeitig verbrannt. »Für den Fall meines Todes« stand auf einer Mappe, die auf ihrem Nachttisch lag; darin war Vorsorge getroffen, die Umstände des »Falles« so gering wie möglich zu halten, kirchliches Begräbnis untersagt. Nach ihrem ersten Schlaganfall kam sie schnell wieder zu Bewußtsein; man setzte sie in ihren Lehnstuhl, sie sah hinaus in die Zweige des vor dem Hause stehenden Obstbaums, hörte wohl auch die Züge fahren, war glücklich und erwartete den nächsten Schlag. Der kam erst Jahre später, gerade noch rechtzeitig, um ihr die Rechenschaft über den Zusammenbruch der mühsam verteidigten Verhältnisse zu ersparen.

Die Versammlung

Zwei Tage vor dem Konzert Vortrag in der Musikhochschule – über Schuberts Goethe-Lieder, ein Thema, über das zu schreiben in den Jahren zuvor immer auch hieß, Heimwege zu suchen. Ich blicke in viele vertraute Gesichter, nehme eilige Auskünfte über Altgewordene, Kranke, Verstorbene entgegen; ohne Umweg in medias res zu gehen gelingt mir nicht, aber ich kürze das Zurechtfinden in dem Saal, der Situation ab, die Studenten sollen mich nicht rührselig finden.

Eine Versammlung, nein: *die* Versammlung in diesem Saal – »Erscheinen ist Pflicht« – Ende April 1953 begann um 16 Uhr und endete zehn oder elf Stunden später, endete damit, daß wir alle für die Exmatrikulation von Studenten stimmten, die besonderes Ansehen genossen, zur »Jungen Gemeinde« standen und sich unangepaßt gezeigt hatten. Nach dem 17. Juni wurde die Exmatrikulation widerrufen, die Scham ist geblieben. Die Schergen – etliche unbekannte Gesichter – waren im Saal und auf der kleinen Galerie verteilt (einer der übelsten setzte sich bald danach zum englischen Geheimdienst ab), die Türen wurden bewacht. Wer austreten wollte, mußte beim Präsidiumstisch einen Passierschein holen, Studentinnen wurden dabei regelmäßig angepöbelt; viele sind aus Angst nie draußengewesen. Ich weiß nicht, wie ich mich von dem Freund, der neben mir saß, in der Nacht verabschiedete, nachdem wir die Hände für die Exmatrikulation gehoben hatten, weiß auch nicht, wie wir uns in den Tagen danach begegneten, über das Geschehene sprachen, wir müssen uns befunden haben wie nach einer Gehirnerschütterung. Sehr genau aber erinnere ich, wie die Wechselduschen der Wortführer organisiert waren, das Hin und Her zwischen zynischer Freundlichkeit, inquisitorischem Fragen und gemeinsamem Gebrüll, unter dem die Versammelten sich zusammenduckten fast wie bei einer Massenexekution; und ich weiß auch, daß die Studentinnen bessere Figur machten als ihre männlichen Kollegen, daß ich viertelstundenweise nicht zu den Redenden hinsah und die würgenden Angstgefühle loszuwerden versuchte, indem ich mir die Objekte benannte: du hast keine Angst, wenn herauskommt, daß du vor zwei Wochen zu denen gehört hast, die die Psalmensinfonie hörten; daß du Jaspers, Camus und Sartre verborgt und von Silone und Koestler erzählt hast; daß du vor zwei Tagen im Titania-Palast gesessen und ein Furtwängler-Konzert gehört hast; du wirst keine Angst haben, wenn du, wie jetzt deine Kommilitonen, niedergeschrien wirst wegen der von der Studentengemeinde aufgeführten Kantaten; du wirst standhalten, wenn sie dich nach einem Gespräch mit einem »verdächtigen« Dozenten fragen werden, erst recht, wenn sie Exmatrikulation androhen. Über alle mühsam reflektierten Teilängste hinaus aber blieb die anonyme Angst, anonym und mächtig auch darin, daß nahezu alle von ihr befallen und gelähmt waren. Wenige Stunden hatten ausgereicht, diese rational nicht auflösbare Chemie in Gang zu setzen samt der Reduktion auf nur ein Bestreben: durchkommen, rauskommen. Für viele, auch und gerade solche, die dem Kredit der großen Idee vertrauen wollten, zog dieser Abend einen endgültigen Trennungsstrich zwischen »denen« und »uns«, bis heute kehren Gespräche zwischen Dabeigewesenen immer wieder auf ihn zurück, bis heute – die kleine Entsühnung meines Austritts aus der FDJ ändert für mich daran nichts – ist die Scham geblieben und das Trauma jener Angst. Trotz der kleinen Hoffnungen danach lichteten sich die Reihen der Lehrer und Studenten immer wieder, wer abgehauen sei, wurde zum Dauerthema. Und noch der Weggang dreißig Jahre später hat mit jenem Tag zu tun.

Offene Tempi

In den ersten beiden Sätzen der Fünften Sinfonie, die Mahler ursprünglich als »1.Abtheilung« zusammengefaßt hatte, hält es der jeweilige »implizite Autor« bei sich selbst nicht aus: In den Trauerkondukt schlägt der zweite Satz hinein (»Plötzlich schneller. Leidenschaftlich wild«), den wir noch nicht kennen; und dieser wiederum, am eigenen Ort, wird in bezug auf den jäh erinnerten Kondukt rückfällig. Unübersehbar dabei als Folie das klassische Verhältnis von Introduktion und Hauptsatz, nun in zwei Sätze auseinandergelegt, die Mahler in eigenen Aufführungen durch eine zweiminütige

Pause trennte und deren erster sich ebensowenig auf Einführung und Hinleitung festlegen läßt wie der zweite sonatengemäß auf eine in sich geschlossene Abhandlung. Derlei eindeutige Unterscheidung ist Mahler als konventionelle Formalie verdächtig, in ihren Zeitplan und ins Schema der wohlreguliert einander zuarbeitenden Funktionen will er sich nicht einsperren lassen, legt es fast auf eine imaginäre Gleichzeitigkeit an, insofern er sich als »impliziter Autor« des Trauermarsches von den »stürmisch bewegten« Gesichten des zweiten Satzes bedrängt zeigt bzw. im zweiten als einer, der bei allem tosenden Ausbruch, allem Stürmen und Drängen den Trauermarsch und die dort angetönten Tröstungen nicht vergessen kann, verfällt ihnen gar in einem jähen Umschlag (Ziffer 15) – so jäh, wie im ersten Satz »zu früh« die Musik des zweiten losbricht, vehement auch darin, daß sie hier nicht hingehört. Konsequenterweise benutzt die Trompete des Kondukts das erste Erschlaffen dieser gewaltsamen Okkupation (vor Ziffer 11), um gellend hineinzufahren, zur Ordnung zu rufen (was sie inmitten des Getöses – nach Ziffer 8 – einmal vergeblich getan hatte) und die Musik zur Marcia funebre zurückzuholen (»Unmerklich zu Tempo I zurückkehren«). Die Zweiheit der Sätze stellt sich zunächst dar im Gegeneinander verschiedener Bewegungen bzw. Tempi.

Aber da ist ein Drittes. Nachdem Mahler die Marcia in seltsam getreuer Rekapitulation zuendegebracht hat, bleibt, wie vor dem großen Einbruch die Trompete, nur die Pauke übrig und suggeriert, daß es nun aufs Ende zugehe. Da aber tritt, in neuer Tonart – der des folgenden Satzes – eine neue Melodie ein. Überflüssig zu fragen, woher sie komme: Sie ist nicht weniger durch sich selbst legitimiert, nicht weniger ungefragt »da« wie der Einbruch zuvor. Von diesem hat sie, zunächst diskret, nicht nur das Seufzermotiv geerbt, sie führt allmählich in seinen Bannkreis zurück, hat bei Ziffer 16 den erstmals vor Ziffer 10 erschienenen Nachsatz und wenig später den leidenschaftlichen Gestus, die wild bewegte Klage, und mündet in den von Adorno eindringlich beschriebenen Zusammenbruch Ziffer 18. Dieses Zurück zum »Einbruch« freilich schreit nach dessen bewegterem Tempo, das als doppelt so schnell mindestens vorstellbar erscheint, zuweilen so auch realisiert wird. Das aber vergrößert das Dilemma; beim Eintritt der neuen Melodie (Ziffer 15) schreibt Mahler »Immer dasselbe Tempo«, erst spät und betont vorsichtig

»Etwas drängend«. Soll der Musik ihr »eigenes« Tempo vorenthalten bleiben, gibt es ein solches vielleicht gar nicht, oder versteht Mahler »Tempo« als synthetisierenden Inbegriff (anderswo tut er das zweifellos nicht), innerhalb dessen Charakter der Bewegung und meßbare Schnelligkeit einander relativieren können? – wie man seinerzeit von »gemäßigtem« oder »beschleunigtem« Hauptzeitmaß sprach und Alban Berg als »Tempo I« eines bezeichnen konnte, das nach Ausweis der beigefügten Metronomziffer erheblich von dem angesprochenen abweicht. Mahlers Welte-Mignon-Einspielung bleibt hierin seltsam diffus; doch auch, wenn man sich an sie halten könnte, bliebe die Frage, ob Offenheit, Unrealisierbarkeit nicht zur Sache gehöre, das Gegeneinander der Tempi und Charaktere also nicht lösbar geschweige denn geschlichtet erscheinen darf, ob Mahler hier sich nicht bekenne als einer, der an eine Absurdität herankomponiert hat und keine Auskunft zu geben vermag, wie die Musik zu spielen wäre.

Zerbrochene Sonate, erneuerte Musik

Mit dem Beginn von Mahlers zweitem Satz, sonatengemäß verstanden des auf die »Introduktion« folgenden »Allegro giusto«, hat dessen im Kondukt vorzeitig durchgebrochener »Hauptsatz« endlich seinen eigenen Ort, oder: sollte ihn doch haben – denn die erste, voraussetzungslos behauptende, der Exposition gehörige Präsentation hat schon stattgefunden, und diese Kongruenz von Prägung und Konstellation läßt sich nicht mehr herstellen, ihrem Wesen gemäß nicht nachholen. Mahler weicht aus in eine überanstrengte, gepreßte Exposition mit vier thematischen Anläufen (Takte 9 ff., 20 ff., 47 ff., 58 ff.), angesichts derer man weniger von »Thema« im Sinne einer konsistenten Prägung sprechen möchte, eher schon von »thematischem Gestus«, wenn nicht von wilden Anläufen. Schon diese – einzigartige – Disposition erzwingt die Polyphonie, die die fünfte Sinfonie von den vorangegangenen deutlich unterscheidet – als »stürmisch bewegtes«, schwer zu zügelndes, »mit größter Vehemenz« zu immer neuen Komplexionen treibendes Durcheinander- und Miteinandertönen, das dem Kommando eines bescheidwissenden, übergreifend regulierenden Subjekts davonzulaufen scheint, rasch außer Atem gerät, einem Nachklang des Kondukts sich in die Arme wirft (Takt 65), um danach in kleiner Figuration zu zerbröseln. Die »mißlungene« Exposition hinterläßt ein Vakuum, wohinein Erinnerung an den Trauermarsch strömt, das dritte, erst gegen Ende eingetretene Thema, dessen nunmehriges f-Moll zum a-Moll des zweiten Satzes im gleichen Verhältnis steht wie im ersten sein a-Moll zu dessen cis-Moll. Die Frage, ob es sich um das zweite Thema handele, das wie das erste im Kondukt vorzeitig erklungen sei, erscheint ebenso berechtigt wie allzu schulfromm und zuordnungsbesessen – auch dann, wenn man das traditionelle Gegeneinander thematischer Komplexe auf Charaktere, Bewegungsformen bzw. zwei Sätze in einer Weise ausgeweitet sieht, welche die Modalitäten der Abhandlung sprengen muß: Opposition gegen den offenbar als unwahr empfundenen Anschein der Lösbarkeit und die beschlagnehmenden Ansprüche der etablierten Formen. Gegen diese versucht Mahler eine Direktheit der Formulierung, des kompositorischen Zugriffs, welche nicht durch Identifizierung mit einer Funktion relativiert wird, er versucht, die musikalische Prägung, und sei's für Augenblicke, nur sein zu lassen, als was sie sich hier und jetzt darbietet. Daß er wußte und komponierend wahrnahm, wie schwer solche Naivität in einem von bestimmten Erwartungen überwucherten Terrain freizuschaufeln sei, daß er nie der Illusion zuarbeitet, das Problem ließe sich durch Wegsehen aus der Welt schaffen, gehört zu seiner Größe wie zum Ärgernis.

Mehrmals schlägt die Musik zwischen der »stürmisch bewegten« Gangart und der des Kondukts hin und her, und die Allgegenwart des dreitönigen Seufzermotivs, mit dem alle Prägungen zusammenhängen, mutet wie der Teil eines nicht einlösbaren Versprechens an angesichts der unterschiedlichen Bewegungsformen, in die die »eigentlich« zu wechselseitiger Vermittlung angetretenen Komplexe eingesperrt, voneinander abgesperrt sind, deren Wechsel eher psychologisch als kompositorisch plausibel gemacht erscheint. Wenn in den Nachsatz des »langsamen« Themas (Ziffer 13) tatsächlich ein Motiv aus der Verarbeitung des schnellen eindringt (Takte 157 ff.), mag damit auf eine spätere Synthese hingewiesen sein. Die aber mißrät zunächst, die »stürmische Bewegung« greift abermals Platz – und weicht im radikalsten Umschlag des Satzes (Ziffer 15) dem tröstenden Nachsatz des Kondukts, eine Konstellation, in der die

Musik sich weit abgeschlagen von der zuvor anvisierten Synthese befindet. Und, als sei der Irritation nicht genug, findet der Nachsatz sich in eine derbe, grell instrumentierte Polka gerissen, welche ihrerseits in den nun erstmals angetönten Choral übergeht. Die Amplituden der Umkreisung eines möglichen gemeinschaftlichen Vielfachen, worin die disparaten Prägungen konvergieren könnten, vergrößern sich also fortwährend, dessen Einlösung rückt in immer weitere Ferne.

Der Choral, wie immer »nur« das im Satz Note-gegen-Note akkordisch und melodisch breit entfaltete Grundmotiv, gibt sich als deus ex machina; zunächst, insofern er eine »Reprise« herbeiführt, welche man guten Gewissens so nur nennen dürfte, wäre eine Durchführung vorangegangen. Immerhin eignet dem Choral der reprisenhafte Gestus des Quod erat demonstrandum, welchen der Hauptsatz, viel stärker Charakter eines Aufbruchs als einer Ankunft, sich nie zueignen könnte. Immerhin enthielt er ein latentes Versprechen: Schon am Satzbeginn hatte er eine Andeutung von Seitensatz, ein »Flußbett« gegeben und darin momentweise konsistente, nicht sogleich von der »stürmischen Bewegung« zerfaserte Melodie (Ziffer 2). Nun kehrt das »Flußbett« wieder (Ziffer 20), eine Leerform, und wird von der mittlerweile fast obsessiv gewordenen Kantilene der langsamen Abschnitte okkupiert, dem großen Gesang. Allerdings im »falschen« Tempo: »Etwas langsamer, ohne zu schleppen« schreibt Mahler vor und später abermals »nicht schleppen« – genau dort (nach Ziffer 22), wo er sich des vorzeitigen Einbruchs in den ersten Satz erinnert. Ist das zuvor unvereinbar Erscheinende nun doch vereint? Fast ließe sich sagen, die Musik verweigere die Antwort: Dem pathetischen Appassionato sich ergebend rafft sie wohl zusammen, gibt der jeweiligen Strebung der Prägungen (immer noch für die eine zu schnell, für die andere zu langsam) ein wenig nach, die rhapsodisch schlingernde Gangart (Vorschriften wie »Nicht eilen«, »Gehalten«, »Etwas drängend«, »Wuchtig« etc. häufen sich) sticht deutlich ab gegen die früheren Umschläge klar gegeneinander abgesetzter Bewegungsformen, eine eigene, einigermaßen trittfeste Gangart kann die Passage nicht finden. Das Pathos des Vortrags hilft darüber hinwegtäuschen, daß Synthese im Sinne einer Bestätigung und gefestigten Struktur nicht erreicht wird. Also bedarf es der Rettung von außerhalb, des nun ganz und gar als deus ex machina eintretenden Chorals. Damit er nicht eine Lösung, einen Triumph prätendiere, den das Geschehene nicht rechtfertigt, spuken danach nochmals alle Gestalten in neuen Komplexionen vorüber, welche wohl anzeigen, daß der Satz beendigt, nicht aber, daß die aufgegebene Arbeit getan sei.

Adagietto

So war per Adagietto auch Alma wieder einmal in Weimar, Adressatin dieses verzehrend innigen Bekenntnisses, an dessen Ende man Melodien, Klänge, die Musik insgesamt förmlich brennen sieht bzw. hört. Wenigstens dies hat Alma – so Mengelbergs Zeugnis – sofort verstanden und als eine erste, wortlose Verlobung angenommen. Sie hätte auch erschrecken können darüber, wie sehr die Musik die mitgedachten Worte hinter sich ließ: »Wie ich Dich liebe, du meine Sonne, / Ich kann mit Worten Dir's nicht sagen. / Nur meine Sehnsucht kann ich Dir klagen / Und meine Liebe, meine Wonne...«

Über den im Sommer 1901 entworfenen dritten Satz hatte noch Natalie Bauer-Lechner berichtet, deren Liebe auch darin bestand, daß sie Mahler fast bis zuletzt Fragen nach dieser Liebe ersparte. Einen Sommer später war sie aus seinem Lebenskreis verschwunden, Alma hatte bei der Zerstörung alter Freundschaften ganze Arbeit geleistet, und Mahler ließ sie gewähren. Warum? – das beantwortet auch das Adagietto, noch im Bezug auf eine Rückert-Vertonung als Gesang dessen, der der Welt abhanden gekommen ist.

Weimar, eng, protestantisch und keine Bühne bietend, muß ihr fremd gewesen sein. Dennoch hat sie auch hier einzubrechen verstanden; noch in den sechziger Jahren konnte man alte Damen ärgerlich darüber reden hören, wie die mönchische Gemeinschaft der Bauhäusler durch die – seltenen – Besuche der Direktorengattin aufgescheucht wurde; hier hat Gropius sie im Frühjahr 1923 als Urheberin der antisemitischen Unterstellung erkannt, die Schönberg und Kandinsky auseinanderbrachte. Er »wurde blaß und sagte spontan: das ist Alma« – so Nina Kandinsky in ihren Erinnerungen; »er begriff sofort, daß seine Frau die Geschichte inszeniert hatte«.

Eingebrochen auch in die Sinfonie. Adornos Unbehagen mit dem Adagietto (dessen filmische Verwendung er nicht mehr erlebt hat) läßt sich wohl verstehen. Hat derlei seelische Exhibition, derlei unzweideutig als Kassiber und verkapptes Lied erkennbare bohrende Intimität in einer »öffentlichen« Sinfonie etwas zu suchen? Wird diese nicht im eigensten Felde desavouiert durch eine Privat-Enklave, die sich weiteren Zusammenhängen und Bezügen zu versperren scheint – obendrein einer Frau zugeeignet, die mit Mahlers Musik wenig anfangen konnte? Dieser hilft dem Unbehagen durch das Kunststück nach, ein ausgedehntes Stück in langsamem Tempo zu schreiben und dabei den Charakter der Episode, der Einblendung so zu wahren, daß es nicht verdächtig wird, der langsame Satz einer Sinfonie zu sein.

Freilich hat Adorno übersehen (oder wissentlich beiseitegelassen?), was die Kompetenz seines Unbehagens arg beschneidet: Der Anschein der Enklave trügt selbst dann, wenn man allzu technologisch argumentiert findet, daß die Musik des unmittelbar anschließenden Finales mit ähnlicher Insistenz vom Quartabstieg ausgeht wie das Adagietto vom Aufstieg aus der Unterquart (»Wie ich dich liebe«). Über die Beweiskraft solcher Befunde läßt sich streiten, für sich genommen besagen sie wenig, ganz und gar in bezug auf eine Musik, die sie als Betriebsgeheimnis erscheinen läßt, das keinen etwas angeht, als ein Wie, das mit dem Was wenig zu tun hat. Dennoch, ganz unwichtig kann Mahler der zweifache Quartdurchgang nicht gewesen sein, steht er doch in weiteren Zusammenhängen. So könnte in eine der »Gesinnung« wie der Struktur nach polyphone Sinfonie wie diese das Adagietto – ähnlich wie der erste Satz – durchaus als homophone Insel gestellt sein; tatsächlich führt, anders als in den umgebenden Sätzen, jeweils nur die »Singstimme«. Aber sie wandert nicht nur hin und her zwischen ersten und zweiten Violinen und Celli, auch die Begleitung polyphonisiert Mahler, wie und wo immer es möglich ist; die Stimmen überkreuzen, umschlingen, antworten einander, wechseln die Lagen, reden mit, in der Partitur ein Bild liebender Vereinigung in der Tradition von »Fidelio« oder Violinkonzert bei Beethoven, Siegfried-Idyll und »Tristan« bei Wagner.

Genau dies steigert Mahler, bei gänzlich verändertem Tonfall, im Finale. Dessen Hauptthema, das von Charakteren wie Haydns »Dudelsack«-Finale herzukommen scheint (auch die Tonart dieselbe), komponiert er als Bündel zweier imitierend wetteifernder, einander umschlingender, ins Wort fallender Stimmen, ein Knäuel, zu dessen volksmusikhaft »improvisierter« Polyphonie die diffuse Gruppierung eigentümlich quersteht; hieraus vor allem zieht der Refrain des böhmisch intonierten Abgesangs sein Recht, den wir als »Choral« längst kennen, er macht dem metrischen Schwimmen ein Ende. Da redet, die selbstvergessene Versunkenheit des Adagiettos hinter sich lassend, ein dem Leben Zurückgegebener, Zugewandter, einer, der vorausschaut; er schreibt eine morgendliche, eine vorandrängende Musik des Aufbruchs und fällt nicht zufällig in den Dialekt seiner Heimat, zumal in den kantablen Prägungen des Refrains Ziffer 4 und Ziffer 12. Enthält dieses Finale nicht ebensoviel Bekenntnis zu der jungen Frau an seiner Seite wie das Adagietto, nun nicht nur »Circe«, sondern zu dem mit ihr verbundenen Neubeginn in seinem Leben?

Wenn Mahler es so empfand, konnte er es dabei doch nicht bewenden lassen. Nicht nur als Pendant zu der von den ersten beiden Sätzen gebildeten »1.Abtheilung« verkettet er beide Sätze: Der Ausklang des Adagiettos, sein exzessiv breit ausgeschriebenes Ritardando erheischte wohl nachfolgende Stille, in die hinein es, die Grenze zwischen Gerade-noch-Klingen und Nicht-mehr-Klingen verwischend, sich verlängern könnte. Das aber gönnt der – in der Dramaturgie der Pausen und Fermaten penible – Komponist ihm nicht, schreibt »Attacca« vor, gibt dem zum Finale rufenden Horn denselben Ton, mit dem die Violinen das Adagietto beschlossen, den sie sogleich, das Horn beantwortend, Pianissimo wiederholen werden. Sofern »morendo« die Zone zwischen Gerade-noch-Klingen und Nicht-mehr-Klingen anvisiert, sollte das Horn gerade noch in den Schlußklang hineinfahren. Im übrigen ergeht es dem in den neuen Morgen Aufgebrochenen ebenso wie dem ästhetischen Subjekt des zweiten Satzes: Er kann das Vorangegangene nicht vergessen. Anders als dieses aber läßt er sich nicht übermannen, sondern holt es in das Finale, in dessen Ton und Tempo hinein. Dreimal erklingt, wie selten bei Mahler fast unverändert, ein »Grazioso« (nach Ziffer 7, nach Ziffer 15, nach Ziffer 29), worin Wendungen des Adagiettos tänzerisch anverwandelt fortklingen – nahezu ein zweites Porträt der Geliebten, nun dasjenige der jungen, lebenslustigen, Mahler sich entziehenden oder gar von vornherein entzogenen Frau, ähnlich angeschaut wie »Lilis Park« vom jungen, Einsamkeit suchenden Goethe. Vor dem dritten Grazioso zitiert Mahler übermütig aus dem Vaudeville von Mozarts »Entführung« »Wer so viel Huld vergessen kann« und komponiert den Nachsatz »den seh' man mit Verachtung an« anders als Mozart, in draufhauerischer Manier beinahe textgemäßer als dieser. Genau diese Wendung (3 Takte vor Ziffer 29) stört zweimal (Hörner nach Ziffer 30) die periodische Gruppierung im Grazioso, eine kaum überhörbare Anspielung.

Alma ist also nicht nur in die Sinfonie eingebrochen, sie hat sie auch zuendebringen helfen, ohne sie wäre das Finale ein anderes. Und Mahler war Mystiker genug, um, ähnlich wie bei der Totenfeier für Bülow in bezug auf die zweite Sinfonie, die biographische »Zufälligkeit« als Fügung zu begreifen, die die Unterscheidung zwischen Leben und Werk, empirischer und ästhetischer Realität aufhebt.

Biographie als Werk, Werk als Biographie

Gefährliche Grenzgänge: Marienbader Elegie, Tod in Venedig, Adagietto. Nicht unverschuldet ist das letztere zum Exerzierfeld für Exhibitionisten geworden, seine öffentlich gemachte Intimität läßt leicht vergessen, daß eine Übertretung wahrgenommen wird durch Empfindlichkeit für das Übertretene, daß zum Pathos des Tabu-Bruchs Sinn fürs Tabu gehört. »Heilsame Ernüchterung nicht wollen zu können, ist Zügellosigkeit«, liest man bei Thomas Mann im Zusammenhang mit »Tod in Venedig«. In dessen Konzeption »spielte ... die Nachricht vom Tode Gustav Mahlers hinein, dessen Bekanntschaft ich vordem in München hatte machen dürfen und dessen verzehrend intensive Persönlichkeit den stärksten Eindruck auf mich gemacht hatte. Auf der Insel Brioni, wo ich mich zur Zeit seines Abscheidens aufhielt, verfolgte ich in der Wiener Presse die in fürstlichem Stile gehaltenen Bulletins über seine letzten Stunden, und indem sich später diese Erschütterungen mit den Eindrücken und Ideen vermischten, aus denen die Novelle hervorging, gab ich meinem orgiastischer Auflösung verfallenen Helden nicht nur den Vornamen des großen Musikers, sondern verlieh ihm auch bei der Beschreibung seines Äußeren die Maske Mahlers.« Daß sich in Viscontis Film, der den Helden noch viel näher an Mahler heranrückt, ein Kreis schließe, erscheint anfechtbar formuliert nicht nur, weil die erotische Konstellation durcheinandergerät. »Das Adagietto ... kann niemals für Aschenbachs Credo der anti-dämonischen, würdevollen Kunst einstehen« (Hans Mayer). Das Credo muß aber nicht mit der Kunst identisch sein; deren Authentizität gründet oft gerade darin, daß sie anders ist als das, was mit ihr beabsichtigt war. Überdies lag nach Wagner der Gedanke nahe genug, die Musik könne es anders und besser ›wissen‹ als die mit ihrer Hilfe Agierenden. Schwerlich ließ »die Entwürdigung eines hochgestiegenen Geistes durch die Leidenschaft« (Thomas Mann) sich anschaulicher darstellen als in Viscontis musikalisch hochexpressiv unterlegter Friseurszene – über der brennenden Intensität der fortissimo spielenden Streicher das spöttisch-banale »E adesso il signore può inamorarsi tranquillamente« – »nun kann der Herr sich unbedenklich verlieben«. Danach ging »der Berückte..., traumglücklich, verwirrt und furchtsam. Seine Krawatte war rot, sein breitschattender Strohhut mit einem mehrfarbigen Bande umwunden«. Viel geringer mag, ganz und gar nach seinen Maßstäben von Lebensdisziplin und Selbstbewahrung, die Selbstentfremdung des vierzigjährigen, um die zweiundzwanzigjährige Alma Schindler werbenden Hofoperndirektors auch nicht gewesen sein.

Hier wie dort gefährliches Gelände. Bei Thomas Mann viel raffiniert gebrochenes Selbstporträt und zugleich eine Geheimnistuerei, die nicht nur die streng beschwiegene Homosexualität betraf; obwohl oft sich über Umfang und Anspruch seiner Unternehmungen täuschend – diese hat er noch heruntergespielt, als ihm klar war, daß es um »eine unmögliche Konzeption« ging, »ein Letztes und Äußerstes, einen Abschluß ..., die moralisch und formal zugespitzteste und gesammeltste Gestaltung des Décadence- und Künstlerproblems... Auf dem persönlichen Wege, der zum ›Tod in Venedig‹ geführt hat, gab es kein Weiter, kein Darüberhinaus, und ich verstand es vollkommen, wenn Freunde meiner Arbeit damals ihre Sorge zu erkennen gaben darüber, wie ich es nun überhaupt noch weitertreiben wollte.« Lange Zeit verschwieg Thomas Mann auch, daß es sich um eine Transposition handelte, daß er sich mit dem Plan getragen hatte, die »Entwürdigung eines hochgestiegenen Geistes« anhand der Marienbader Elegie darzustellen, »diese mit allen ihren schauerlich-komischen, hochblamablen, zu ehrfürchtigem Gelächter stimmenden Situationen peinliche, rührende und große Geschichte«, – die er sich dann doch nicht zutraute oder sich aufbewahren wollte; nicht nur Anspielungen auf Eckermanns Gespräch mit Goethe vom 17. Februar 1831 sind davon übrig geblieben. In der neuen Form zog er, ein Akt gefährlicher Koketterie, den Stoff sehr nahe an sich heran; der Bezug auf jenen, in dem sich für ihn »der ernsteste und heiligste künstlerische Wille unserer Zeit verkörpert«, mochte auch mit Tarnung zu tun haben.

Wie Thomas Mann hier »insgeheim die Literatur in Frage gestellt« hatte (Hans Mayer), tut Mahler es mit der Sinfonie im Adagietto. Aus der Öffentlichkeit, aus den Verbindlichkeiten der Sinfonie stiehlt er sich weg in den Innenraum intimer Bekenntnisse – was andererseits nicht voll gelingen kann: das schlicht-innige Lied erträgt die Projektion kaum, in die es gerät. Nach zwei regulären Viertaktern beginnt deren Wiederholung in doppelt vergrößerten Werten, verliert sich deklamativ, die Polyphonie der an der Melodie beteiligten Stimmen gerechtfertigt vor allem, weil sie einander helfen, den Gesang zuendezubringen. Kaum wiedergefunden (Takt 23), kommt der Ton fast wieder abhanden, u.a. in nicht notierten Taktwechseln (Takte 27 ff.), die Eindringlichkeit des Vortrags rührt ebensowohl von der erzwungenen Dimensionierung her wie andererseits vom emphatischen Zurückfinden zum Liedton. Zugleich mit dem Liede komponiert Mahler ein bestimmtes, sehnsüchtiges Verhältnis zu ihm – in einer Verschränkung, welche ebensowohl dazu auffordert wie verhindert, ein präsumptives Original zu rekonstruieren. Indem ein solches, einfaches, hochgespannter Expressivität nicht bedürfendes, immerfort durchscheint, als vor der Erlösung befindliches Versprechen stehenbleibt, hält diese Musik den »langen Blick« fest, den Sehnsuchtston, der auch die Passagen still-selig in sich selbst verlorener, versunkener Erfüllung durchzieht – auch hier ein »Letztes und Äußerstes«: nur allzu plausibel, daß Mahler das Adagietto im Finale nicht nur einholen, sondern die Sinfonie gewissermaßen von vorn beginnen mußte. Kaum zufällig ähnelt die »Musik der Frühe« des Finalebeginns der Einleitung der Ersten Sinfonie, da wird ebenso dezidiert neu begonnen, wie es für Thomas Mann notwendig wird, der seinem Helden eigene gescheiterte Entwürfe »auf die Todesreise mitgibt«, ihn sterben läßt, »um selbst weiterschreiben zu können« (Hans Mayer).

Und der vierundsiebzigjährige Goethe »wundert sich, daß nicht um ihretwillen die Sonne stillesteht«, und kann noch am Tage des »tumultuarischen Abschieds« von der Familie Levetzow das große Gedicht zu schreiben beginnen, es eine Woche später zum Abschluß bringen – eine schlechtweg unheimliche Fähigkeit der Transzendierung, welche eine Prädisposition gerade zu diesem Erlebnis vorauszusetzen scheint, zumindest fragen läßt, ob sein Ingenium dieses Erlebnis nicht in gleichem Maße gesucht und inszeniert habe, wie es, ihm antwortend, es bestehen half; ob der Alte, zwischen dem 5. und 7. September in der wackligen Reisekutsche erste Entwürfe in den »Großherzoglich Weimarischen Schreibkalender für das Jahr 1822« notierend, nicht ebenso mit seiner Selbstrettung wie, behende und umsichtig, mit der Sicherung der poetischen Beute beschäftigt war.

Bis an Selbstverlust herangehende Infragestellungen in allen drei Fällen, riskante Verschränkungen von Ende und Neubeginn (von Thomas Mann unter dem Zwang seiner intimen Lebenslüge am souveränsten gemeistert), und alle drei dabei mit Realitätsverlust geschlagen: So wenig Goethe das »Hochblamable« der Affäre ermessen hat, so wenig Mahler das gefundene Fressen für die Wiener Klatschbörse; und der Schöpfer von Gustav Aschenbach mußte wollen, daß man die autobiographischen Momente im Bild seines Helden erkenne, und für selbstverständlich halten, daß man dessen erotische Disposition dabei ausließe.

Lob der Langsamkeit

Wenn einer das Adagio so erfüllt, so sehr nur Musik und nicht Langsamkeit intendiert wie Bernstein, interessiert es wenig, daß er zwei Minuten mehr benötigt als Mahler (11 gegen 9 Minuten), und wenn man schon von »Mißbrauch« reden will – die Mißbrauchbarkeit muß tief in der Sache gründen, damit einer lediglich in ihr selbst gelegene Konsequenzlinien wahrnehmen muß. Im übrigen hat der Hörer der Sinfonie Anspruch auf einen Ruhepunkt. Wie immer das Adagietto mehr einer Intervention zu verdanken ist als den Dispositionen des in den ersten drei Sätzen herangewachsenen »impliziten Autors« – im Rezeptionsrhythmus der Sinfonie, im Wechselspiel steht es so richtig wie ein Satz nur stehen kann. Denn den vorangehenden, das 819 Takte umfassende Scherzo, hat Mahler noch gründlicher zerrissen, noch radikaler – nämlich im Nacheinander – polyphonisiert als die ersten beiden, hat in unschuldigem Ländlerton angefangen, diesen durch chromatisierende Verfremdungen, wahre Überfälle wütenden Fugierens, versperrt (Takte 40, 83, 251, 527, 545), die er zwar mitunter diatonisch einholt (Takte 201, 389, 579, 622) oder in bezaubernden harmonischen Ausflügen im Stich läßt (Takte 6, 108, 544), damit jedoch keineswegs zurücknimmt, sondern ein Hin- und Hergerissensein markiert, welches diese Musik durchweg prägt. Daß in großen Formen ein Detail nie nur sich selbst oder den von ihm repräsentierten Charakter bedeute, gehört zu deren Wesen. Hier aber bekommt man das immerfort zu spüren, es tut weh, das Als-ob wird ausdrücklich vorgeführt, Prägungen naiven Musizierens mit den Ansprüchen des bewußtesten zusammengezwungen, Gestalten, welche nach Einbettung in übersichtliche, kleingliedrige, periodische Strukturen rufen, in unabsehbar weitläufige Zusammenhänge gedrängt, welche eben das als Teil ihrer besonderen Wahrheit vorführen – Rettung von Naivität in einer zweiten, im »Durchgang durch ein Unendliches« (Kleist). Als hielte die Musik das nicht aus, muß sie mehrmals »ausatmen«, Entspannung und Ruhe suchen in weitläufigen, wie zwischen Echowände gestellten Ritualen vielfältigen Nach- und Ausklingens, verführerischen Ausblicken auf eine Erlösung von sich selbst, Situationen (Ziffer 11, nach Ziffer 14, nach Ziffer 30), die ein Fortfahren nicht gestatten. Dennoch muß sie fortfahren, das Vexierspiel weiterspielen, den Hörer strapazieren. Der hat das Adagietto, den Dispens von aller Mehrdeutigkeit verdient, die Konzentration eines großen Streichorchesters auf eine Melodie und sonst nichts (Gertrude Stein: »a rose is a rose is a rose is a rose«), die unabgelenkt um ihre Identität kreisende, in die Betrachtung des eigenen Bildes verlorene, in sich selbst versunkene Musik. Nachdem das »aktiv-synthetische«, immerfort nach Zusammenhängen fragende Hören unausgesetzt gefordert und oft abgeprallt war, findet das meditative, versinkenwollende, auf die Unmittelbarkeit des Klingenden fixierte Hören sein sicheres Reservat.

In dieser Konstellation aktualisiert das Werk für sich, was uns allgemein und – in einem Zeitalter, das keine Zeit hat – zunehmend betrifft: Wir brauchen die Langsamkeit. Zwar wollen wir längst nicht mehr schnellstmöglich in einer bestmöglichen Zukunft ankommen – mit Prognosen waren letzthin selbst die anmaßenden Zukunftbesitzer vorsichtig, als ahnten auch sie, daß bei solcher Eile Zukunft eher verspielt als gewonnen wird; zwar wissen wir, daß die Rationalisierungen der modernen Welt nicht nur den ersehnten Zeitgewinn nicht brachten, sondern neue, zeitfressende Konstellationen. Aber von der »habituellen Ungeduld« des »Machens« (Hans Freyer) kommen wir nicht los, Uhren ticken und Termine drängen. Längst haben wir erfahren, daß chaotische Bewegtheit, wenn sie in sich gedreht erscheint wie das Karussell der Trends und Moden, zum Zustand werden kann, nach Maßgabe eines Prozesses also wieder langsam ist. Spiele ich Musik so rücksichtslos schnell, daß die Einzelheiten kein Profil mehr gewinnen können, kein Reibungswiderstand zwischen ihren Kanten und dem »Fahrtwind« entsteht, so erscheint ihr Tempo langsamer als ein meßbar langsameres, welches jene Profilierung noch erlaubt – dies ebenso ins Stammbuch von Metronom-Fetischisten wie zur Illustration der Entstehung von Zeit und Zeitgefühl anhand dessen, was sich ereignet. Daß man der Langsamkeit das Pathos eskapistischen Widerstands anheften und sie der Musik und den Hörern rechthaberisch auferlegen, mit ihr Macht ausüben oder zu simpel genießender Nostalgie anstiften kann, mindert die Kompetenz des in ihr angemeldeten Einspruchs gegen die »habituelle Ungeduld« unserer Zeit kaum. Die Belege sind weit gestreut – als minimal music, endlos lange Konzerte oder Konzertketten (einem Hörinteresse dienend, das zu dem klassischer Musik angemessenen teilweise quersteht), als mikroskopische Strukturierung in Partituren Ligetis, die auf die kleinsten Veränderungen eines scheinbar stehenden Klanggefüges zu achten zwingen, als aleatorische Zuständlichkeiten, Meditationen wie in Stockhausens »Stimmungen«, aufgemachte Wiederholungen, in Celibidaches Zelebrationen oder Richters Darstellung des ersten Satzes von Schuberts postumer B-Dur-Sonate – die letzteren gleich groß in einer fast terroristischen Pedanterie des Buchstabierens, der Fähigkeit zum Geschehenlassen und in der Kraft einer gegen substantielle Widerstände durchgesetzten Beschwörung, der theologischen Sorge um Rettung einer »falschen« Welt durch »richtige« Musik. Und die Belege reichen über die Musik hinaus – zu den übergenau gemalten, rätselhaft arrangierten Details magischer Realisten oder dem, was ein Rezensent Uwe Johnsons »Zeitlupenprosa« genannt hat, »epischen Dienst nach Vorschrift: bedächtig, verzögernd, keinen Genauigkeitsumweg scheuend«, oder Thomas Bernhards eine einzige Situation drehende, wendende, ein Buch füllende Schimpfkanonade, nicht zu reden von John Franklins »Erfindung der Langsamkeit«. Der Zeitgrund, auf dem wir stehen, muß sehr schlüpfrig, die Verkettungen von Auseinanderliegendem – nicht unbedingt gleich Kausalitäten – obsolet geworden sein, um der Behauptung der Einzelheit (abermals: »a rose is a rose is a rose is a rose«) derartige Vehemenz und Dignität verschaffen zu können.

Wenn es eine solide gegründete Phänomenologie der Tempi gäbe (sofern sie möglich ist), würde sie einigen zeitdiagnostischen Zuspitzungen den Boden, nicht aber den Exerzitien in Langsamkeit ihr Recht entziehen. Schon für Klopstock und Herder waren Zeit und Zeitqualitäten ein Problem, für Beethoven die Ära der »tempi ordinari« vorbei – und das bedeutet viel: denn diese hatten ihre normative Kraft nicht zuletzt daraus bezogen, daß man sie vornehmlich als Charaktere und erst in zweiter Linie als Geschwindigkeiten begriff (allegro = heiter, vivace = lebhaft, moderato = gemäßigt, andante = gehend etc.) – auch deshalb konnten sie enger beieinander liegen. Noch Schubert hat, wozu ihn seine melodische Erfindung in fast einzigartiger Weise befähigte, nur ausnahmsweise extrem langsame Tempi komponiert, und wenn, wie im Streichquintett, dann zum Problem gemacht. Sie lagen fast noch exterritorial, waren das »ganz Andere«, erst recht durch die Wiederentdeckung der Alten Musik mit allen Zügen einer abseits, fast außerhalb der Zeit gelegenen Gegenwelt, weshalb man die Notenwerte der Alten nur zu gern mißverstand und überdehnte. In zwei Schlüsselwerken der Zeit, Wackenroders »Nacktem Heiligen« und Schopenhauers (1818 fertiggestellter) »Welt als Wille und Vorstellung« spielt das »Rad der Zeit« bzw. Ixions Rad eine wichtige Rolle.

Ähnlich wie die dynamische Skala und die der Klangfarben verbreiterte sich auch die der Tempi. Mozarts »spezifische Geschwindigkeit« war hoch, konventionell erscheint er am ehesten, wo diese mit dem den etablierten Formen eingeschriebenen Zeitplan in Konflikt gerät. Vielleicht hatte er als letzter der Großen ein ungebrochenes Verhältnis zu schnellen Tempi, verfügte über sie als letzter in jeder Höhenlage des kompositorischen Anspruchs. Das bald nach ihm virulente Finalproblem, einseitig der Übermacht des in ersten Sätzen Abgehandelten zugeschrieben, welches kaum einholbar erscheint, war mindestens ebensosehr ein Problem des schnellen Tempos: Was ließ sich in ihm noch unterbringen, da Schnelligkeit per se sich als kompositorischer Gegenstand immer weniger beiseiteschieben ließ? Daher die Brechungen bei Beethoven, die »Gebete« in »Eroica« und »Pastorale«, die bewußten Stilisierungen der Vierten und Achten Sinfonie, das gemäßigte Tempo im Finale der Fünften – bleibt als einziges in seinem wie dem Verständnis der Tradition originäre Finale dasjenige der Siebenten. Muß der Kurswert des schnellen Tempos nicht grundsätzlich gesunken sein, um die Wendell-Kretzschmar-Frage zu ermöglichen, was nach dem Adagietto in op.111 überhaupt noch möglich sei? – Und ärgerte Beethoven sich über Rossini nicht mindestens ebenso aus Neid auf dessen Erfolge (just in einer Zeit, da sie bei ihm sich rar machen), wie, weil der die schnellen Tempi dem verhaßten »Mechanism« auslieferte, in seinen Augen sie zu herabgesetztem Preise handelte? Fast zeitgleich der durch die erste Eisenbahn ausgelöste Geschwindigkeitsschock (»den Karren hält keine Menschenhand mehr auf«) und das Heraufkommen negativer Konnotationen bei schnellen Tempi, sofern sie nicht frech-virtuos intendiert sind – auffällig bei Schubert z.B. in der entstellenden Hatz, mit der der Bursch der »Schönen Müllerin« den Nebenbuhler beschimpft (»Was sucht denn der Jäger...«), erst recht in den agonalen Wirbeln, fast erklärtermaßen überdrehten Totentänzen der beiden letzten Quartette. In den ersten Sinfoniesätzen von Brahms und Bruckner (halbe Ausnahme: Brahms' Erste) hat die klassische Verbindung von Allegro giusto und Sonatenhauptsatz ausgedient; entsprechend verschiebt sich die Position der langsamen Sätze. War Mendelssohn möglicherweise der letzte konsequente Platzhalter des in der Grundhaltung beschwingten, »körperlichen« klassischen Musizierens?

Wer weiß schon genau, wie sehr die Entwicklung übereinkam mit Tendenzen der Interpretation und Wagner als deren Sprecher gelten muß – gerade auch, insofern bestimmte Ansprüche, ganz und gar ein letzter Ernst, endgültig langsamen Tempi zufallen, Beethovens Adagio mithin unter dem Druck dieser Konkurrenz zum »Nachgeben« gezwungen ist; denn es ging wohl nicht an, daß die Andacht desjenigen in Beethovens Neunter zurückstehe hinter der des »Parsifal«-Vorspiels oder der Adagios in Bruckners Siebenter, Achter oder Neunter Sinfonie.

Das war nicht nur eine Frage meßbarer Tempi, sondern, wie bei Mozart schon anklang, »spezifischer Geschwindigkeiten«. Deren krasse Differenz hat – undiskutiert – im Gegenüber Brahms/Bruckner eine bestimmende Rolle gespielt, die höhere Geschwindigkeit gut verdeckt und positioniert als kompositorische Dichte mit allen Würden eines Qualitätsmaßstabes; da hatten Bruckners sinfonisch gebetete Rosenkränze keine Chance, die den Hörer von einer Idee nicht weglassen, bevor sie nicht meditativ gedreht und gewendet, wiederholt, nicht in allen erdenklichen Kombinationen wahrgenommen und erfahren worden ist – religiös in der Erfahrungsweise auch unabhängig von fromm Intoniertem, Chorälen etc., halbwegs unabhängig auch vom Zeitmaß, gegebenenfalls also in einem raschen Tempo langsam. Wohingegen die Dichte und Vielfalt der Ereignisse Brahmssche Musik innerlich rasch bewegt erscheinen läßt auch, wenn langsames Tempo vorgeschrieben ist. Die heutzutage offenkundige Schwierigkeit, in raschem Tempo Prozesse, musikalische Wegstrecken zu komponieren, hat eine lange Vorgeschichte.

Auch die – nie ausschließende – Gegensätzlichkeit eines auf Verknüpfung und Zuordnung ausgehenden Hörens, das immer auch auf oberhalb des Erklingenden erinnerbare Prägungen orientiert sein muß, und eines auf die Unmittelbarkeit des Erklingenden fixierten ist schon in der klassischen Unterscheidung von Allegro-Hauptsatz und langsamem Satz, von thematischer Abhandlung und Kantabilität enthalten. Wobei stets dieses Hören jenes grundieren muß; nichts sollte verknüpft werden dürfen, was nicht zuvor wahrgenommen worden ist – dies einerseits Gemeinplatz, andererseits frommer Wunsch: Denn der Musik, ohnehin der ›wiederholendsten‹ der Künste, wird durch die technisch hergestellte Allgegenwart eine Inflation von Wiederholung aufgehalst. Dem fällt nur zu leicht die Erfahrung zum Opfer, daß das Wiederholte, indem es Bezug nimmt und zitiert, etwas anderes ist als das erstmalig erschienene ›Original‹, eine wiederholte Exposition z.B. Abstand schaffen, Deutung und möglicherweise schon Durchführung enthalten kann. Dennoch ein Bagatellfall im Vergleich mit der viel größeren, kaum noch wahrgenommenen Gefahr, daß wir Kenntnis einer Musik verwechseln mit Begegnung mit ihr, der »realen Gegenwart« von etwas, dem wir uns so schutzlos wie vertrauensvoll aussetzen als etwas wie hier und jetzt noch nie Erlebtem; der Gefahr, daß wir verlernen, zu hören wie beim ersten Mal: Dies – in Mahlers Adagietto – das erste vor uns hingebreitete F-Dur unseres Lebens, dies der erste Aufstieg aus der Unterquart, der erste Vorhalt, und gleich zum ersten Mal in dieser Weise ein zweiter, der, von oben kommend, dem ersten antwortet; und dies zum ersten Mal ein dritter, der nach einem größer gezogenen melodischen Bogen die beiden vorangegangenen übersteigt und eine abermals größere melodische Schleife nach sich zieht. Um dessentwillen lasse ich mich gern usurpieren von einer je neu gefundenen, neu erfindenden Langsamkeit, lasse mich willig weit weg führen von allem Stolz auf die »Machbarkeit der Sachen« (Freyer), in dessen Nähe ästhetische Erfahrung nicht gedeiht; lasse mir das erledigende Aha des Wiedererkennens unter den Horizont der Begegnung hinabdrücken, Wiedererkennen bestenfalls möglich als platonische Anamnesis, als von genauer Erwartung vorgeformter Erinnerungsraum, wohinein die Musik einströmt, rätselhaft vertraut ebenso wie erstmalig erscheinend, in diesem Augenblick ganz und gar für uns geschaffen wie wir für sie. Da schwindet der Unterschied zwischen dem um Namen und Zuordnung verlegenen Staunen, aus dem die authentischen Fragen der Philosophie herkommen, und dem Sturz ins »offenbare Geheimnis« des Schönen, in dem wir uns riskieren und finden.

Kraft des Meinens

Bei jeder Aufführung einer eigenen Sinfonie hat Mahler revidiert, gebessert, präzisiert – ein herkulisches Ringen um die endgültige Fassung, wie oft und halb zutreffend gesagt. Denn es liegt offenbar in der Natur dieses Ringens – für die Fünfte dokumentiert es der jüngsterschienene Band der Gesamtausgabe vorbildlich –, daß es zu keinem definitiven Ende kommen kann. Von »work in progress« freilich läßt sich ebensowenig sprechen: Substantiell eingegriffen, einmal fixierte kompositorische Strukturen angetastet hat Mahler nur ausnahmsweise – eine Auskunft, welche auch dadurch nicht eingeschränkt wird, daß er die Unterscheidung von Struktur und instrumentaler Darstellung mit den besten Gründen erschwert. Der Gesichtspunkt »Deutlichkeit«, was immer er bei unterschiedlichen Stellen unterschiedlich meint, erklärt vieles, aber nicht alles. Kaum je hat Mahler die Partituren spieltechnisch »sicherer« gemacht, wie z.B. Schumann mit seinen Verdoppelungen, im Gegenteil: Er tilgt klangliche Polster, läßt Parallelführungen jäh einsetzen und abbrechen, beraubt die ersten Violinen an schwierigen Stellen der Stützung durch die zweiten; »runder«, gefälliger wird es kaum je, viel öfter schärfer, dem herkömmlichen Verständnis einer ausgewogen klingenden, rationell disponierten Partitur entgegen dünner, prononcierender, zerklüfteter, für Spieler wie Hörer unbequemer.

Mit einem Großteil seiner Revisionen befindet sich Mahler gewissermaßen in der Probenarbeit, beugt Fehlleistungen vor und nimmt ihr im Vorhinein etliches ab, er arbeitet der Trägheit der bête humaine in einer Weise entgegen, daß man sich fragt, ob seine Partituren ihm nicht geradehin als Obsessionen erschienen seien, als Konglomerate von tausend Gelegenheiten, mißverstanden zu werden, daß er sie also mit allen Mitteln absichern mußte. Der Genauigkeitsfanatismus profitiert von den Erfahrungen des Dirigenten und mißachtet sie zugleich, insofern er festzuschreiben versucht, was sich je nach Sitzordnung, Akustik des Raumes, Qualität einer Stimmgruppe oder einzelner Musiker zwangsläufig unterschiedlich darstellt – noch innerhalb der Grenzen, die verschiedenen Darstellungen der gleichen Partitur gezogen sein sollten; daß er gar ausdrücklich festschreibt, was sich vom Dirigenten ohne Worte regulieren ließe. Die Sorge, mißverstanden zu werden, schlägt auch auf periphere Details, fixiert oft, was sich von selbst verstehen sollte, hinauslaufend zuweilen auf eine Bevormundung, die ein bereitwilliges Verständnis der Musik nicht unbedingt fördert.

Gewiß reagieren Mahlers Maßnahmen auch darauf, daß der Durchblick auf seine Strukturen – der dezidiert polyphonen Fünften Sinfonie besonders – schwer zu gewinnen, die Selbstregulierung des mitdenkenden Musikers ihrer Maßgaben nicht so sicher ist wie bei früherer Musik. Oft genug aber hält er durch Überdifferenzierung, durch Detaillierung in Bereichen, welchen normalerweise jene Regulierungen anheimgegeben sind, die Aufmerksamkeit übermäßig stark beim jeweils eigenen Part fest und fördert so die Fließbandarbeiter-Mentalität, unter der er andererseits leidet. Ein nicht geringer

Teil seiner Revisionen ändert im Vergleich mit früheren Fassungen am klingenden Erscheinungsbild weniger, als dies einer perfekt ausgearbeiteten Einstudierung an zwei aufeinanderfolgenden Abenden in zwei verschiedenen Sälen passieren kann.

Nicht aber nur als Verdeutlichung seiner Absichten bleiben sie kostbar und unentbehrlich, zur Entlastung der Arbeit mit einer Musik, bei der man schon des Quantums, aber auch anderer Strapazierungen wegen mit klassischen Methoden der Einstudierung leicht aufläuft. Sie wiegen historisch schwer – als Zeugnis eines Musikers, der im Hinblick auf sein Werk einem allgemeinen, tragenden Konsens im Musizieren nicht mehr traut und sich deshalb zu einer möglichst vollständigen Materialisation seiner Absichten zwingt.

Im Zeitalter eines virtuell vollständigen, mindestens der Absicht nach keine Reste duldenden Realisierens muß man sich klarmachen, wofür die befreienden Wirkungen eines auf einem Konzertmitschnitt kicksenden Horns auch stehen können: Ein ohne Rest materialisiertes Werk wäre, streng begriffen, kein Kunstwerk, wäre nicht mehr ästhetischen Wesens, insofern zu diesem ein Überschuß gehört, ein Strahlenkranz von Unrealisierbarem oder Nichtrealisiertem – jegliches Werk also in einem bestimmten Sinn fragmentarisch –, eine alte Konzeption, die andererseits nicht dazu taugt, die Musizierenden von strengen Maßstäben zu dispensieren, umso mehr aber dazu, Anspielung, Andeutung – Freud nannte sie »indirekte Darstellung« – als ästhetische Kategorie neu zu entdecken.

Der Samtvorhang auf Tizians »Danae« in Wien »meint« mehr Rot, als er enthält, er zieht den Farb-Grundakkord des Bildes in diese Richtung und beteiligt ihn dergestalt an dem zur Hälfte tendenziellen, keiner vollen Einlösung bedürftigen Rot; der ungegenständlich verwaschene Farbzug beidseits der Schultern der Mona Lisa, ein warmes, ins Bräunliche spielendes Quasi-Rot, vermittelt zwischen dem tiefdunklen Braun vorn und der gläsernen, transparenten Kühle des smaragdenen Bildgrundes, ganz Modulation und kaum Tonart für sich, eine nahezu ihrer Materialität enteignete Farbe, deren Fehlen nach Art eines gut gespielten Generalbasses eher bemerkt würde als ihr Vorhandensein.

»Was soll mir seine elende Geige, wenn der Geist zu mir spricht« – Beethovens herrischer Affront gegen Schuppanzigh kehrt nicht nur dessen spieltechnische Einwände beiseite, er konstatiert darüber hinaus einen Anspruch, der nicht von Einzelheiten seiner Einlösung abhängen will. Unter dessen Diktat und Schutz läßt Beethoven immer wieder, wo geforderte Töne nicht zur Verfügung stehen, Posaunen, Trompeten oder Hörner pausieren oder in andere Oktavlagen springen, macht es am Beginn des dritten Rasumowsky-Quartetts mit dem Cello ebenso und läßt im letzten thematischen Durchlauf des Adagios der Neunten keinen einzigen Holzbläser die Melodie ohne Sprung in eine andere Oktav durchspielen; und nirgends kaschiert er, sondern zeigt vor, die Grenzen der Realisierung helfen das Gemeinte definieren. Weil er dessen Kraft und Kompetenz vertraut, kann er im Kopfsatz der Neunten, wo er erst später Zutagetretendes latent vorwegnehmen will, eine unhörbare Oboen-Passage durch eine andere – ebenfalls unhörbare – ersetzen oder – u.a. im a-Moll-Quartett op. 132 – den Satz um eine Melodie herumbauen, welche gar nicht erklingt, jedoch nahezu hörbar, als in einen präzis definierten Hohlraum passend, vorhanden ist und mitspricht.

Sicherlich hat die Gelassenheit, mit der die Klassiker über die Grenze zwischen Realisiertem und Unrealisiertem hin- und herwechseln, vor allem mit der Erfahrung zu tun, daß nicht alles Gemeinte sich materialisieren ließ, daß den Instrumenten engere Grenzen gesetzt waren als heutzutage. Diese Erfahrung aber war ästhetisch grundiert auf eine Weise, die der uns geläufige Positivismus der Realisierung zu verdrängen scheint, die uns andererseits aber als nahezu unerklärbar entgegenschlägt, wenn wir bestimmte musikalische Erlebnisse – und es handelt sich durchweg um wichtige, starke, zentrale – nur einer rätselhaft tragfähigen »Kraft des Meinens« zuschreiben können: Der absichtlich dünne, zurückgenommene, ganz und gar mit einer Intention identische Ton einer Geige, nach physikalischen Maßgaben von Lautstärke unter der Schwelle der Wahrnehmung liegend, füllt einen Saal; nicht weniger tut das eine kleine, bis in die letzte Schwingung präzise meinende Singstimme; große alte Interpreten sind auf eine halbwegs vollständige Materialisation im Klingenden nicht mehr angewiesen, sie praktizieren die Ästhetik des Fragments perfekt, indem sie das ihnen Verbleibende bis in die Bruchstellen hinein genau auf eine Intention hin organisieren, ihr den Weg so genau weisen, daß sie nicht immerfort auf dem Boden der Realisierung zu stehen braucht: So träumt eine altgewordene Stimme von bunteren Blumen, von einer schöneren Maid als eine junge, nicht nur weil ihr Traum als Traum glaubwürdiger ist. Und – ex negativo – ein phlegmatischer Musiker kann im Takt sein und trotzdem den Eindruck machen, er schleppe; einer kann, ohne etwas zu sagen, laut spielen, und man hört ihn kaum.

Offenbar hat man im Sinne jener gelassen passierten Grenze Musik bis hin zu Beethoven potentieller erlebt und konzipiert. Beim enger begrenzten Bereich der Tempi war mitgedacht, daß ihr Charakter entscheidend mitspräche, schnelle Sätze notfalls auch schneller und langsame notfalls langsamer sein könnten, im dynamischen Bereich demgemäß, daß ein Hammerklavier oder eine mit Darmsaiten bespannte Geige ein derbes Forte mehr andeuten als realisieren, daß Eindrücke von Legato hergestellt werden konnten, ohne daß ein Ton mit dem nächsten Ton »verleimt« war – umso größer die Sensibilität in der Gestaltung ihrer Gleichartigkeit (wie wir allgemein sicher sein können, daß, je enger die Spielräume, desto größer das Differenzierungsvermögen war). Undenkbar, man habe das als Notbehelf, als provisorisch-vorläufige Möglichkeit empfunden, auf Dinge hinzudeuten, deren volle Einlösung besseren Zeiten überlassen blieb.

Indem ich anspiele, andeute, verknüpfe ich mich bzw. das Mittel der Andeutung mit deren Ziel, ich ziehe es an die Realisierung heran, wenn auch nie vollständig in sie hinein – dieser Zeichencharakter mußte nicht erklärt werden, solange musikalische Figuren und Symbole geläufig waren. Musizierende wissen davon mittelbar über eine ihrer obersten Maximen: daß man in keiner Richtung an die äußerste Grenze gehen soll, im Tempo so wenig wie in der Dynamik oder im Affekt, daß stets gewiß bleiben soll, man könne notfalls noch lauter, leiser, trauriger, fröhlicher, schneller, langsamer – womit die Regel, weil zentrifugal orientierend, sich als Gegenteil eines Plädoyers für laue Mittellösungen erweist. Den diffusen Rand zum gerade nicht mehr Erreichbaren benutzend, holt solche Potentialität in unser Musizieren mehr hinein, als wir einlösen können oder selbst bei voller Einlösung erreichen könnten – kein »Trick«, sondern Rettung der Transzendenz des Ästhetischen gegen einen Machbarkeits-Hochmut, der sich jeder Intention gewachsen fühlt, darüber vergißt, daß Intention nur kraft eines Überschusses Intention bleibt und daß nur dort der Quellpunkt zu finden ist für etwas, was die musikalische »Machbarkeit der Sachen« gern unter sich begräbt: interpretatorische Phantasie.

Mit den ersten beiden Fassungen des »Fidelio« (damals noch »Leonore« geheißen) verschränkte sich zeitlich eine für Beethoven leichthändige Arbeit – das Tripelkonzert. Dort schreibt er ein im pathetischen As-Dur stehendes Mittelstück in der Schwebe zwischen eigenständigem Satz und Introduktion zum Finale, fast, als habe er Kommentierungen provozieren wollen, die den aphoristischen Zuschnitt bedauern; jedenfalls läßt er keinen Zweifel, daß diese Musik auch mehr hergäbe, eine abgründige Versenkung sehr wohl tragen könnte. Genau darauf, auf die offene Möglichkeit kam es in dem »gesellschaftlichen« Stück wohl an; und genau den besonderen Takt dieses diskreten Hinweises veruntreuen »ausknetende«, hemmungslos in den sechs Sechzehnteln sich ausbreitende Interpretationen mit Fleiß. Daß es zur Sache gehören kann, sie nicht »auszuschöpfen«, nicht auszuspielen, müssen wir an klassischer Musik neu lernen, eine Lehre, für die sie oft genug konkrete Anhalte bietet: Wie bei dem Andante des Tripelkonzertes hinter der notwendigerweise taktierten Sechs die Schwingung der großen Drei erhalten bleiben muß, so im ersten Satz des Violinkonzertes die Zwei oder in den zweiten Sätzen der letzten Mozart-Sinfonien die jeweils großen Einheiten, in der Es-Dur-Sinfonie die Zwei, der g-Moll-Sinfonie hinter der Sechs die Zwei, in der Jupiter-Sinfonie hinter der Sechs die Drei. Stets ist es die Schwebe, das Unentschieden zwischen Strebungen, die in verschiedene Richtungen weisen, was hier komponiert erscheint, der Ausblick von der Paßhöhe in zwei Richtungen, deren keine voll realisiert wird, ein Gleichgewicht, welches verlorengeht, sobald der taktierte kleinere Wert mit dem Pulsschlag der Musik verwechselt, wenn der Hinblick auf Ruhe, Idyll, Innehalten durch deren gefühlig direkte Materialisation ersetzt und damit um sein Umfeld, den »Überschuß« betrogen wird.

Auch in der Wahrnehmung des Unausgesprochenen hat Musik »Takt«, und der im Tempo spielende, dennoch schleppende Phlegmatiker beweist, daß wir Tempi nicht nur als meßbare Geschwindigkeiten musizieren, sondern als Gangarten und Bewegungsformen im Hinblick auf einen Gegenstand und auf Ziele. Weshalb denn selbst der Rigorist Toscanini bei so rigoroser Musik wie dem ersten Satz von Beethovens Fünfter im Seitensatz ein wenig nachgibt und eben damit, verrechnet gegen dessen Substanz, ein identisches »Hauptzeitmaß« realisiert – auch hier eine Schwebe: Denn einerseits wird einiges vom Tempo bzw. der terroristischen Unerbittlichkeit des Hauptsatzes veruntreut, andererseits bleibt deren Peitsche umso mehr fühlbar, als man dem Seitensatz noch mehr »Verweile doch«, noch mehr Erfüllung und Verlangsamung wünschen möchte – doch bleibt die durch den Hinblick definierte, partiell verwehrte Erfüllung die stärkere, wie wir entsprechend ein geringfügig abweichendes Tempo, insofern die Abweichung fühlbar bleibt, eindringlicher wahrnehmen als ein autonom, ohne Bezug neu gesetztes. Nur, wenn wir Zeitmaß einseitig verstehen als meßbare Geschwindigkeit und von dem ablösen, was es meint, wohin in ihm geblickt wird, erscheint uns das »gemäßigte« oder »beschleunigte« Hauptzeitmaß im Sprachgebrauch des späteren 19. Jahrhunderts als contradictio in adiecto, bliebe uns unverständlich, weshalb die Antipoden Brahms und Wagner in der Zurückhaltung gegenüber metronomischen Angaben so einig waren, oder inwiefern die Tempoangabe »Un peu plus calme que ♩ = 60« (Charles Koechlin) genauer sein kann als »♩ = 56«.

Hier als »Hinblick« und »Meinen« umschrieben, gibt es beim Musizieren eine Grauzone, worin real Klingendes und Intendiertes über eine »normale« Vermittlung hinaus füreinander eintreten können, ästhetisch eine Herzmitte, die Zone der Anspielung; und nur, wer der Kraft des Meinens mißtraut, kann übersehen, daß allein schon der Mitvollzug der pausierenden Musiker die Bläsersoli im zweiten Satz der »Unvollendeten« eindringlicher macht, daß bei Allan Petterson eine pianissimo angesetzte Harmonie, die unter einem in der Höhe dissonant gellenden Fortissimo allmählich aus der Tiefe heraufquillt, eindringlicher reden, »lauter« sein kann als wenn man sie laut spielte; daß ein von Alban Berg einer Pizzikato-Anweisung angefügtes Crescendo-Zeichen nicht so idiotisch ist, wie ein großer Dirigent meinte.

Erst unter den Händen des Spielenden kommt Musik zu der ihr eigenen, klingenden Wirklichkeit; und diese Hände wiederum fertigen »nur« Blaupausen an von Vorlagen, die es real nie gegeben hat; fortwährend gehen wir musizierend mit Dingen um, die keiner aufschreiben und festlegen kann – dies immer gegenwärtig zu halten muß jeden überfordern, macht ihn angewiesen auf einen Realisierungsfuror, der in den geschriebenen Texten noch mehr Anhalt zu finden hofft, als tatsächlich gegeben; nur zu gern möchte er sich daran halten können, daß ein f ein forte bleibt, p piano, möchte vergessen können, was er dennoch fortwährend praktiziert: daß es sich um Verhältniswerte, um Bezugnahmen handelt. Bei den verlorengegangenen Selbstverständlichkeiten der Epochen, die fast ausschließlich ihre eigene Musik pflegten, lagen das vom Komponisten und vom Musizierenden über den Text hinausgehend Gemeinte näher beieinander, sie benutzten denselben Konsens. Mahlers Revisionen zeigen, daß man dem nicht mehr trauen kann, in ihnen arbeitet das Gebot »das Geschenk muß so vollkommen gemacht werden, daß es angenommen werden muß« (Adorno über Schönberg) – und das Leiden daran, daß derlei Gewalttat vonnöten ist.

Lotte

Sie war seit je Dragoner und gute Seele, war nie jung gewesen und ist nicht alt geworden, allein geblieben auch, weil unerbittlich in der Zuerteilung und im Entzug ihrer Liebe. Ihr Instrument spielt sie wie sie ist: solide auch in schwierigen Passagen, unverführbar zu irgendeinem charmanten Drüberhin, spröde, mit viel Einsatz und etwas rechthaberisch. Ich sehe sie vor bald vierzig Jahren vornan in dem Geleitzug von Mitstudenten, die, eine kleine Hinrichtung erwartend, mich nach meinem Austritt aus der FDJ zur gesellschaftswissenschaftlichen Prüfung brachten und die Kommission belagerten. Bei den Kantatenaufführungen der Jungen Gemeinde war sie die eifrigste und treueste, dazu paßte sie besser als jetzt zu Mahler (sie will ins Konzert kommen); welcher Weg könnte von der tiefgegründeten Prosa ihres Gemüts, ihrer geheimnislosen Rechtschaffenheit zum Adagietto führen, einer nach solchen Maßgaben unerlaubten, unzüchtig sich weggebenden Musik? Lotte ist so anständig, daß man auch ihre profunde Humorlosigkeit verzeiht, man achtet sie, hat sie gern und erträgt sie schwer. Sie war bis zur Halsstarrigkeit mutig, schrieb getreulich und offen zu Zeiten, da ich als Verbrecher geführt wurde und ihre Briefe keine Chance hatten, der Kontrolle zu entgehen.

Bei einem Spaziergang im Park verlangt sie von mir, endgültig zurückzukehren und, damit einigen Schurken heimgeleuchtet werde, Einsicht in meine Akte zu beantragen; ein Formular für mich zieht sie aus der Tasche. Sie bittet nicht, sondern informiert barsch, daß es keine andere Wahl gebe. Ich versuche zu erklären, inwiefern auch eine ungeöffnet bleibende Akte hilfreich, Verjährung auch eine humane Kategorie sein könne, daß Aufarbeiten ohne Rest unmöglich, »Bewältigung der Vergangenheit« als Begriff insofern irreführend sei, als er suggeriert, derlei ließe sich irgendwann endgültig erledigen. »Aber sie haben dich drangsaliert, haben dich nicht rausgelassen, Publikationen verhindert, am Ende dich rausgejagt; du könntest ihnen versaute, verlorene Jahre in Rechnung stellen.«

Andere haben es schlimmer gehabt, ich halte nichts von Grabreden und nachrechnenden Konjunktiven, aber viel von dem Versuch, auch in schlimmen Erlebnissen im Nachhinein einen Sinn zu entdekken, wenigstens teilweise nachträglich zu ihnen Ja zu sagen. Sie hört das mit starrem Gesicht, es gefällt ihr nicht. Zuweilen, gestehe ich ihr, träume ich davon, einige der an meiner Akte Beteiligten öffentlich ohrfeigen oder so nennen zu können wie Biermann den Anderson. Das gefällt ihr schon besser, nur nicht als Ersatz für das ausgefüllte Formular. Alle feinsinnig abwägende Täterpsychologie hält sie für unmoralischen Luxus, solange den Opfern nicht Genüge getan sei. Sonst unerschöpflich in Beweisen ihrer Güte, oft einer belehrenden, strafenden Güte, kennt sie hier keine Gnade.

Muß man beschaffen sein wie sie, um bis in die letzte Faser seines Wesens unkompromittiert zu bleiben? Inwieweit steckt in jeglicher Kommunikation, jeder Berührung, jedem Austausch ein Kompromiß, ein in Lottes Augen fauler? Und bewahrt nicht gerade die reine Verweigerung als Negativform die Kontur des Verweigerten? So daß ausgerechnet sie, übler belohnt als alle leichtfertig Angepaßten, besonders viel DDR weiter mit sich herumschleppen muß als einen verinnerlichten Kerker, den sie nicht loswird. Das Formular hat sie wieder eingesteckt und nach dem Konzert verstohlen einen Blumenstrauß überreicht.

Der Absolutist

Als es im Herbst 1989 brenzlig wurde, stand er vornan; böse Zungen sagten, er habe die neue Rolle nötig gehabt. Ungute Nachrede ist ihm seit langem auf den Fersen, weil Patzer sich leichter nachrechnen lassen als Erfüllungen. In der »Scheherazade« kann er mit kuhlenkampffscher Süße des Tons wie kaum ein anderer erzählen, am Ende des ersten »Rosenkavalier«-Aktes verlängert er das Selbstgespräch der Marschallin, sprechender beinahe als sie selbst, ins Wortlose, im Andante der Ersten Brahms-Sinfonie transzendiert seine lyrische Beredtheit alles zuvor Erklungene. An solchen Stellen hat er Glück mit der unbedingten, ganz und gar persönlichen Identifizierung, alles riskierend um den Preis einer Disziplinierung, die er oft verweigert, zuweilen einfach vergißt. Deshalb passiert im Bereich der nachrechenbaren Dinge zu viel. Auf das für ihn Wesentliche schauend, nimmt er die nicht ernst, anders als die Kollegen. Die mögen den schwer berechenbaren, störrisch-stolzen Parteigänger des Absoluten nicht, sehen sich durch seine Abstürze bestätigt; einige finden, auch weil er naive Freude beim Musizieren selten verrät, daß er eigentlich gar kein richtiger Musiker sei. Wie fühlten sie sich bestätigt, wüßten sie, daß er insgeheim recht avantgardistische Lyrik schreibt! Über andere Musiker urteilt er brillant und scharf und ist für Dirigenten ein schwieriger Partner. Es sei denn, er fände bei ihnen die eigene Unbedingtheit bestätigt: dann ist er Wachs in ihren Händen, genießt den scharfen Luftzug der strengen Imperative, überholt in der vorausspürenden Verständigung alle anderen, versteht sich auf die Witterung und unablässig gespannte Aufmerksamkeit eines auf seinen Herrn bezogenen Hundes. Womit er sich, nicht ohne es zu wissen und als provozierende Selbstbestätigung zu begrüßen, die nächste mißgünstige Nachrede einhandelt.

Spoletta

Es ging auch auf die Stimme. Der oberste Vertraute der Sachwalter des Mißtrauens war Sänger, fast ein guter. In der Kantine saß er ausdauernd, herausfordernd gesprächig, lachte oft und laut auf ebenso einladende wie ungute Weise – niemandem war wohl, wenn er es hörte. Die formalisierte Agilität des altgedienten Buffos prägte seine Versuche, sich über den Mangel an echter Kommunikation lärmend hinwegzumogeln – geschäftige Betulichkeit dessen, der angestrengt um etwas bemüht ist, was sich ihm verweigert: Glaubwürdigkeit. Vielleicht litt er darunter; dies ließ seine Neigung vermuten, um sich und den jeweiligen Gesprächspartner einen Ring ungenauer, gegen andere gerichteter Verdächtigungen zu legen (Vertrauen nur immer gegen andere!) und darüber zu vergessen, daß die Partner sich untereinander verständigen könnten – ein arger Kunstfehler gemäß den Regeln seines Nebenberufs. Der überforderte ihn also doch?

Kein Zufall, daß man ihm auf der Bühne übermäßiges Gestikulieren ebensowenig abgewöhnen konnte wie dieses zwanghaft verfestigte Verhalten: in welcher Rolle immer er auftrat, stets mußte er spähen und sichern, Vorsicht mimen, auf Zehenspitzen sich bewegen. Da zeigte sich der Spitzel, den er anderwärts so geschickt zu tarnen meinte – wenn er mit gewagten Standpunkten seiner Partner einverstanden war, Sinn für gefährliche Späße und Worte demonstrierte, wenn er in kleinen Dosen nur ihm zugängliche Informationen als kumpelhafte Vertraulichkeiten veruntreute oder allzu schnell Einverständnis konstatierte. »Verstanden« oder »schon verstanden« schob er mit werbendem Augenaufschlag in die Kommapausen des Sprechenden hinein – schon, da er noch gar nichts verstanden haben konnte. Auf seine Weise hatte er dennoch recht, denn ihn interessierte allemal mehr als die Mitteilung der Standpunkt, von dem aus sie gegeben wurde, mehr als das Argument die Richtung, in die der andere argumentierte. Im Sinne dessen, was er verstehen wollte, hatte er tatsächlich immer schnell »schon verstanden«.

So wenig er auf der Bühne den Späher verleugnen konnte, so wenig als Sänger denjenigen, der, von Belanglosigkeiten abgesehen, immerfort spricht wie mit vorgehaltener Hand, halblaut, Vertraulichkeit simulierend, stets nur anderes, mehr oder weniger sagen wollend als er sagt. Ihm war der Unglaube an die Mitteilung, ans Wort und den Tonfall habituell geworden, nasalierend schob er Worte und Sätze nur so weit heraus, wie es ihr Charakter als vertrauliche Chiffre erforderte, er schlürfte sie vorsichtig, als prüfe er seine Speise, die vergiftet sein könnte, Untertexte allemal wichtiger als Texte, Wahrheit (weil er nur verdächtige Wahrheit kennt) nur in den Wortzwischenräumen, zwischen den Zeilen mitteilbar – traurige Gegenrechnung zur Auskunft von Ruskin, die auch Rousseau formuliert haben könnte: »Die Sprache ... ist nur klar, wenn sie im Wohlwollen wurzelt.«

Und so sang er auch – immer vielsagend, immer mit doppelter Intention, nie spontan, nie ehrlich. Fast taugte seine zunehmende Unfähigkeit zu direkter sängerischer Äußerung zu der Ruskin entsprechenden Ehrenrettung des Sängers (»böse Menschen haben keine Lieder«): Singend zu lügen fällt schwer, singende Verstellung hat ihre Grenzen. Oft geriet ihm die Stimme ins Flattern, immer seltener fand sie die Mitte zwischen einem kaum noch klingenden sotto voce und forciertem Forte. Machte man ihn auf sängerische Unzulänglichkeiten aufmerksam, so replizierte er regelmäßig, er habe dies oder jenes ausdrücken wollen – typische Antwort von

Sängern, die die gerade Linie zwischen der Aufgabe und eigenen Mitteln nicht herzustellen vermögen und das durch dazwischengeschobene Intention bemänteln.

Dort verknoten sich, schwer auflösbar, ein moralisches und ein nur scheinbar wertfreies, nur scheinbar gesangstechnisches Moment: So schwer intentionsloses Singen zu denken ist, so langweilig es auf die Dauer wäre, so gewiß darf man mindestens im Sinne eines Fluchtpunktes das Elementarfaktum eines absichtslosen Verströmens im Singen denken, Hintergrund all der Augenblicke großer Sänger, da alle Fragen nach Warum und Wofür überflüssig werden. Schon, ohne hehlen zu wollen, kann einer im Sinne dieser an die Physiologie des Singens gebundenen Ethik unehrlich singen, wie ein anderer noch ehrlich bleiben kann, wo er sich verstellen muß. Der immerfort Spähende und Sichernde, dem das so ängstliche wie auftrumpfende »du kennst mich – meine Wachsamkeit« zum perennierenden Hintergrund wurde, versagte sich Entspannung in naiver Absichtslosigkeit so lange, bis er sie nicht mehr kannte, ihm war die Hehlerei in die Konstitution, in den Schlund hinabgefahren, die spontan hingegebene Freude am Singen abhanden gekommen. Indem er ehrlich zu singen verlernte, verlernte er zugleich, richtig zu singen.

Ein Alptraum, ihn als Schuiski zu besetzen. Wenn er vom Kindermord in Uglitsch berichtete, müßte nicht nur dem Boris, sondern dem ganzen Parkett übel werden.

Sir John

Allen Voraussagen entgegen werden die Originale am Theater nicht aussterben. Zu schwer ist es, von letzten Ansprüchen, eigene Grenzen erkennend, sich endgültig und offen zu verabschieden, zu nahe liegt es, in trickreicher Selbsttäuschung die ganze, nicht erreichbare Vollkommenheit durch eine partielle, allzu persönlich bezogene zu ersetzen bis hin zu einer Einkapselung, die sich am Abstand zur schnöden Mitwelt und deren Erwartungen und noch im Mangel an Kommunikation bestätigt. Weil Enttäuschungen mit sich selbst sich nie ganz verdrängen lassen, müssen ihre Maßstäbe skurril verbogen werden; so entstehen, auch wenn von Natur aus hierzu nicht disponiert, Originale.

NN, ein Repetitor, ist sich selbst denkwürdig; er profitiert von der animalischen Würde massiger Dickhäuter und prätendiert eine Wichtigkeit, die er nicht hat, eine Persönlichkeit, die er nicht ist – so unbeirrbar, daß er sich das Pardon verscherzt, zu dem die lächelnden Zeugen der Veranstaltungen seiner selbst ursprünglich bereit waren. Verurteilt, sich immerfort zur Geltung bringen zu müssen, kennt er keinen Unterschied zwischen passenden und unpassenden Gelegenheiten. Auch ein übervoller Vorsinge-Termin hindert ihn nicht, Vor- und Nachspiele betulich auszukosten; auch bedeutenden Musikern hört er zu wie der Leiter einer Prüfungskommission, der es eigentlich besser könnte, zumindest es besser weiß; auch banale Mitteilungen zelebriert er grave e maestoso als persönliche Vertraulichkeiten mit so leiser Stimme, daß er ständig zum vergewissernden Nachfragen zwingt. Mit stoischer, transzendental verbürgter Überlegenheit kann er die wütende Ungeduld der Zuhörenden ignorieren; seine Uhr geht langsamer, als stamme die für ihn geltende Zeit aus anderen Erdzeitaltern. Daß er am Klavier oft patzt, geniert ihn, wie der Ärger um seine Unpünktlichkeit, kaum; nur, wenn Unbekanntes vorgelegt wird, verzichtet er auf pantomimische Beigaben, die zumal die jeweils letzten Takte, das liebevoll streichelnde Lebewohl zur Tastatur fernsehwürdig machen.

Herablassend auch seine Art, sich durch knifflige Passagen hindurchzumogeln, verbunden mit dem Gestus dessen, der immer aufs Wesentliche blickt und Einwände nur als beckmesserisch subaltern ansehen kann. Zuhause vergräbt er sich in intellektuell anspruchsvolle Liebhabereien – da endlich weiß er sich eigentlich. Depressionen kennt keiner von ihm; vermutlich flüchtet er vor ihnen meist erfolgreich in den Faradayschen Käfig seiner heimlichen Majestät. Wenn der Blitz, die Anstrengung aller Ostensionen rächend, ihn dennoch trifft, muß das furchtbar sein.

Der Einsatzkünstler

Weil es mich ärgert, wenn einer konsequent und selbstverständlich unter seinen Möglichkeiten bleibt, möchte ich ihn gern erwischen – und erwische ihn selten. Zwischen uns findet ein stilles Turnier statt, für ihn jede Probe eine von kleinen Triumphen gesäumte Strecke:

wieder geschafft, wieder rechtzeitig von den Börsenkursen herübergekommen in die Stimme, wieder rechtzeitig eingesetzt. Ein Virtuose der Präsenz, hilft er auch noch den Kollegen seiner Gruppe, deren Zweitbeschäftigungen längst nicht so ausgeprägt sind. Ich kann mich einer gewissen Hochachtung vor der Pragmatisierung seines Musizierens, dem fast unanfechtbaren Dienst nach Vorschrift, nicht erwehren, der souveränen Aufteilung seiner Aufmerksamkeit zwischen Probenarbeit, Noten, Zahlen-Kolumnen und vielerlei Kommunikation mit den Umsitzenden, besonders, wenn er die Musik nicht kennt, die wir spielen; solche mag er grundsätzlich nicht, weil sie seine Risiken erhöht – und er ist witzig und doppelzüngig genug, um oft für amüsierte Unruhe zu sorgen, für Bonmots, die weitergesagt werden müssen. Gehen die Erklärungen des Dirigenten in seine Richtung, kann er gespannteste Aufmerksamkeit mimen und doch zugleich die Kolumnen abgrasen, kann intensiv hingegeben mitmusizieren und fast im selben Augenblick zu verstehen geben, daß er die Proberei zum Kotzen finde. Zuweilen verrät ein ängstliches Lauern, wie ihn die Situation anstrengt, der er sich fortwährend aussetzt, und daß er, obwohl die Kommuniqués der Banken oft ostentativ ausbreitend und den stillen Beifall der Umsitzenden ob der Provokation genießend, kein ganz gutes Gewissen hat. Noch deutlicher zeigt das der moralische Unterton seiner Entrüstung, wenn er mit dem affektiven Selbstgenuß des Cholerikers irgendetwas für die Musiker absolut unzumutbar findet, momentweise die Rolle eines offiziellen Sprechers übernimmt, obwohl er das nicht ist, oder wenn er, wirklich einmal ertappt, keinen Spaß versteht und außer sich ist; er sei »immer dran«, andere aber, die viel mehr verpaßten, nie. Daß das nicht stimmt, weiß er, weiß aber auch, daß Angriff die beste Verteidigung ist und seine Freunde die subjektive Wahrheit seiner Empörung nur zu gern für die objektive Wahrheit seiner Behauptung nehmen: Gegenwehr gegen die Unterdrückung von vorn im übrigen allemal richtig – und gern übernommen von einem, der sonst als Außenseiter gilt, wenn auch als populärer. Ich meinerseits weiß genau, wo er länger zu pausieren oder schwer zu zählende Pausentakte hat; jeweils danach feiern wir auf hinterlistige Weise Wiedersehen bzw. -hören, er durchweg zu laut. Denn der Nachweis »ich bin da« gehört bei ihm mittlerweile unreflektiert dazu, und er war weit genug weg, um den Zusammenhang schlecht zu kennen, in den er hineinspringt – ein Spieler, der ohne taktisches Bewußtsein, Nervenkitzel und kalkuliertes Risiko ebensowenig auskommt wie ohne zu demonstrieren, daß er sich's leisten kann, Musik und Musizieren nicht gar so ernst zu nehmen.

Dialog in der Grabenschänke

»Von Utopie hab ich die Schnauze voll.« – »Aber das hatte mit Utopie doch nichts mehr zu tun!« – mit diesen Sätzen läuft unser Gespräch auf, wir wenden uns dem Essen zu.

Wir haben die gleiche Schulbank gedrückt, zusammen studiert, musiziert; später, wie er sagt, »degenerierte einer von uns zum Dirigenten«. Und dann erzählt er, der mit Nöten und Unsicherheiten souveräner und intelligenter umgeht als derzeit hier üblich, von seinen Reisen: im Frühjahr 1990 nach Frankreich, im Sommer nach Süddeutschland und Österreich (da waren alle Gipfelbücher vollgepfropft mit weitschweifig-überschwänglichen Eintragungen von DDR-Bürgern), im letzten Sommer Italien. Er hat einen schnellen Wagen gekauft und einen Camping-Anhänger, um mit seiner Familie überall bleiben zu können, wo sie es schön finden. »Was, da warst du noch nicht?« fragt er mehrmals, »und hast doch acht Jahre Vorsprung!« Er bereitet sich genau vor und erinnert mich an einen gemeinsamen Schulfreund, Liebhaber des Wiener fin du siècle, der, obwohl er nie nach Wien hatte fahren dürfen, jeden Fenstersims im I. Bezirk beschreiben konnte: »Wenn du dort die blöde Restaurierung wegdenkst, hast du Adolf Loos pur; suche auf der Hohen Warte nicht nur nach dem Haus von Alma; vergiß nicht, am Michaelerplatz in die Vorhalle hineinzuschauen ... und dann links der Durchblick auf die alten Teile der Hofburg.«

Schnell muß es gehen, er hat zuviel versäumen müssen und weiß nicht, wieviel Zeit ihm bleibt, den Zeitläuften traut er so wenig wie seinen finanziellen Möglichkeiten. »Jetzt« – das Wort fällt immer wieder, zeitraubende Rechenschaften über Vergangenes mag er nicht; daß ich für die Protagonisten des Dritten Weges mehr Verständnis habe als für manche ihrer Vorstellungen, findet er schnell heraus: »Bitte keine Beglückungsdogmen mehr, mit den Menschen ist genug angestellt worden.« Knapp verständigen wir uns darauf, daß man Gesellschaftsordnungen kaum einteilen kann in solche, die mit den Menschen »etwas anstellen« und jene, die darauf verzichten, in die, die auf Ordnung, und solche, die auf Freiheit ausgehen; und auch darauf, daß es zu simpel sei, zu meinen, in den letzten Jahren habe die Freiheit die Gleichheit besiegt oder, noch radikaler, die pragmatische, gewissenlos prosperierende Marktwirtschaft eine ehrenwerte, unpraktische, Selbstbetrug und -verblödung befördernde Idee. Immerhin war diese nicht ungeschickt als Sammelpunkt und Mündung einer ehrwürdigen Erbschaft eingerichtet. »Die ganze Geschichte der Völker wird uns ... eine Schule des Wettlaufs zur Errichtung des schönsten Kranzes der Humanität und Menschenwürde« – das wurde vor mehr als zweihundert Jahren gar nicht weit von unserer Schänke im Pfarrhaus hinter der Herderkirche niedergeschrieben.

Dennoch reden wir in bezug auf Hoffen, Vorausträumen und utopische Projektionen aneinander vorbei; als ich meine, die derzeitige Diskussion tue der gewesenen DDR unverdiente posthume Ehre an, indem sie Utopien fast ausschließlich als linke Hirngespinste verstehe, schneidet er barsch mit dem Vorwurf ab, in mir stecke offenbar noch mehr DDR als in ihm, und erläutert ihn auf eine Weise, die mich trifft: Alle Abgehauenen, die sich nicht hätten lösen können, seien fixiert geblieben auf die Situation zur Zeit ihres Weggangs – Johnson auf '59, Dutschke auf '64, Biermann auf '76, ich also wohl auf '83. Utopie ist ihm grundsätzlich totalitär verdächtig, er assoziiert Kasernenhofstaaten, freundlichstenfalls klösterlich organisierte Gemeinschaften, in denen, koste es, was es wolle, Menschen zu dem gezwungen werden, was die Gründerväter für Glück halten. »Beweise mir, daß Platon nach drei Jahren noch gern in seinem Staat gelebt hätte und Campanella in seinem Sonnenstaat sich den Zeitpunkt der ehelichen Beiwohnung willig hätte verordnen lassen. Hätten sie nicht das Fegefeuer einer offenen, verdorbenen, unsauberen Wirklichkeit am Ende dem reglementierten Himmel ihrer Entwürfe vorgezogen? 1984 liegt hinter uns.« Da war schwer gegenhalten; Utopien erscheinen plausibel als kritische Gegenentwürfe zum Bestehenden und arrogant als Endstationen, welche, einmal erreicht, eben den Impuls überflüssig machen sollen, dem sie sich verdanken: »Der Kommunismus ... ist das aufgelöste Rätsel der Geschichte und weiß sich auch als diese Lösung« (Marx). Mein Gegenüber schwärmt für Helmut Schmidt, hat viel von Popper gehört und präsentiert prompt dessen meistzitierte Formulierung:

»Der Versuch, den Himmel auf Erden einzurichten, produziert stets die Hölle.« Das erscheint mir allzusehr zurechtgeschnitzt als Prügelstock für die »Feinde der offenen Gesellschaft«, zu demagogisch in seiner je nach Interessenlage mißverstehbaren Ungenauigkeit, da fehlt die Adresse derjenigen, die vom »Himmel auf Erden« orthodoxe Vorstellungen haben und diese mit »Himmel« ineinssetzen; Popper hätte verhindern müssen, daß sein Verdikt jegliches Träumen von einer besseren Welt verdächtigt und denen sich als Prügelstock anbietet, die als Gegnerschaft gegen Utopie Intellektuellenfeindschaft praktizieren, denen die Erfüllbarkeit aller Wünsche den Blick über die Gegenwart hinaus blockiert. Und ein Verweis auf eine Formulierung des Augustinus, die der seinen – allgemeiner und klüger – präludiert (»Wenn ... der Mensch nach dem Maße des Menschen lebt, nicht nach dem Maße Gottes, wird er dem Teufel ähnlich«), hätte ebensowenig geschadet wie erst recht einer auf Hölderlins »Hyperion«: »Der weiß nicht, was er sündigt, der den Staat zur Sittenschule machen will. Immerhin hat das den Staat zur Hölle gemacht, daß ihn der Mensch zu seinem Himmel machen wollte«.

Zitat gegen Zitat: »Eine Weltkarte, in der das Land Utopia nicht verzeichnet ist, verdient keinen Blick« (Oscar Wilde), oder eines, das nicht fast neunzig, sondern nur sieben Jahre alt und durch seinen Urheber auch politisch beglaubigt ist: »Die Ideale einer besseren Welt und die Träume davon sind eine nicht wegzudenkende Dimension wirklichen Menschseins; ohne sie und ohne die Transzendierung des ›Gegebenen‹, die sie vorstellen, verliert das menschliche Leben Sinn, Würde und seine Menschlichkeit selbst«. Während ich den Band mit Havels politischen Essays in die Mappe zurückstecke, meint er, dies habe mit unserem Thema wenig zu tun, es sei unfair, unanfechtbare Autoritäten zu bemühen. Im übrigen habe er bemerkt, wen ich nicht zitiert hätte: Bloch. »Hast du Gründe?«

Das ist eine Retourkutsche für Havel; er meint den derzeit aktualisierten »Philosophen im Zwielicht«, das absichtsvoll in den Westen geschleuste »trojanische Pferd«. Daß dort dessen Ladung hundertmal ungefährlicher war als hier, woher sie kam, und alle derzeit genüßlich gefledderten Belastungsmaterialien marginal bleiben im Vergleich zu dem, was er bedeutete, bewirkte, anregte, aufwühlte...nun bin ich es, der auf ihm besteht, allerdings sich vorsorglich legitimiert mit der Verlegenheit angesichts Blochs Stellung zu den Stalin-Prozessen der dreißiger Jahre – wie war da die »docta spes« zur »stulta spes« geworden! Gewiß, prinzipiell zu sein fällt allemal leichter, wenn man weit weg ist. Andererseits taugt die Peinlichkeit nicht, »Geist der Utopie« oder »Das Prinzip Hoffnung« zu widerlegen; wir verstanden und diskutierten diese Bücher als die schlüssigsten Verurteilungen Stalins und seiner Nachgeburten.

Das ist ihm zu »hoch drüber«, Bloch wird er vorerst nicht lesen. Aber er akzeptiert, daß Bloch der DDR gefährlich war, indem er Hoffnungen, Träume, Utopien beisammen-, den Anspruch auf offene Horizonte aufrechterhielt, indem seine Hoffnung Einspruch erhob dagegen, daß die Freiheiten des Träumens beschädigt, Träume von einem besseren Leben in ideologischen Gewahrsam genommen waren. Utopien seien nicht mehr nötig, darüber hinaus zu Erträumendes gebe es nicht mehr – dies vor allem sollte mit der törichten Wendung vom »real existierenden Sozialismus« festgemacht werden (immerhin konnte sie auch Anlaß sein zu der frechen Frage, welche anderen Arten von Sozialismus es noch gebe), als einer konservativen Angstformel, die den Utopiefeind von heute aufmerken lassen könnte, in welcher Gesellschaft er sich befindet. Außer der gleicherweise vage bestimmten wie offiziell kanalisierten Hoffnung (Eisler: »wie Genosse Chrustschow sagt, werden wir 1980 den Kommunismus erreichen« – aber wie wird der aussehen?) sollten die Regierten keine haben, sollten keine Vermittlung zwischen Hier und Heute und einem für später Erhofften herstellen; dann nämlich – je zwangsläufiger, desto näher die Hoffnungswege bis zu dieser »Gabelung« parallel liefen – müßten die Hoffnungen sich auf die allergischen Stellen, die Tabuzonen richten: Freiheit, Liberalität, Menschenwürde. Der demokratische Sozialismus, den das »Manifest der 2000 Worte« forderte (ohne damals dem Hohn zu begegnen, den es heute zu erwarten hätte), erschien dem »real existierenden« besonders gefährlich, weil seine Argumentation, nicht anders als bei Bahro oder Henrich, größtenteils dem eigenen Arsenal entstammte. Die Situation, in der nicht einmal die eigenen Werkzeuge mehr benutzt werden durften, von Havel für sein Land im Jahre 1987 in einem klassischen Stück politischer Prosa beschrieben, verengte den Hoffnungsraum bis zum Ersticken (»du hoffst dich wund«). Insofern feiern die Ideologen von gestern überaus unverdiente Erfolge, wenn Utopie heute vornehmlich auf sie bezogen gedacht, von vornherein der Neigung zum (linken) Totalitarismus verdächtigt wird. Daß man auf sehr andere Weise hoffen, träumen, Zukunft entwerfen kann, wußte man gerade in der DDR sehr genau – von Brechts gescheiterter Nationalhymne bis zum Verfassungsentwurf des Runden Tisches. Erst recht rätselhaft erscheint die totalitäre Zuordnung, weil gemäß Staatsdoktrin die dubios verwegenste Menschheitshoffnung aus Wolkenkuckucksheimen auf die Erde herabgeholt, der Weg »von der Utopie zur Wissenschaft« (Engels) unwiderruflich absolviert, Utopie also verabschiedet war. Das schnitt die Doktrin vom Quellgrund des utopischen Denkens, von seinem Grundimpuls ab – und damit auch von der Wirklichkeit hier und heute; sie war darauf angewiesen, ein subversives Denken zu entmutigen, welches Hoffnung als kritische Überschreitung des »real Existierenden« an allem und jedem festzumachen suchte und damit Wirklichkeit immer neu kritisch wahrnahm. Anders als eine törichte Antinomie von Traum und Wirklichkeit nahelegen will, hängen Utopieverlust und Realitätsverlust der senil gewordenen DDR innig zusammen. Wie bequem – solange man sich etwas vormachen konnte, daß qua Automatik des Fortschritts der Geschichtsverlauf für ›unsere‹ Seite zu arbeiten schien, daß prinzipiell nichts schiefgehen, man bis zum Stillstand abwarten, der Klassenfeind sich drehen und wenden konnte wie er wollte, letzten Endes würde ihn der Teufel holen. Weshalb auch keiner nüchtern durchrechnen mußte, brauchte, durfte, inwiefern die Wirtschaft die Überrüstung, die Heere von Funktionären und Spitzeln und vor allem das Desinteresse der Arbeitenden nicht tragen konnte; an den Prioritäten war nicht zu rütteln – ein gigantischer, bei den kleinsten, auch den sprachlichen Details der Rechenschaftsberichte beginnender, Verantwortungen zerstörender, alle Redlichkeit wegbügelnder, am Ende der eigenen Gesundbeterei nicht mehr glaubender Selbstbetrug.

Mit Utopie kann man ihn positiv wie negativ in Verbindung bringen. Als pseudoreligiöse Berufungsinstanz half sie ihm, als zwischen Nah- und Fernziel kritisch vermittelnde Instanz hätte sie ihn verhindern können – Husak hat die Diskussion mit Havel ebenso ausgeschlagen wie Honecker die mit Bahro oder Henrich. Von der »deistisch« begriffenen Berufungsinstanz – wir brauchen sie, reflektieren sie aber nicht – sollten wir allerdings »die Schnauze voll« haben, sollten ihr auch Fontenelles Einräumung versagen, daß

»man den Mut verlieren würde, wenn man nicht durch falsche Ideen abgesichert wäre«. Willy Brandts Auskunft, Kommunisten hätten es einfacher, weil sie das Endziel allem Zweifel entzögen und deshalb die davorliegenden Aufgaben lediglich als Freischaufeln des rechten Weges zu betrachten brauchten, wohingegen Sozialdemokraten Ziel und Weg nicht trennen dürften und immer neu reflektieren müßten, leuchtet mittlerweile auch den Strenggläubigen ein – und impliziert die Gründe, die das seines Gegenstandes nicht vollkommen gewisse, Ablenkungen und Scheitern riskierende Hoffen vor diskriminierender Beschlagnahme retten, den offenen utopischen Impuls schützen. Träume, Hoffnungen, Utopien liegen zu nah beieinander, als daß man sie trennen und sich auf die Paradoxie einlassen dürfte, im Blick auf totalitäre Utopien die Hoffnungsräume einengen zu wollen. Das, auf andere Weise, haben wir gehabt – und fragen nach dem eigentümlichen Interesse, das Honecker die Ehre eines Sargträgers zugesteht nur, um mit ihm gleich jegliche Utopie loszuwerden. Die Empfindlichkeit gegen den kritischen Stachel, den sie stets enthält, erscheint am freundlichsten erklärt durch das Accelerando der Geschichte, das uns in eine dichte Ereignisfolge zwängt wie in einen rasenden Pulk auf der Autobahn, der angesichts der Fixierung auf den Vordermann keinen Blick ins Weite, nach rechts oder links erlaubt. Bei der Verhärtung zur Theorie, zum Prinzip, zur Drohung arbeiten die Etablierten aller Seiten einander gern zu. »Das Beste daran ist«, beendet Günter Schabowski seinen Bericht über den »Absturz« der DDR, »daß Sozialismus wieder Utopie sein kann« – billigste Theologie, die die Gesetzestafeln von gestern als Wandschmuck für morgen vorschlägt und des Beifalls von der anderen Seite sicher ist, weil sie genau den Utopiebegriff verwendet, dessen es bedarf, um Utopie an den Pranger zu stellen, und so offenkundig diktiert von der Erleichterung, die Verantwortung los zu sein, daß man von der Qualität der leicht kündbaren Verantwortung auf die des Verantworteten rückzuschließen eingeladen wird. Hier wie dort also gleiches Interesse daran, den »Fundus ... des Utopischen zu demolieren, das höchsten Rang hat und, bei Strafe des Untergangs, genaues Nachdenken mit Gewissen und mit Eingedenken verdient«.

Nun also doch eine Bloch-Formulierung – bei unserer Zitatenschlacht hat die zitiersüchtige DDR-Mentalität heftig mitgespielt. Der Freund gesteht, daß er, an weit zurückliegende Gespräche denkend, mich mit »Schnauze voll« provozieren wollte; und ich begreife ihn insofern, als auskonstruierte Utopien Hoffnung zur fixierten Zuversicht degradieren, konsequent vermittelte Hoffnung aber nicht definierbar, die Grenze zum Glauben also offen sei. Er zieht einen Friedensvertrag aus der Tasche; kürzlich – zu seinem Reiseprogramm gehören auch die kleinen Fahrten, er muß an möglichst vielen Stellen über die frühere Grenze fahren – hat er das Lessing-Haus in Wolfenbüttel besucht und dort den Paragraphen 85 aus der »Erziehung des Menschengeschlechts« abgeschrieben: »Sie wird gewiß kommen, die Zeit der Vollendung, da der Mensch, je überzeugter sein Verstand einer immer besseren Zukunft, gleichwohl Beweggründe zu seinen Handlungen zu erborgen nicht nötig haben wird.« Beide finden wir Lessings Gewißheit – ähnlich wie Herders »Schule des Wettlaufs« – so großartig wie schwer nachvollziehbar, finden uns beschämt. »Wie war die Formulierung von Havel?« fragt er am Schluß; danach, damit ich mir nicht einbilde, in unserem Dialog obenauf geblieben zu sein: »Wenn du im Juni deine ›Iphigenie‹ in Rom dirigierst und vom Forum Romanum auf die Via dei Fori Imperiali zusteuerst, denke nicht darüber nach, daß du bei Marc Aurel über Hoffnung nichts lesen konntest; halte lieber dein Portemonnaie fest.«

Der Einverstandene

Was für ein netter Kerl war er doch, unser Rudi! – aus sympathischen Gründen ein schlechter Schauspieler: weil er immer der nette Rudi sein wollte. Versehentlich, wenn das Stück es erlaubte, war er aus solch unprofessionellen Gründen umwerfend, etwa als Filmvorführer in Baierls »Frau Flinz«; da mußte er den bei der Vorführung in der Dorfkneipe immerfort reißenden Film flicken, das belustigt-verärgerte Publikum beruhigen und die nicht eben staatsfrommen Sprüche der Titelheldin ohne Aussicht auf Erfolg zu parieren versuchen. Das geschah ihm recht, denn er war der Parteisekretär des Theaters. Ob er es gern war? – schwer zu sagen. Seine Nettigkeit einfach als Bitte um Entschuldigung wegen der Funktion zu verstehen, die ihn mehr distanzierte als ihm lieb war, wäre übertrieben, denn er genoß auch, daß er etwas zu bedeuten hatte. Deshalb waren die Windelweichen, immer mit Unsicherheiten und Ängsten agierend, die Gefährlicheren. Rudi kostete alle Wonnen des Einverstandenseins, entrüstete sich oder bejubelte je nach zentraler Anweisung mit strahlenden Augen; und die Überzeugung, Arm in Arm mit vielen anderen auf der Siegerstraße der Geschichte zu marschieren, verhalf den Verdrängungs- und Bagatellisierungs-Mechanismen zu erstaunlichen Leistungen. Mit sich und der Welt im reinen, lebte er dies, leuchtend vor Positivität, allen kleinmütigen Meckerern, Zögernden, Mitlaufenden demonstrativ vor. Bei den wenigen Gelegenheiten, da dies noch verlangt wurde, sang er Kampflieder, laut und falsch, und am 1. Mai, wenn wir mit verdrucksten Gesichtern in den Demonstrationszügen trotteten, war er die fröhliche Aufgeräumtheit selbst und konnte den kraft Amtes auf der Tribüne befindlichen Intendanten, mit dem er eine Stunde zuvor die Aufstellung der Truppe und die Verteilung der Zuverlässigen besprochen hatte, mit fuchtelnden Armen und klatschenden Händen begrüßen, als habe er ihn jahrelang nicht gesehen – peinlich erst recht, weil er riesengroß war. Er glaubte.

Verhör

»Klärung eines Sachverhalts« – der Herr, der mich gegen 17 Uhr auffordert, am nächsten Vormittag zu ihr beizutragen, hat alle fälligen Antworten parat. Die Erkundigung »welcher Sachverhalt?« erscheint ihm ungehörig: »Das soll ja gerade geklärt werden«; und daß, bevor ich zusage, eine Probe im Theater verlegt werden müsse, was so kurzfristig schwierig sei, nimmt er als Affront: »Ich habe den Auftrag, Ihnen einen Termin mitzuteilen; ich habe keinen Auftrag, mit Ihnen zu diskutieren; in Ihrem eigenen Interesse rate ich Ihnen, die Genossen nicht warten zu lassen.« Spricht's und geht und läßt mich mit der Gewißheit zurück, für die nächsten Stunden besonders gut observiert zu sein.

Gruselstories von der Stasi haben derzeit Konjunktur – das schreibt man ungern im Hinblick auf diejenigen, die Entsetzliches zu berichten haben, und muß es doch zumindest sich selbst sagen, wenn man berichten will; zu sehr begünstigt die Konjunktur die einseitigen Akzentuierungen, übertönt das Forte berechtigter, auch rechthaberischer Empörung das Piano sorgsamen Abwägens, zu schnell verdächtigt man dieses als leisetreterische Ausrede, und die Sicherheit der Bescheidwisser wächst mit dem Quadrat des Abstandes. Der kann auch herbeigeredet, mit Fleiß kann die Unterscheidung begraben werden, ob einer die inneren Lebensverhältnisse der DDR nicht verstehen kann oder nicht verstehen will – und sei es aus Angst, zu viel zu verstehen. Die besondere Rolle z. B., die im Umgang mit einem gegenüber jederlei Publizität hochallergischen, mit schwersten Verdrängungssyndromen kämpfenden Regime der Diskretion zufiel, der je einmaligen Konstellation der Beteiligten, läßt sich auch bei bestem Willen kaum noch nachvollziehen. Selbst aber, wenn wir reflektieren, wie derzeit die Sensationsjägerei an behutsamer Rechenschaft vorbeimogeln hilft – sitzt das Eindeutigkeits-Syndrom nicht schon tief drinnen in uns, läßt uns auf manches schwer Mitteilbare verzichten, ehe wir das Für und Wider erwogen haben? Auf solche Weise wird man mit keiner schwierigen Vergangenheit fertig, und so kann es nicht verwundern, daß die DDR sich durch Hintertüren wieder einschleicht, etwa bei denen, deren Existenz vor allem durch – zuweilen heroische – Gegnerschaft zu ihr definiert war, und die ihre Fehden mit Leuten, die es anders halten mußten, wie Entzugserscheinungen zelebrieren; da wir Mielke nicht mehr haben, ernennen wir Stolpe zu seinem Büttel.

Hier also keine Gruselstory, sondern eine durchschnittliche, unsensationelle, vergleichsweise läppische – aber auch die gab es. In den Monaten vor der »Klärung«, im Umkreis der Tournee der Staatskapelle im Herbst 1982, hatte es schwierigere Gespräche gegeben – mir gegenüber eine Front von sechs Leuten, die auf Kommando zwischen lauten, zynischen Drohreden und verbindlichem Gesäusel wechselten und mir bei den »Schaltstellen« auflauerten – ob ich da aus Wut bzw. Erleichterung unbesonnen bzw. unvorsichtig sein würde. Das durchschaut haben hieß noch lange nicht, es gut bestehen. Diesmal nur zwei Herren, die sich höflich auswiesen und mich über meine »Rechte« aufklärten, ein gut eingespieltes Team in unüblicher Rollenverteilung: der feinere, moderat-verbindliche, versah das Protokoll und signalisierte, daß man auch hier Sinn für meinen Beruf habe; der Verhandlungsführer der Mann fürs Grobe, ein laut redender, schwer atmender Dicker, dessen fleischiges Gesicht von einem fast krankhaften Grinsen befallen war. Seine gleichmäßige, selbstsichere Aufgeräumtheit ließ einer direkten Kommunikation keine Chance und erhielt, wenn er Formulierungen oder Tonfall korrigierte, immer die Gewißheit aufrecht, er könne sich Entgleisungen leisten: Beim Hobeln fallen Späne, und Späne war er offenkundig gewöhnt. Bald dieser jenem, bald jener diesem den Vortritt lassend, bedienten sie das mir bestimmte Wechselbad perfekt.

Keine »Klärung« ohne Vorgeschichte, und keine, bei der der strategische Vorbedacht im Umgang mit deren Kenntnis nicht wichtig wäre – in meinem Falle wenige Wochen zuvor eine Sitzung in großem Kreis, bei der der Abgang von vier Musikern auf der Tournee zur Debatte stand und mit Drohungen nicht gespart wurde. Zu deren Vorgeschichte wiederum gehörten u. a. öffentlich gemachte Verdächtigungen, die reine Lehre durch Ideen aus Adornos und Blochs Reservoiren unterminieren zu wollen, verhinderte Publikationen und eine mehr als zehnjährige Reisesperre, die nie begründet wurde – »wir sind nicht verpflichtet, Auskunft zu geben«. Das Duo verstand sich darauf, mit zarten Andeutungen unzarte Sachverhalte ins Spiel zu bringen.

Die Erleichterung, die jeder empfindet, der einen zunächst anonymen Gegner endlich vor Augen hat, war heiter grundiert: So wie die schwer zuschlagende Eisentür dieses Zimmers hatte ich mir für den zweiten »Tosca«-Akt immer die gewünscht, hinter der Scarpia foltern läßt. Für eine Cavaradossi-Rolle aber war ich nicht vorgesehen; daß ich abends ein Konzert hatte, wußten die beiden, mithin meine Gewißheit, daß nichts passieren könnte, so stark, daß ich achtgeben mußte, mich von ihr nicht verführen zu lassen. Im übrigen fiel auf lange Strecken der Plauderton nicht schwer, weil wir größtenteils über Lappalien redeten.

Lappalien nur in meinen Augen: Mein Einwand, wir könnten die Sache kurz machen, wenn wir nicht Wichtigeres zu bereden hätten, verursachte die größte Verstimmung der Sitzung. Die Herren gaben sich einhellig beleidigt, sie mußten die Lappalien ernst nehmen, unzählige fleißige, unnütze Notizen der Tournee-Begleiter, aus denen sich kleingeschneiderte Vorwürfe, jedoch kein handfester Verdacht herauspressen ließen; bestenfalls taugten sie zur Demonstration des Umstandes »Wir wissen alles« – und darauf kam es wohl an: Der »Sachverhalt« – außer der sicherheitspolitischen Formalität, der Nachbereitung zur Republikflucht einiger Musiker – hieß Einschüchterung. Insofern (zurück zu »Tosca«) wurden immerhin die Instrumente vorgeführt; der Dicke demonstrierte anhand einiger Banalitäten, wie er, wenn es ihm gefiele, Delikte konstruieren und mir mindestens wegen mangelnder Wachsamkeit gegenüber dem Klassenfeind an den Kragen könnte. Da, gebe ich zu, war mir nicht mehr heiter zumute, die »Delikte« andererseits zu winzig, als daß ich an ihnen ein mich selbst bestätigendes Widerstandsbewußtsein hätte festmachen können – dies als Exempel einer Grundregel der Psychologie der Unterdrückung: es zu heroischen Situationen möglichst nicht kommen lassen.

Wie wichtig die beiden Einzelheiten nehmen, deren Beschreibung oder nur Aufzählung jeden anöden müßte (da fehlen auch die Zeitpunkte und Partner meiner Hotelfrühstücke nicht, die von mir zum Mittagessen Eingeladenen, die Telefonrechnungen, die auf den Busreisen bevorzugten Sitznachbarn), demonstrieren sie durch bedachtsame Gründlichkeit – und machen damit (abermals Grund, aufzupassen) meine Ungeduld zu ihrem Verbündeten. So verordne ich mir Gegenmaßnahmen, wenn das Verhör, zuweilen für eine Viertelstunde, unterbrochen wird, damit Protokoll geschrieben werden kann. Ich entdecke die Freiheit, den beiden zu entwischen, vergegenwärtige mir so genau wie möglich den Weg von der Wohnung ins Theater, oft gegangene Wanderpfade oder Bilder, besonders mit Musik befaßte. Warum das über die Schulter einem anderen zugewendete Gesicht von Tizians musizierendem Mönch verrät, daß Musik im Raum ist, daß er lauscht, selbst wenn man nicht sähe, daß er spielt, will ich mir gerade jetzt erklären. In welcher Haltung adressiert auf Menzels »Flötenkonzert« der König über die Köpfe aller anderen hinweg einen so bescheiden wie selbstbewußt in grauer Dienerkleidung am rechten Bildrand Stehenden, seinen Flötenmeister Quantz, an dessen Beifall ihm mehr gelegen scheint als an dem aller Prinzessinnen und Prinzen? Und das von allen Musikbildern wohl größte – David spielt vor Saul: das Dunkel zwischen den Figuren, worin Rembrandt wie so oft zu rätseln, zu suchen, angestrengt zu »lesen«, uns an den Punkt heranzwingt, wo wir nicht mehr wissen, ob wir schemenhafte Konturen wahrnehmen oder hineinsehen, ein Klangraum, Chiffre einer Anwesenheit, in deren

Bann die beiden sich sichtbar befinden – der harfespielende David mit nach innen gezogenem Blick, ganz und gar hörend, Saul, selbstvergessen, verstört, mit im alten Wortverständnis »blöden« Augen ins Leere blickend, in einem dunklen Vorhang nahezu Schutz suchend vor dem, was in Tönen auf ihn einstürmt. Ich genieße die Entfernung des biblischen Königs zu den beiden vor mir, die unsere »Sachverhalte« in Stasi-Deutsch fassen. In einer anderen Pause sage ich mir Huchels »Havelnacht« vor (»Und der Wind wiegt unser Leben, / wie er Weide wiegt und Rohr«) und vergegenwärtige mir die Musik der Vokale in Goethes »Früh, wenn Tal, Gebirg und Garten«, lasse Stellen aus der Sinfonie von heute abend ablaufen, versuche, möglichst genau mir die Partitur vorzustellen und gerate, da ich das Beruhigende solcher Meditationen verspüre, an noch näherliegende »Partituren«: die der jetzigen Situation, ihrer wie konzentrische Kreise ineinandergelagerten Klangschichten – vornan das Surren des veralteten Tonbandgerätes mit den schlurfenden, klappernden, quietschenden Spulen, dahinter das murmelnde Gerede der beiden, der schwere Atem des Dicken, abermals dahinter, immer wieder hineinstörend, das Geheul oder Gebell der Polizeihunde unten im Hof; und ganz hinten, eine meist diffuse Grundierung, die Geräusche der Stadt, von hier aus vernommen die Botschaft »das Leben geht weiter«, besonders wenn sie, von der Lärmwand der Hunde verdeckt, plötzlich wieder zutage tritt; und ihre Protuberanzen belehren mich über die Unschuld, den Charme klappernder Absätze, überlaut redender alter Weiber, heulender Motorräder. In den folgenden Protokollpausen treibe ich das Spiel weiter, versuche zu vergegenwärtigen, was ich jetzt nicht höre – die »Partituren« unserer Wohnung, des nächtlichen Parks mit plätschernder Ilm, Wind in den Bäumen und dem Stundenschlag der Schloßuhr. Undsoweiter.

Vermutlich blöde glotzend wie Rembrandts Saul, während die beiden sich mit ihrem Protokolldeutsch mühen, kläre ich einige für mich wichtige Sachverhalte. Sie fehlen in der Akte, auf die ich nicht neugierig bin.

Torquemadas klägliche Erben

Wer nur sich selbst zutraut, Verdächtiges von Unverdächtigem scheiden zu können, muß danach trachten, alles zu wissen. Also sammelten viel zu viele Leute viel zu viel Material über viel zu viele Leute. Alles Schlimme, was bekannt war oder jetzt zutage kommt, sollte uns den Sinn für die Komik der mit einem Riesenhaufen von Informationen Beschäftigten nicht lähmen, die des selbstgeschaffenen Unrats nicht Herr werden und mit seiner Vermehrung die eigene Paralyse beförderten; für die Absurdität, daß sie unablässig mit der Herstellung des staatserhaltenden Elixiers befaßt waren, dessen giftige Dämpfe sie am Ende selbst schlecht vertrugen – sein Name: Mißtrauen. Heiter solle die Menschheit von ihrer Vergangenheit Abschied nehmen, hat Marx weise empfohlen. Genug Gründe erschweren das in bezug auf die »Firma«, dennoch: auch Lachen hilft der Bewältigung, zum Beispiel das dröhnende Gelächter bei Mielkes letztem Volkskammer-Auftritt, tödlicher Richtspruch über das, was der für Liebe hält.

Vermutlich flüchtete er in das abgründig komische »ich liebe euch doch alle« nicht ohne subjektive Aufrichtigkeit; karitative, nahezu seelsorgerische Beweggründe gehörten durchaus zu seinem Selbstverständnis. Auch die Inquisitoren, die peinlich Befragenden, Autodafés Entzündenden, nicht zu reden vom Verfasser des »Hexenhammers«, begriffen sich weniger als Strafende denn als Rettende im Dienste des Seelenheils der Gemarterten. Daß diese beim »Lehrstück vom Einverständnis« oft mitspielten, die »Maßnahme« erbaten, erschien als Sieg der Partei so gut wie des allerchristlichsten Modells, mit Ketzern fertig zu werden, und war doch nur makaber befördert durch Angst: das, wozu ich nur irgendwie Ja sage, kann nicht mehr so wehtun. Und die verwickelte Psychologie der vom Gequälten bejahten Qual ließ sich andererseits gut brauchen, um die moralische Disqualifikation der Verirrten zu befestigen, erleichterte den Umgang mit ihnen, die Folter, gegebenenfalls Tötung – sofern die Legitimität des höchsten Interesses nicht sowieso alle schädlichen individuellen Regungen, die Furcht vor dem Blick des Strangulierten erstickt hat.

Das erscheint unangemessen dramatisch formuliert angesichts des dezidiert undramatischen, präventiven, parzellierten Terrors der siebziger und achtziger Jahre. Verglichen mit den vorangegangenen Jahrzehnten wurde weniger verurteilt, gefoltert, getötet, umso mehr im Vorfeld erledigt. Tun wir den Herren, wenn wir sie mit Torquemadas Gehilfen vergleichen, nicht unverdiente Ehre an, da bei ihrer Tätigkeit das Buchhalterische, die diskrete Anonymität (auch die einer unbarmherzigen Mittelmäßigkeit) immer größeren Anteil hatten? So daß man gar fragen muß, ob bei dem notwendigen Scherbengericht über die Zuträger und ihre einstweilen schonend behandelten Auftraggeber die Erkenntnis außer Reichweite gebracht werden soll, die auf Berechenbarkeit ihrer Objekte vereidigte »Firma« sei nichts anderes als eine letzte Konsequenz jeglicher Bürokratie.

Wie sie nicht weniger als letzte Konsequenz erscheint eines pseudomarxistischen, pseudoreligiösen, einstweilen jede Schweinerei legitimierenden Chiliasmus; um das historische Nadelöhr zur Welt totalen Vertrauens zu passieren, bedarf es des totalen Mißtrauens; und sollten wir nicht genug davon haben – in dieser Rechnung stellt sich Mißtrauen als vorläufige Erscheinungsform und Gewähr eines künftig möglichen Vertrauens dar, der nicht ständig Mißtrauische als potentieller Verräter –, so produzieren wir es. Auch deshalb mußte der sicherheitspolitische GAU Richtpunkt der Strategie bleiben, mußte auch die dümmste Kleinigkeit als Vorbote des großen Verrats betrachtet, die Bereitschaft immerfort trainiert werden, notfalls sofort die Pistole zu ziehen, mindestens Schlagstöcke zu schwingen. Dafür gaben sie bis zuletzt immer wieder Beweise, aber doch, gemessen an der Dimension des Ernstfalls, zu wenige. So wurde jede »Bewährungsprobe« hinaufstilisiert, die Diktion der Dienstanweisungen der »Endlösungs«-Terminologie angenähert bis hin zum »Liquidieren« oder zum »Zersetzen«, letzteres suggerierend, daß eine verdächtige Gruppierung gegebenenfalls als Insektenpopulation anzusehen sei, die man mit Salzsäure übergießen muß. Sie durften es an Beweisen nicht fehlen lassen, auch, um das gigantische Präventivunternehmen, den Sicherungs-Overkill nicht dem Verdacht auszusetzen, jene überfütterte Schimäre zu sein, als die sie sich am Ende erwies. Sie haben in der Gethsemane-Kirche mitgebetet, am Prenzlauer Berg mitgedichtet, die SDP mitgegründet, in Dissidentenbetten mitgeschlafen, in oppositionellen Anwaltsbüros Verteidigungen mitkonzipiert, Demonstrationen mitgeplant, ihren vorsorglich aus dem Dienst gezogenen Vize am 4. November auf die Redner-Tribüne entsandt – und konsequenterweise als posthume Ehre die Vermutung eines Superklugen auf sich gezogen, die Wende inszeniert zu haben: da endlich hätten wir Mielke als den Widerständler, der den politisch impotenten Bürgern auf die Sprünge hilft.

Zur Arroganz des Mächtigen, dessen, der alles weiß und überall dabei ist, gehört aber auch, daß er seine Grenzen nicht sieht, nicht erkennt, inwiefern sogenanntes Herrschaftswissen lähmen, er mit ihm nichts mehr anfangen kann; daß er sich als Lokomotivführer fühlt, aber nur noch die Karten knipst. Schlimm genug, wenn wir ihm zugute halten, welche Delikte er nicht mehr beging; die vorsorglich eingerichteten Lager hätten ebensowenig geholfen wie in Leipzig eine chinesische Lösung, die weder die Einschüchterung bewirkt hätte, welche er allzulang allzugut kommandierte, noch in der gegebenen Situation von ihm und den anderen Skleroten politisch hätte bewältigt werden können: Sie waren endgültig so weit, sich, mit Brecht, ein anderes Volk wählen zu müssen. Letztenendes also eine agonale Disposition, ganz und gar angelegt auf einen Fall, der nicht kommen darf, und haltbar nur, solange sie parasitär im Schoß übergreifender Machtinteressen wuchern konnte; auch größere Manöverübungen, zu denen der Spielraum fehlte, hätten nicht geholfen. »Wenn sie nicht mehr verbieten können, ist es aus« (Heiner Müller).

Einem bis in die letzte Konsequenz im Hinblick auf den GAU präventiv organisierten System muß jeder Atemzug verdächtig sein, schon gar nicht duldet es die Unterscheidung privater und öffentlicher Lebensbereiche oder hätte gar Sinn für die unschuldige Banalität des alltäglichen Lebens und intime Innenräume – daher der Kampf beider Seiten um die schlecht ausgeleuchteten »Nischen« des Lebens, daher als Gegenwehr vielerlei heroische Behauptungen im Alltäglichen, die Humanität im Einzelnen und Kleinen, daher auch die katasterbeamtenhafte Behandlung ästhetischer Fragen: Zeitweilig waren schon abstrakte Figuren, zwölftönige Dispositionen, bestimmte syntaktische Fügungen verdächtig (ein zu spät in den Satz gebrachtes »sich« verriet, daß der Verfasser illegal zu Adorno-Lektüre gekommen war) und mußten später oft, um wenigstens die Schallgrenze der Lächerlichkeit zu meiden, verschämt toleriert werden. Wenn das Personen anging (»den müssen wir machen lassen, er wird beachtet, den brauchen wir als Alibi-Idioten, aber jenen halten wir kurz«), war das für Betroffene gar nicht lächerlich, denn allemal schlug die letztenendes gemeinte Gleichmacherei in pure Willkür um – schlimm, daß man das als Eingeständnis, als Abwechslung dennoch befreiend fand.

Genug Gründe, derentwegen einem jegliches Gelächter im Halse steckenbleiben müßte – dennoch bleibt die abgründige Komik derer vor Augen, die auf Mielkes Deponie tagtäglich Wagenladungen von Nebensächlichkeiten löschten; keinen Unterschied zwischen wichtig und unwichtig, verdächtig und unverdächtig machen durften; nicht wußten, wer sie, die Observierenden, observiert; in Verlegenheit kamen (schließlich gibt's den Judaslohn), wenn die Auszuspähenden nichts Verdächtiges zu bieten hatten, oder umgekehrt, allzu verdächtig, ausgebürgert wurden und neue Objekte gefunden werden mußten. Ich erinnere, noch tiefer hinab in die Stupidität, den bulligen Mann im Haus über der Straße, der plötzlich per Konstellation zum Ressort »Ernste Musik« verdonnert war und das Interesse für sein Gegenüber selbst hinter dichten Gardinen schlecht verbergen konnte; den über mir wohnenden Transportarbeiter, einen Schrank von einem Kerl, strotzend vor Rechtschaffenheit, der – ich kämpfte um eine Westreise – mir auf der Treppe plötzlich die schwere Hand auf die Schulter legte: »S'klappt, Herr Nachbar!«; den ungesund aussehenden, in Überanstrengung ergrauten Musterschüler, der so emphatisch »wir« sagen, so aufrichtig unter den Desideraten der von den fortgeschrittensten Positionen aus operierenden Wissenschaft leiden, so überartikuliert und protokollfähig reden konnte und regelmäßig beim zweiten Bier in decouvrierende Formlosigkeiten abstürzte; den pseudogeschäftigen, behäbigen, bläßlich-schmuddeligen Herrn in der Bibliothek, der sich landsmannschaftlich anbiederte, es mit Fragen versuchte wie, ob ich die CSU nicht ebenfalls zum Kotzen linkslastig fände, und genau wußte, woran ich arbeitete, was ich außer Landes veröffentlichte; das hörbare Knacken im Telefon, wenn die Herren zugeschaltet hatten, und unsere lustigen, dorthin adressierten Sätze; den rund um die Uhr beschatteten Freund, der sich einen Spaß daraus machte, mit seinen Söhnen auf abfahrende U-Bahnen zu springen und die Herren zu beobachten, die eine Sekunde später in nächster Nähe dasselbe taten; ich erinnere die, wenn Laune und Alkohol es wollten, im Zuge zwischen Erfurt und Weimar angerempelten Paketkontrolleure; die unbeholfenen »Rotlichtbestrahlungen«, Belehrungen vor Westreisen; die unter ihrer Objektlosigkeit leidenden Begleitmannschaften auf Tourneen, von den Musikanten »Bettnässer« genannt; die mit Hilfe der üblichen Phraseologie mühelos auf hundertprozentige Redundanz gebrachten Berichte nach angeblich delikaten Reisen; das je entsprechend der Vorsicht oder Heftigkeit meiner Äußerungen zwischen Herzlichkeit und verdruckster Zurückhaltung schwankende »Guten Tag« gewisser Leute; das Vergnügen an bewußt in Manuskripte hineingesetzten Unvorsichtigkeiten, auf die die Zensoren prompt flogen und anderes, Wichtigeres übersahen; oder das in Wilhelmshorst von Peter Huchel seinen Aufpassern zurückgereichte, im Schnee verloren gewesene Wachbuch. Solange wir nicht aufhören, es traurig zu finden, dürfen wir auch lachen. Kaum je waren die Herren außer Dienst, selbst in den privilegierten Erholungsheimen bis in die Duschräume hinein reglementiert; mußten sich, wenn sie Restbestände von Würde besaßen und die Verstümmelung ihres Lebens, ihrer selbst noch empfanden, durch den Schnüffelauftrag gedemütigt fühlen, bevormundet sowieso; wohl die meisten haben den Umweg über die legitimierende Idee gar nicht versucht – zu anstrengend, zu honorig –, sich eher gesagt: wenn schon Repression, dann wenigstens mit mir. So konnten sie, das nahe Ende des Brotgebers genauer vorauswissend als der Normalbürger, ihrer Legitimation schnell und ohne Reue den Laufpaß geben (kaum einer hat Hand an sich gelegt) und die Rattenlöcher für den Tag danach vorbereiten. Kein lustiges Leben. Unvorstellbar, daß sie noch fröhlich geradeheraus lachen konnten; schaut man die Bilder von Empfängen an, wo einer eine witzige Bemerkung versucht hat und Heiterkeit angesagt ist, kommt einem das Gruseln.

Pervertierte Trauerarbeit

Tema con troppo variazioni: »Was waren wir für Pfeifen, daß wir uns von diesen Pfeifen haben beherrschen lassen« – so und ähnlich war es in Gesprächen der Weimarer Woche immer wieder zu hören, ehe es in den Mund eines prominenten Dissidenten geriet, der die öffentliche Geschwätzigkeit derzeit freigiebig bedient. Prompt zitiert mit Behagen einer, den die Gnade der westlichen Geburt zu wortreicher Einmischung befugt, das heraustrompetete Reuebekenntnis.

Zum ersten frommen Wunsch in bezug auf die Vereinigung – ihr wäre Zeit gelassen worden – gesellt sich als zweiter, die Ostdeutschen hätten mit der Rechenschaft über das Gewesene eine Weile unter sich bleiben können. Das fremde Auditorium, die angemaßten Beichtväter fälschen die Beichten, Selbstbezichtigungen werden wohlfeil – schon, insofern ein zu großer Resonanzraum bereitsteht und allemal sicher ist, daß die, die es am nötigsten hätten, am wenigsten bereuen, den Bekennenden also, dem Fähnlein der Aufrechten, Vergebung winkt. Schließlich hat auch bei den großen Politikerskandalen des Westens kaum je einer mehr zugegeben, als er unter dem Druck der Beweise zugeben mußte. Honecker konnte nie auf so viele bekennende Gegner zählen wie jetzt, da die Gegnerschaft wohlfeil ist, angefangen bei fast allen Mitgliedern des ehemaligen Politbüros, noch nie haben so viele vorausgewußt, wie es laufen würde. Gern hört man, wie einer abschwört, und überhört die perverse Moralität jeglichen Abschwörens: War einer überzeugt, so kann er es durch den Schwur allein nicht loswerden, war er's nicht, ist der Schwur eine Farce; entweder taugt der Schwur nichts oder das Abgeschworene. Denkmäler werden gestürzt, Namen ermordeter Kommunisten auf Straßenschildern getilgt (die Thälmannstraße in Weimar gibt es noch!); ein Ehrenmann bedauert, an Rosa Luxemburg Gutes gefunden zu haben; das Geständnis »Wir waren keine Helden« wird einem Auditorium aufgedrungen, das zu einer vergleichbaren Prüfung seines Heldentums nie geladen war. Auch Reue kann unzüchtig sein, emphatische Selbstanklage ranschmeißerisch, wirkliche Beichten werden geflüstert. Wo nicht, arbeiten sie einer Tribunalisierung des öffentlichen Bewußtseins zu, die ihre Maßstäbe mehr an den Urteilen rechtfertigt als umgekehrt. Fleißig im Verurteilen, das zeigen die griechischen Scherbengerichte, der Sokrates-Prozeß, jederlei Jagd auf Hexen, Juden, Ketzer und andere Außenseiter ebenso wie in Frankreich die Jahre 1793/94, das Gemetzel nach der Niederlage der Kommune oder 1945 die Abrechnung mit den Kollaborateuren, war man immer dann, wenn es um

Gesetz und Recht schlecht bestellt war und man sich den Anschein ihrer Gültigkeit am ehesten bei Hinrichtungen besorgen, eines jedenfalls nicht reflektieren oder gar zugeben konnte: daß es Umstände, Umbrüche gibt, die unser Rechtsgefühl und -verständnis überfordern.

Sofern »was waren wir für Pfeifen« meint, daß dem DDR-Bürger mehr Zivilcourage gut angestanden und einiges erspart hätte, daß er es den Oberen leicht gemacht hat, eine anonyme Angst aufrechtzuerhalten, die in keinem Verhältnis zu dem stand, was er tatsächlich fürchten mußte, ist es zu Recht gesagt. Als Lagebeschreibung aber grenzt es an Blödsinn; fast bis zuletzt konnten die »Pfeifen« sich auf sowjetische Panzer und die appeasement-Bedürfnisse des Westens verlassen, und die Bedrohung, in die sie eingereiht waren, empfand man vor Jahren noch als groß genug, um für SDI und neue Raketen zu entscheiden. Hinterher sind wir allemal klug: Einerseits – welch bewegende, historische Szene, wie der nach Bukarest zurückgekehrte Celibidache seinen Landsleuten die Leviten liest ob ihres Kleinmuts, ihrer Mitschuld! Andererseits war er fünf Jahre früher eben nicht da, um ein Gleiches zu tun – das sollte man ohne Vorwurf vermerken, und man darf es mit dem gleichen Recht, mit dem er Leviten las. Aushalten, durchhalten, standhalten, und sei's mit Vorsicht, konnte schon per se eine Leistung sein. Zwischen ihr und den Risiken der mutigen Dissidenten liegt eine Grauzone, in die grundsätzliche Urteile sich besser nicht hineinwagen sollten. Absolute Maßstäbe sind am ehesten zur Hand, wenn sie am wenigsten taugen, »der Idealismus wächst mit dem Abstand zum Problem« (Rosa Luxemburg). Es gab die kleine, tapfere, gewiß parzellierte Humanität im Alltäglichen und Privaten, das »richtige Leben im falschen« – daß dieses nicht möglich wäre, wie ein vielzitiertes Adorno-Wort dekretiert, ist dumm oder zynisch oder beides und jedenfalls einer Haltung entsprungen, der Grundsätze mehr bedeuten als Menschen. »Die fast unlösbare Aufgabe besteht darin, weder von der Macht der anderen, noch von der eigenen Ohnmacht sich dumm machen zu lassen« – das geht bei Adorno dem fatalen Verdikt voraus und ist so richtig, das »fast unlösbar« so human, wie die nachfolgende Formulierung es nicht ist. Was wäre gewesen ohne Aussicht, inmitten des »falschen Lebens« ein – wie immer beschränktes – »richtiges« durchzuhalten! Günter Anders' 134. »Molussische Herrschaftsregel« – »als tadellos lassen wir allein diejenige Verstümmelung durchgehen, die den Verstümmelten daran hindert, die Tatsache seiner Verstümmelung zu erkennen« – haben die Herrschaften schlecht praktiziert. Man war grosso modo notdürftig miteinander eingerichtet, dabei freilich allzugut die Scham beschwichtigend, nicht ein Kerl zu sein wie Sacharow oder Havel.

Der fröhliche Eifer der neuen deutschen Trauerarbeit zieht einen schlimmen Verdacht auf sich. Im Vergleich zu der nach 1945 fälligen gibt es jetzt erleichterte Bedingungen – entsprechend groß die Verführung, beide unsauber ineinander zu schieben. Diesmal waren es glücklicherweise vor allem die anderen, die »drüben«, anderthalb isoliert herangewachsene Generationen. Mit anderen geht man souveräner ins Gericht als mit sich selbst, ganz und gar, wenn man sich durch dieselbe Nationalität zum Tribunal berufen fühlt. Das macht ein kurzes Protokoll wie das der Bundestagsrede des PDS-Abgeordneten Riege zu einem Schlüsseldokument, Protokoll einer öffentlichen, mit den Mitteln der parlamentarischen Demokratie, also höchst legal, vollzogenen Steinigung – die Mentalität der Steinewerfer ziemlich genau die, die Mielke fürs Gröbste zu Diensten war. Viele, die vierzig Jahre zuvor hundertmal Schlimmeres verübt hatten, sind freundlicher behandelt worden; diejenigen, die mich außer Landes jagten, haben zumindest keinen Völkermord geplant und praktiziert; in den Kriegsjahren sind in jeder deutschen Großstadt mehr Todesurteile gefällt worden als in vierzig Jahren DDR. Wir müßten unsere Demokratie für gefährdeter halten, als sie anscheinend und hoffentlich ist (jenes Protokoll bezeugt nicht weniger als die Lethargie gegenüber brennenden Asylantenheimen, was wir uns ohne Risiko meinen leisten zu können), um den Einzug der Ostdeutschen wahrzunehmen als Reifeprüfung in der obersten demokratischen Tugend: den Anderen, Woandersherkommenden, Andersfühlenden, Andersdenkenden als humane Herausforderung willkommen zu heißen.

Wobei wir mit der Bestimmung des Anderen, Fremden umso schneller bei der Hand sind, desto mehr wir uns unserer eigenen Identität versichern müssen. Von dieser gibt die leichtfertige Selbstverurteilung als »Pfeifen« zu viel weg.

Reale Konjunktive

»Es gibt für die Geschichtswissenschaft keine nutzlosere Tätigkeit, als sich in unverwirklichte historische Möglichkeiten hineinzudenken« (Johan Huizinga) – ich protestiere.

Wäre die Geschichte anders gelaufen, wenn Gorbatschow und seine Mannschaft ab 1985 freie Bahn gehabt hätten, vielleicht unterstützt von gleichgesinnten Parteichefs in Osteuropa? Die Antwort hierauf, falls mehr als nachsichtiges Lächeln oder lauernde Nachfrage, ob man derlei insgeheim gewünscht hätte, müßte vor allem von Ökonomie handeln. Sind sich die Exegeten vom Dienst aber nicht gar zu sicher, daß es kommen mußte, wie es gekommen ist? Da wird immer noch verbal Kalter Krieg nachgeholt, zumindest in dessen Konstellationen gedacht, der faktenorientierten Tagespolitik zugearbeitet, da scheint schon per Methode verdrängt, daß der Lauf der Geschichte oft auf Messers Schneide stand, es um Haaresbreite anders hätte kommen können und mit vielen von der Geschichte verworfenen Möglichkeiten Sehnsüchte oder Befürchtungen verbunden waren, welche allein schon sie fast real machten. Als Ausblick auf das, was wir »offene Systeme« nennen, fast die Ausnahme von der Regel: Golo Manns Überlegungen, auf welche Weise der Erste Weltkrieg hätte vermieden werden können. Wer im Jahre 1962 in der Nacht der Kuba-Entscheidung, in den ersten Novembertagen des Jahres 1956 oder im August 1968 am Radio hing, kann ein Lied davon singen, müßte sich eigentlich immerfort wundern, wie wenig danach noch interessierte, was ebenfalls am Horizont des Möglichen gestanden hatte, wie sehr ein vorschnell mit den Fakten verbündetes Bestätigungsbedürfnis uns hindert, die offenen Risiken, die va-banque-Spiele der Geschichte zu reflektieren; der über den Bodensee Gerittene blickt nicht gern zurück. Die Parteinahme für die real existierenden Tatsachen mag man damit begründen, daß mit ihrer Verarbeitung gerade genug zu tun sei – wenn es am Ende nicht meist auf das von Cioran gegeißelte »Nacheinander falscher Verabsolutierungen« hinausliefe und wenn zum genaueren Verständnis jener Tatsachen nicht auch der Umkreis des unverwirklicht Gebliebenen gehörte, das »Meer ..., das das vorhandene Wirkliche umgibt und unermeßlich viel größer als das Land des vorhandenen Wirklichen ist« (Bloch). Dabei geht es nicht um Situationen wie die überpointierte »Weltminute von Waterloo« – mit oder ohne Grouchys Korps wäre Napoleon bald am Ende gewesen. Schon die in westlichen Demokratien meist knapp ausfallenden, Stimmungen und kurzlebigen Konstellationen ausgelieferten Wahlentscheidungen sollten die Faktenfrommen verunsichern. Beim Mißtrauensvotum von 1972 stand mehr auf dem Spiel als der Fortbestand einer Regierung; daß der »Großverlauf« der Geschichte nicht verändert worden wäre, bleibt Hypothese, und selbst, wenn sie zuträfe, eher eine Ausflucht in Allgemeinheiten als eine die Situation erhellende Erklärung. Die Falle von Salamis konnte auch weniger geschickt gestellt gewesen sein, die Perser die Drängelei in der Bucht besser voraussehen – hätte dann die griechische Polis samt Sokrates, Platon, den Tragikern etc. nicht stattgefunden, oder stand der Weltgeist in der Pflicht, Demokratie notfalls woanders zum Erblühen zu bringen? Was wäre in Mitteleuropa geworden, wenn die Zarin Elisabeth Friedrich dem Großen nicht den Gefallen getan hätte, im richtigen Moment das Zeitliche zu segnen? Vielleicht auch sollte man Churchills Bezeichnung des Zweiten Weltkrieges als des »vermeidbaren Krieges« nicht nur als geistvolle Pointe betrachten. Was wäre geworden, wenn Chrustschow im November 1956 Urteil und Reaktion einer ausschließlich nach Budapest blickenden Welt hätte berücksichtigen müssen, anstatt darauf vertrauen zu können, daß die wichtigsten Kontrahenten auf ihr kolonialistisches Desaster am Suez fixiert waren? Wie oft ist Wirklichkeit erzwungen worden durch genau kalkuliertes Spiel mit konkret Möglichem: Der gescheite Stratege Wallenstein hat Entscheidungen erzwungen mit Hilfe angedrohter Schlachten, der ebenso gescheite Bismarck hat damit Politik gemacht, daß die Preußen über Königgrätz nach Wien hätten marschieren können, es aber unterließen. Oft ging es am vernünftigsten, wo einer Macht und Möglichkeiten hatte und sie nicht brauchte – »Verzichtspolitik« in der Terminologie derer, denen es auf die Menschen nicht ankommt. Hätte der Sturz der Großmacht Sowjetunion die Welt an den Rand einer Katastrophe gezogen oder gar in sie hinein, wäre dies späterhin gewiß als zwar schlimm, aber historisch unausweichlich beschrieben worden; bei der Selbstauflösung des Riesenreiches sprachen aber, gemessen an den Risiken, mehr Würde und Besonnenheit mit als bei vieler ihr gewidmeter Reflexion. Vermutlich hätten nur zwei Uralte schon in Särgen über jenen Platz des himmlischen Friedens gerollt sein müssen, auf dem sie die Hölle veranstalteten, und die Entscheidung über die Schlachtung der jungen Generation wäre anders ausgefallen; alte Dogmatiker – die DDR hat es nicht ganz so grauenhaft ausbaden müssen – sind gefährlich, es ist ihnen egal, was aus der Welt wird; sie bemerken das nicht, weil sie die Welt und das Dogma verwechseln, ihrem ausgemergelten Weltverständnis jegliches Lebendige subversiv, jegliches Unvorhergesehene feindlich entgegenkommt.

Genug der Konjunktive. Die dumme Redensart »wenn das Wörtchen ›wenn‹ nicht wär« taugt schlecht, ein Genüge an purer Faktizität zu rechtfertigen, das umso behäbiger, prahlerischer ausgestellt erscheint, desto angenehmer uns die Fakten sind. Die Osmose an der Trennwand zwischen wirklich Gewordenem und knapp unverwirklicht Gebliebenem ist zu stark, als daß man sich nicht ärgern müßte an der Verhöhnung des – wie immer vag definierten – »Dritten Weges« als Schimäre verstiegener Intellektueller. Am 4. November 1989 auf dem Alexanderplatz hat der »Dritte Weg« Geschichte gemacht, hat Geschichte anschieben helfen – gewiß in eine Richtung, die seine nicht blieb. Die heitere, mutige Gewaltlosigkeit der Kundgebungen auf dem Wenzelsplatz, der riskantesten Montagsdemonstrationen in Leipzig oder der Studenten auf dem Tianmen-Platz war – und konnte nicht anders sein – »Dritter Weg«, »antipolitische Politik«, mit Havel zu reden. Wer das höhnt, höhnt jene und erweist den Panzern die Ehre, sie als, wenn auch nicht willkommene, so doch unumgängliche, geschichtlich schlüssige Widerlegung anzuerkennen. Die Massen zwischen den Fronten sind eine Großmacht – ohne Waffen.

Dem Objektivitätsanspruch unseres Denkens steht der Opportunismus schlecht zu Gesichte, der uns eine Wirklichkeit umso berechtigter, vernünftiger finden läßt, desto freundlicher sie uns behandelt – besonders, wenn uns die Qual eines eben durchlebten Unentschieden noch in den Knochen steckt. Vielleicht haben wir zu lange mit drohenden, quälenden Ungewißheiten leben müssen – mit der Gefahr des großen Krieges und der Last eines Systems, das offenkundig nicht funktionierte und dennoch sich behauptete –, um jetzt dem Riesenquantum jäh gewonnener Gewißheiten gewachsen zu sein. So verständlich die kaum noch reflektierte Zuflucht bei der Überzeugung ist, daß es so kommen mußte, wie es kam: Von so viel existentiellen Zweifeln und Ungewißheiten verabschiedet man sich schwerlich ohne Schaden, intellektuellen und moralischen; zu viel bedrängend Gegenwärtiges – da seine Hoffnungen sich an jede Einzelheit des täglichen Lebens hefteten, lebte der DDR-Bürger besonders intensiv im Hier und Jetzt – wurde über Nacht Vergangenheit. Was hülfe da besser als Vereinfachung? »Die Vergangenheit selbst hat kein ›Warum‹ mehr: sie ist das Warum der Dinge« (Blumenberg). Wie geläufig uns abscheuliche Wirklichkeiten immer sind, so ungeläufig ist uns (goldene Zeitalter, Sonnenstaaten, utopische Inseln ausgenommen), nach der Vernünftigkeit, dem »Realismus« dessen zu fragen, was nicht Realität geworden ist oder bleiben konnte. Den Richterspruch der Geschichte und deren Weg haben am genauesten die vorauszusehen beansprucht, über die als erste sie hinwegging. »Was vernünftig ist, das ist wirklich, und was wirklich ist, das ist vernünftig« (Hegel). Wer solches dekretiert – vom inneren Widerspruch nicht zu reden –, schuldet uns den schwierigen Nachweis, weshalb vorgestern noch vernünftig = wirklich war, was sich gestern als unvernünftig = realitätsunfähig herausstellte.

Er müßte triftig begründen können, weshalb manches sich zur falschen Zeit ereignete, weshalb beispielsweise Thomas Müntzer oder der Prager Frühling zu früh kamen. Da war es doch leichter, in – ebenfalls folgerichtiger – Paradoxie Napoleon als inkarnierten Weltgeist durch Jena reiten zu sehen. Wobei Hegel obendrein, weil fixiert auf den Tatmenschen, die Identität von Prinzip und Instrument, den Helden als »schlichten Funktionär des absoluten Geistes« (Cioran), unhöflich ignorieren mußte, daß ein geeigneterer Kandidat zwanzig Kilometer weiter westlich zur Verfügung stand. Dem Kult der Tatsächlichkeit droht heute – auf niedrigerem Niveau – Ähnliches. In bezug auf die allerjüngste Vergangenheit wäre dem öffentlichen Geschichtsverständnis zu wünschen, daß es seinen darwinistischen Schwächeanfall überwinde – zugunsten der Einsicht, daß die Frage, weshalb der Sozialismus gescheitert sei, auch diejenige einschließt, weshalb er da war.

Vorzimmerträume

Zwei im Intendanten-Vorzimmer verbrachte Minuten reichen aus, eine traumatische Situation heraufzuholen. Warten mußten wir oft, wenn der Verlauf der Sitzungen drinnen im innersten Zirkel vorbesprochen wurde; ich war oft aus der Haut gefahren. Wartenlassen gehört zu den simpelsten, zu den unfehlbar wirksamen Mitteln der Machtausübung – auferlegte Leere, jede Sekunde der Ungeduld verdeutlichend, wer die Karten ausgibt, und oft gar eine versöhnlerische Erleichterung befördernd, deren man sich schwer erwehrt, wenn man endlich gebeten wird. »Bitte einzeln eintreten« stand an vielen Behördentüren, häufig schlug die dumpfe Wut der Wartenden in stumpfen Fatalismus um, der sie unfähig machte, die Gelegenheit zu nutzen, derentwegen sie warteten. Wie lange hält man es aus, wütend zu sein, »dagegen« zu sein? – eine der Existenzfragen des DDR-Bürgers; ihre Beantwortung hat leider ebensoviel mit Vitalität zu tun wie mit Moral.

Man wartete also. Irgendwann signalisierte die Dame Einlaß, eine diskret-herablassende, behutsam redende Tempelpriesterin, die die Cella hütet und zu verstehen gibt, sie wisse genau, weshalb – was ich ihr, nicht zu ihren Gunsten, glaube. Und da saß sie noch immer, trotz privater Nachfragen jeden persönlichen Ton meidend, noch immer den Anspruch der wichtigen Person verteidigend, in ihrer ahistorischen Sitzfestigkeit mir Canettis böse Schilderung von Alma Mahler erinnernd. »Ich nehme die Mitteilung entgegen« hatte sie vor neun Jahren vorschriftsmäßig geantwortet, als ich aus Hamburg anrief und ihr sagte, ich würde nicht zurückkommen; weder Schreck noch Überraschung verriet sie, noch versuchte sie, ein Gespräch mit denen da drinnen zu vermitteln; sie beherrschte die Situation dieser »Mitteilung«, als sei sie vorbereitet gewesen, und hängte sofort auf.

Während ich ihr gegenüber sitze, überfällt mich die Vorstellung, ich sei nicht gestern abend im Konzert herzlich begrüßt, mit Blumen überschüttet, von vielen erwartet worden, sondern ganz anders: der Sozialismus (oder was sich so nannte) hätte in Deutschland gemäß eigener Voraussage gesiegt, die upper class der alten Bundesrepublik hätte sich so wenig woandershin absetzen können wie jetzt diejenige der gewesenen DDR, Mielke käme bei der »Zuführung« einheimischer Dissidenten und der massenweise dingfest zu machenden Klassenfeinde nicht ohne Lager aus, Margot nähme als First Lady in Bonn Quartier, und allenthalben in den neugewonnenen Landen erhöbe sich halblautes Gemurmel, gleiche Chancen für alle seien ja schon in der Bergpredigt gemeint gewesen, man habe Fehler gemacht, Schuld auf sich geladen, eine sympathische, ehrenwerte Idee sei der Sozialismus, christlich allemal, und insofern schon jeder, der die Bergpredigt bejahe (und wer könne das nicht?), ein Herzens-Sozialist und bereit, der moralisch verkommenen, gleisnerischen Konsumwelt von gestern abzuschwören, von der er sich ohnehin in inneren Widerstand getrieben gesehen, wenn er auch nicht die ausbeuterische Teufelei durchschaut hätte. Und ich, endlich eingefangen, würde vorgeführt, müßte mich rechtfertigen und der donnernden Entrüstung der Treugebliebenen, Rechtgläubigen aussetzen. Die Personnage in dem Szenario müßte, verglichen mit dem jetzigen, kaum ausgewechselt werden.

Daß wir das Erschrecken, schon das Nachdenken hierüber, nicht an uns heranlassen wollen, daß wir viel tun, die »Wende« als notwendig wenn nicht vorausgewußt hinzustellen, und wenig, das Vergangene aus der Situation des scheinbar geschichtslosen Stillstandes zu begreifen, dessen Ende nicht abzusehen war, rechtfertigt neben dem Zeitvertreib den Alptraum im Vorzimmer.

Condottiere

Menschlich und mitteilsam machte ihn Alkohol. Bei einer Premierenfeier hing er mir lallend an der Schulter: »Weißt du, was unsere Katastrophe ist? Daß die Nazis verbrecherische Ideen hatten und fünf Jahre brauchten, um das Volk hinter sich zu bekommen; und daß wir eine gute Idee haben und nach fünfundzwanzig Jahren keine zehn Prozent hinter uns.«

Das war, ein paar plumpe erotische Angebereien nicht gerechnet, sein vertrautester Augenblick mit mir. Gegenseitig schätzten wir uns in unserer Arbeit bedingt und mochten uns nicht. Unter einem üblen Bezirkssekretär gedieh er, »staatlicher Leiter« an exponierter Stelle, glänzend – auf eine Weise, daß man sicher sein konnte, er würde dies auch unter sehr anderen Bedingungen tun. Derzeit ist er damit beschäftigt, es zu beweisen. Sein fröhlicher Macchiavellismus, seine kleinen, von ihm selbst heftig gerühmten Wagnisse, sein spielerisches, zuweilen condottierehaftes Verhältnis zu Macht und Machtausübung haben mir, vom miefig-legalistischen DDR-Getue abstechend, selbst dann imponiert, wenn ich ihr Opfer war. Er ließ andere gern auflaufen, ließ sie im unklaren, woran sie mit ihm seien; es machte ihm nichts aus, die Verhaltensforschung vorschriftsgemäß als »Bestandteil der subversiven Strategie des Sozialdemokratismus« zu »entlarven«, gleichzeitig durchblicken zu lassen, daß er davon nichts verstünde, daß es ihm auch egal sei, daß er sich das aber leisten könne, weil kaum einer widersprach, die Zuhörenden es also nicht besser verdienten. Seine Risiken im Umgang mit den »übergeordneten Organen« kalkulierte er, durch keine kategorischen Imperative oder wirkliche Anliegen für das jeweils Mögliche blind gemacht, zumeist richtig.

Nach Maßgaben der Situation, in der wir uns einmal miteinander befunden haben, hat es mit surrealistischem Theater zu tun, wie er nun – Februar 1992 – den besonderen Realitätssinn konservativer Leute rühmt (»sie betrachten die Welt nicht gleich im Hinblick auf das, was geändert werden müßte«), wie wir uns, entspannt plaudernd, gegenübersitzen, er sich in Pointen ergeht (»Honecker sitzt in Moskau, Schalck am Tegernsee und wir in der Scheiße«) oder den Dialog auf Absurditäten zu fixieren versucht wie die, nur gewesene Funktionäre hätten das Recht, ihren einstigen Chef zu richten, gegebenenfalls zu erschießen. Über konsensfähige Punkte wie das annektionistische Gebaren mancher Wessis kommen wir auch zu delikateren Themen. So erzählt er, einmal habe er auch vor der Frage gestanden, ob er wegbleiben solle, und sich zur Rückkehr entschlossen, weil er für künstlerisches Arbeiten in der DDR bessere Möglichkeiten gesehen habe. Kein Wort von irgendeiner Attraktivität sozialistischer Ideen, und sei es, um wenigstens etwas Glaubwürdigkeit und Identität seiner selbst sicherzustellen. Im gleichen Atemzug bemerkt er amüsiert, daß demnächst auch Mielke und Honecker sich als Widerstandskämpfer bezeichnen würden – und beansprucht eben dies für sich selbst. Fleißig und erfolgreich übt er die Unfähigkeit, die DDR und alles mit ihr Verbundene zu betrauern.

Wer mit dem real existierenden Sozialismus so gut zurechtkam, sollte es sich mit seiner Verabschiedung schwerer machen. Zur Erbärmlichkeit der einstmaligen Oberen gehört nicht zuletzt, daß kaum einer sich stellt, wenigstens zu irgendeinem geträumten Sozialismus noch etwas zu sagen weiß: Fahnenflucht nicht nur in bezug auf den Karren, den man in den Dreck gefahren hat, sondern auch in bezug auf den Weg, auf dem man sich befand. »Der Sozialismus kann nicht reformiert, er kann nur noch abgelöst werden« dekretiert einer, der an den real existierenden Macht-Zynismen jahrzehntelang Anteil hatte, dennoch zu den halbwegs Honorigen gezählt wurde und sich immerhin als Feigling vorgeführt hat (welche Genugtuung, daß auch im Politbüro Angst regierte). Sich prügeln lassen für Treue – das überläßt man den einstmals Drangsalierten, den Schriftstellern, Dissidenten, und trägt offenbar nicht schwer an dem damit ausgestellten Zeugnis eigener Unglaubwürdigkeit.

Und Zeugnis über noch mehr: das moralische Nichts, über dem am Ende ein System angesiedelt war, in dessen Fundamenten viele idealistisch erbrachte Opfer liegen, über den Wert einer Moral, die sich hochmütig selbst begründete, über die Perversion der jeweils nach »oben« delegierten Verantwortung, über die Beleidigung humaner Würde durch die Möglichkeit, morgen nicht mehr einstehen zu müssen oder zu dürfen, wofür man heute einsteht. Insofern sagt die heitere Preisgabe über das Preisgegebene ebensoviel wie über die Preisgebenden, und über diese noch etwas mehr.

In der Kunst verriet sich das früh – in besseren Fällen in Umgehungen und Verschweigungen, in schlimmen in List und Zynismus. Daß die Oberen darauf allergisch reagierten, daß ihnen schon unwohl war angesichts des nicht nur intellektuell, sondern auch emotional Aufklärerischen bei Brecht, Eisler und ihren Erben, hat viel mit unreflektierter Verdrängung zu tun. Sie waren so gern sentimental! Stalin und Shdanow – ihr Lieblingslied die Schnulze »Suliko« – wurde vom gebeutelten Schostakowitsch als gefälliges Futter das »Lied von den Wäldern« hingeworfen; der klebrige Poetenkitsch des einstmaligen Kulturministers, der noch als Gymnasiast bei einem gemeinsamen Selbstmordversuch den Tod einer jungen Frau verschuldet hatte und – junger Mann aus gutem Hause – den Paragraphen 51 zugebilligt bekam, taugt nur noch als Sezierobjekt für Psychologen; einen anderen, so orthodoxen wie humanitätsduseligen, der alles dazu getan hatte, aus den Debatten um Eislers »Faustus«-Oper ein Verhör zu machen, nannte Brecht verächtlich »Tante Emma«. Hütet Euch vor den Sentimentalen – sie haben Leichen im Keller!

Daß er halb gestand, um welche es sich handele, ehrt den Angetrunkenen, der mir über der Schulter hing.

Musik und Macht

»Aida« 1981 in Weimar. »Nel tempo« verordnet die Partitur im 17. Takt des Nil-Aktes, da die Priester einsetzen. Das darf man problematisch finden, obwohl der praktische Anlaß auf der Hand liegt: was hier nacheinander kommt, steht später übereinander, soll also von vornherein auf Vereinbarkeit angelegt sein. Dennoch – Welten liegen zwischen dem düster-rituellen Unisono der Sachwalter von law and order und dem reinen Naturlaut der Einleitung, der Sprache einer Gegenwelt, die Reglement und oktroyierte Gesetze nicht kennt, Sehnsuchtsraum der gefangenen Aida. Beides angebunden ans gleiche Tempo – das bedeutet, weil die Taktzeiten der Priester viel mehr Schwere haben, daß der Naturlaut an die Kandare genommen wird, obwohl die Oktavwechselfigur der Violinen auch ihrerseits aus spieltechnischen Gründen weitgehend fixiert ist. Der Totalitarismus des Pharaonenreichs schlägt durch aufs musikalische Gefüge, auch dort, wo es die Alternative formuliert: reglementiert noch das nächtliche Glitzern der Nilwellen.

Und so allenthalben. Der gnadenlose Perfektionismus dieser Meisterpartitur reimt sich so glatt auf die totalitäre Prägung des Sujets, daß man fragen möchte, inwiefern in einer gattungsgemäß idealen Erfüllung dessen, was die grand opéra fordert, zwangsläufig derlei auf die Bühne kommen müsse, wieso Libretto und Komposition so direkt davon profitieren, daß bei den Pharaonen ein Ritual ins nächste mündet: gute Ehe von totalitärem Grauen und theatralischer Perfektion. Das heißt nicht, daß die Aufgabe für die Autoren leicht war, u.a., weil das Bild eines statischen Machtgefüges nur allzuleicht der Monotonie verfallen könnte: in den Apotheosen des Marsches; in der Kompaktheit einer zu neun Zehnteln von quadratischer Metrik usurpierten Musik; im stupiden Gleichschritt der Priester und seinen stereotypen melodischen Abgängen, Abbildern niederhaltender Unterdrückung, zu denen man schnell geläufige Assoziationen findet – der Kopf des Geschlagenen im Staube, den Gewehrkolben im Nacken; das häßliche, oft pomphafte Auftrumpfen immer dort, wo triumphiert wird – im Triumphmarsch, der immer gleich gut war für Wunschkonzerte und akklamierende Parteitage; im wilden Jubel der Amneris, da die Rückkehr der Krieger angekündigt wird, oder im Gebrüll der Priester, nachdem Radames zum dritten Male geschwiegen hat. Denunzierende Musik dies alles für sensible Ohren, denen der Gegenstand die simpleren kulinarischen Freuden verdirbt. Die Pharaonentochter läßt sich von den Sklavinnen auf militante Weise, nahezu mit einem Marsch unterhalten, der Gleichschlag der sanften Harfe klingt dabei hart, wie beim Gesang der Priesterinnen (»forte l'appoggiatura« schreibt Verdi vor) Ausdruck eines tödlich maschinellen Rituals; auch die Freizeit der Oberen also ist totalitär vereinnahmt. Privat, so verrät Amneris (Liebe entdeckt sie erst später), bliebe bestenfalls die Wollust. Aber auch die ist integriert: bei den Initiationsriten für den Feldherrn versprechen die Flöten im Flüsterton des Tanzes der Priesterinnen erlesene Wonnen, raffiniert wie das Pianissimo der Verlockung.

Radames, Prototyp des farblosen Helden, will dem Reglement

nicht ausweichen, das ihm die große Rolle zuspielt, er weiß es nicht anders und besingt seine »celeste Aida« fast durchweg brav periodisch und mit auftrumpfendem Gestus; noch im Nil-Akt, nachdem er im Finale zuvor zum Störenfried herangewachsen war, tritt er ahnungslos mit der schmissigen Bravour eines Operettentenors auf. Verdis Musik erstattet genaue Anzeige, sie kritisiert unbarmherzig. Dennoch vermag sie nicht, wie Musik kaum je, das Motiv der kritischen Distanzierung, die Unterscheidung von Gegenstand und Standpunkt mitzuliefern – und sollte es wohl auch nicht; was mit einer professionellen »Skrupellosigkeit« zu tun hat, die im traditionell geschönten Verdi-Bild unter Wert geschlagen blieb. Also können »Celeste Aida« und der Triumphmarsch bei den Favoritstücken der Wunschkonzerte obenan bleiben. »Ich kenne nur den Unterschied zwischen guter und schlechter Musik«, hat einer gesagt; »das ist es eben«, möchte man ergänzen im Blick auf die Professionalität, mit der Verdi die Machthaber glänzend bettet, mit der er seine ubiquitäre Meisterschaft für sie Partei zu nehmen zwingt, ihnen häßliche Musik erspart. Seine und Ghislanzonis Dramaturgie funktioniert so gut wie die des Ramphis (der Hintergrund von dessen Machtkampf mit dem König ließe sich leicht zugunsten des Stückes inszenatorisch aktivieren): Nahezu pausenlos rasten die im Sinne des Rituals vollzugsfähigen, im konventionellen Verständnis musikfähigen Situationen ein; Zwischenstrecken, Übergänge, Freiräume gibt das Libretto selten vor, solche zumal, die den Komponisten zur Synthetisierung seelischer und musikalischer Entwicklungen zwängen.

Dieser konjugiert Symmetrien und Quadraturen zunächst getreulich mit, in der refrainhaften Identität der beiden ersten Bildschlüsse etwa, in Zuordnung von Gleichschritt und melodischem Abwärts zur Pharaonenwelt, schüchternem, chromatisch sehnsüchtigem, in schmerzlichen Vorbehalten stockendem Aufwärtsdrängen der Aida – und auffallend viel regelhaftem Sequenzieren und gleicherweise merkwürdigen wie konsequenten Stürzen in die Anonymität des nur noch Operntypischen, wo die Kurve zu großen Ensembles genommen wird. Das reicht, im Vorspiel im paradigmatischen Gegeneinander von Auf- und Abstieg exponiert, bis zum Nil-Akt. Und dort beginnt die Musik, sich dem Reglement, das im »nel tempo« schmerzt, zu entziehen, befördert durch den ohnehin »alternativen« Amonasro; sie beginnt freier zu atmen – bis hin gar zur kämpfenden Amneris, die die Höhe der dramatischen Duo-Szenen fortführt. Danach ein Sturz zurück beim Gericht, das alte Reglement wieder in Kraft, verschärft, gestrafft, die Musik als eigene Dimension fast niedertretend und bei dem Befragungsritual die Gegensätze der bereits in Gang befindlichen Todesmaschinerie zu den ohnmächtig-wütenden Anläufen der Amneris in sterile Symmetrien pressend. Und nach dieser Knebelung dann seligste, heiterste Freiheit, hinter der alles abermals präsente Zeremoniell (die leiernden Priesterinnen) ohne Hoffnung zurückbleibt – falsches, bis zur Schimäre verdorrtes Leben, worin richtiges nicht mehr möglich ist. Dieses haben nun die beiden, die still-beseligt dem Tode entgegenjauchzen und den Lemuren oben die Musik wegnehmen.

Avantgardistisch wofür?

Die letzte in der DDR von mir dirigierte Sinfonie eine der allermerkwürdigsten – Schostakowitschs Zweite. Und die Umstände gespenstisch: Staatsoper Berlin, Ende Februar 1983, Abschlußkonzert der Musikbiennale, für mich die Würfel fast gefallen – was die Ausschau nach Gründen fürs Bleiben nicht hinderte. Indessen häuften sich die Gegengründe, als wollten sie mir die Entscheidung abnehmen, mir helfen, mich aus der Verantwortung zu stehlen: »die wollen dich lossein«. Selbst, wenn das zutraf – und alles spricht dafür –, blieb es meine eigene. Dem Sog der Ereignisse wollte ich mich nicht passiv überlassen, nichts unversucht, nicht alle Hoffnung fahren lassen – deshalb kurz zuvor ein Brief an die Berliner Instanzen, dessen Offenheit ich so zu dosieren versucht hatte, daß man einerseits nicht sofort die nächste Reisesperre verhängte, andererseits nach einem möglichen Weggang genug Erklärungen hätte, um die Zurückbleibenden nicht zu sehr zu behelligen. Die Reaktion: keine Antwort; und fortan war niemand mehr für mich zu sprechen.

Nun saßen die Adressaten im Konzert, danach protokollgemäß in der Cafeteria der Staatsoper. Weil in Gespräche verwickelt, kam ich verspätet; man saß ringsherum an den Wänden, das in der Mitte stehende kalte Buffet war geplündert. Dort stellte ich mich, nachdem ich einen offiziell-dünnen Nachbeifall quittiert hatte, zur

Schau, wollte den Adressaten Gelegenheit geben, mich in ein Gespräch zu ziehen; und die tauchten demonstrativ ins small-talk-Gemurmel ab. Zehn Minuten mag ich gestanden haben, dann setzte ich mich zu Leuten mit ähnlichem Leumund wie meinem. Wenn irgendwo, irgendwann die Entscheidung gefallen ist, dann hier. Von nun an stand alles sub specie finis, den Waagschalen meiner Entscheidung brauchte ich nicht nachzuhelfen in den verbleibenden zwei Wochen, für die mich die Erinnerung weitgehend im Stich läßt, auch heute nichts herausgibt.

Dazu als »Abschiedsmusik« diese Sinfonie. Man kennt sie aus so traurigen wie verständlichen Gründen kaum, und spielt man sie, dann wenigen zur Freude – eine angestrengte, anstrengende Musik, die sich alle Entspannung verbietet, in vorausschaubaren Regelmäßigkeiten ebenso wie in den Tempi. »Andante« heißt in dem ohne Unterbrechung durchlaufenden Stück eine Passage, die den langsamen Satz vertritt; die kaum nachvollziehbare Anweisung ♩ = 138 aber verwehrt alles Ausruhen, hierin unterstützt durch jäh und schrill dazwischenfahrende Bläser. Extreme Lagen und ein bis zum Äußersten ausgedünnter Satz geben eher das Negativbild einer Ruhelage als diese selbst, sie warten darauf, mit »Fleisch« umkleidet, gepolstert und gebettet zu werden. Erst gegen Ende, in einem Lento (ohne irritierende Metronomangabe) geschieht das; nichts aber rundet und schließt sich, es bleibt bei Anspielung und Ausschau auf die Idylle; Ankunft findet nicht statt.

Überzogene, scheinbar gegen die Musik und ihre Ausführung gerichtete Tempoangaben allenthalben – dennoch machen nicht in erster Linie sie die Sinfonie ruhelos. »Es wäre interessant, eine Sinfonie zu komponieren, in der sich kein Thema wiederholt«, sagte Schostakowitsch seinerzeit einem Freunde – und machte damit unnachsichtig ernst, wiederholt nicht nur kein Thema, sondern läßt kaum eines überhaupt zustandekommen. Währenddessen bewegt die Musik sich ständig im Vorhof thematischer Kristallisationen. Wohl lassen sich, etwa in der zwölftönigen Einebnung thematischer und nichtthematischer Passagen, Parallelen finden, helfen aber bestenfalls, Schostakowitschs nachgerade donquichoteskes Wagnis in das ihm zukommende Licht zu rücken. Er unternimmt es mit einem Material, das zur griffigen Formulierung, zur Losung wenn nicht zum plakativen Allgemeinplatz drängt, ständig unter Kristallisationsdruck gesetzt erscheint. Also muß er das Erwartete immerfort verhindern, scheinbar offenliegende Bahnen meiden, zumindest verbiegen. Selbst das Finale macht keine Ausnahme, worin er doch »ankommt« und mit einem simplen Text sich auf eine bündige Eindeutigkeit verpflichtet, gegen die zu rebellieren erklärtermaßen sein kompositorisches Programm darstellte.

Wie nahe liegt und wie falsch ist die Auskunft, er habe dem Kaiser gegeben, was des Kaisers ist! Richtiger wäre, darüber zu erschrekken, wie fern die Zeit, der Impetus und die Sprache z.B. des jungen Majakowski oder von Ostrowskis »Wie der Stahl gehärtet wurde« gerückt sind – dank der Formalisierungen, in denen das Pathos des ins Morgen blickenden »stählernen« Zeitalters hoffnungslos gefror. Weil, was man damals anstimmte, viel stärker historisch, in eine starre Semantik eingesargt wurde als die Intonationen von 1789, verstehen wir eine Sinfonie kaum noch, die ein Dreiundzwanzigjähriger zwölf Jahre nach der Oktoberrevolution schrieb, können kaum nachvollziehen, wie naiv, wie phantasievoll er mit einem Vokabular umgeht, das uns langweilt als Abdruck anonymer Verordnungen, als Echo befohlener Aufmärsche. Während er mit ihm sinfonisch viel meinte ausrichten zu können, sind wir versucht, listig-ironische Brechungen hineinzulesen – mehr als nur der üblichen Torheit folgend, eigene Unfähigkeit zur Naivität den Werken zuzurechnen. Gescheitert wäre die Sinfonie (»wahrscheinlich der einzige Versuch, einen Typus von Sinfonik zu schaffen, der aus der revolutionären Dynamik, aus der Agitationsrhetorik und deren Intonationen abgeleitet wurde«, Assawjew) dann weniger an der verordneten Ästhetik als an der Enteignung, der Abtötung einer Sprache, welche die schlimmsten kybernetischen Träume erfüllt: Ein Zeichen bedeutet jeweils nur eines, unabhängig von der Konfiguration, in der es steht.

Deshalb könnte man den auf Beethoven blickenden Versuch übersehen, kompositorisch eine Mündung ins Wort zu schaffen: Einer hymnisch gehobenen Passage folgen derb schlagende Rhythmen, danach melodisch abstürzende, wilde Unisoni, fast ein Trümmerfeld, eine tabula rasa hinterlassend, so daß neu begonnen werden muß. Das geschieht in Bläsersoli, in isoliert anreißenden, später von Akkordschlägen unterbrochenen Streicherfiguren, insgesamt einer hohl tönenden, zugleich rhetorischen Musik, welche

Rundung und Ziel nicht finden kann und auf andersartigen Anhalt angewiesen ist – aufs Wort. Daß dies »Präludium« sich billig interpretieren ließe als Reflex von Signalen, die zur Mai-Demonstration rufen, erscheint weniger fatal, als daß der Hader mit dem Vokabular den Blick verstellt auf die Syntax, das unerbittliche Vorwärts einer Musik, die fortwährend Brücken hinter sich abbricht. Keinerlei Korrespondenz, periodische Stimmigkeit o. ä. lädt zu Rückblick oder Rückbezug ein. Wir nehmen diese Sinfonie wahr als etwas, was sie zuallerletzt sein sollte: Dokument wenn nicht Fossil.

Jubeln sollt ihr!

»Glaubst Du eigentlich, daß man Deine Essays anderswo genauso verstehen, daß man ihnen in ihre Voraussetzungen, Assoziationen, ihre Betroffenheiten, Grimmigkeiten, ihre Polemik, ihre Inständigkeit, ihre beinahe flehentlichen Beschwörungen und ihre schmerzlichen Schlüsse genauso folgen kann?« – das schrieb Christa Wolf an Franz Fühmann, und das treibt einen frisch Flüchtigen, in der neuen Umgebung zentnerschwer mit DDR Beladenen um, während er in der Hamburger Musikhalle Schostakowitschs Fünfte hört.

Da kam sehr vieles und Wesentliches gründlich falsch heraus; dennoch hatte der Abend seine eigene, brausend akklamierte Stimmigkeit. Der rampenlichtversessene Slawa reist mit Washington Symphony; vornehmlich unterhalb dessen, was er taktiert, teilt er sich dem Orchester mit, betuliche Freundlichkeit und Ergebenheitsgesten verraten, daß er sich mit den Unterschieden zwischen seiner musikalischen Mentalität und der des Orchesters arrangiert hat. Er rudert in großen Bewegungen und befleißigt sich der magistralen Vorzeige-Akribie eines altgewordenen Dirigierlehrers, der gestische Mittel demonstrieren will, die er nicht unreflektiert beherrscht – und beim Dirigieren glücklich ist. Die Wahl der Schostakowitsch-Sinfonie als Haupt- und Prunkstück macht mir bange angesichts der Schwierigkeiten, das Stück dem Publikum dieses Abends nahezubringen. Selbst, wenn die Menschen wüßten, die gut zuzuhören verstehen, was es mit dieser Flucht in Zweideutigkeiten auf sich hat – würde es ihnen helfen? Der Kommunikator da vorne muß das wissen, er gehörte zu Schostakowitschs Umkreis. Dennoch läßt er die Abgründe von Schostakowitschs Resignation unbegangen, der Abend war heiter-erhoben, ein Fest der Musik, am Ende gar fröhlich dank läppischer Zugaben. Nicht im langsamen Satz wurde am meisten veruntreut, allen Momenten einer letzten Verlorenheit zum Trotz, auch nicht bei den polternden Banalitäten des zweiten, deren schriller, grimassierenden Lustigkeit, sondern am Schluß. Dessen prunkendes D-Dur macht der Komponist auf vielerlei Weise unerträglich, der Triumph soll falsch und veranstaltet dröhnen, soll wehtun wie die fast tongetreu zitierten »Aida«-Trompeten; »da habt ihr euren Optimismus«, schreit der bei der ideologischen Hetzjagd fast zur Strecke Gebrachte. Auch der »Kontrapunkt« soll sich schmerzhaft auferlegen, das insistierend wiederholte a der Violinen, eine Chiffre besonderer Art: A liegt lautlich neben dem russischen Buchstaben »ja«, und der bedeutet als Wort »ich«. »Ich – ich, ich; ich – ich, ich« (♩ ♫ ♩ ♫) skandiert die Musik hartnäckig und langdauernd in quälend gehaltenem Tempo, hält es in krampfiger Selbstbehauptung dem offiziellen Gedröhn entgegen, Ostinato der einzigen noch verbleibenden Gewißheit »ich bin noch da«. »Der Jubel ist unter Drohungen erzwungen, wie im ›Boris Godunow‹. So, als schlage man uns mit dem Knüppel und verlange dazu: ›Jubeln sollt ihr, jubeln sollt ihr!‹« (Schostakowitsch).

Davon war an dem Abend nichts zu erfahren, kaum etwas zu ahnen. Vielleicht erschienen die Zugaben so läppisch, weil sie den »schönen« Schluß der Sinfonie prompt bestätigten. Andererseits kann keiner verlangen, daß der Dirigent den Sinn der repetierten a's erkläre, bestenfalls, daß er sie (wie?) unerträglich mache und die verderbte Apotheose grell herausstelle. Musik hat es mit doppelter Optik schwer. Um einen hohen Preis treibt Schostakowitsch sie ins Messer einer gewollten Schizophrenie, komponiert einen Zwiespalt, dessen Auflösung denkbar wäre nur, wenn ästhetische und außerästhetische Momente ineinsfielen, wenn, zynisch gesprochen, das unerträgliche D-Dur nicht mehr entschuldigt werden müßte, sondern dem »Gesamtkunstwerk« des Stalin-Staates zugerechnet werden könnte. Nichts widerstritte der Intention der ihre eigene Schändung vorführenden Musik so sehr wie dies; auch wird, wer an ihrem Zwiespalt nicht leidet, dessen Chiffre nicht lesen können. An der Paradoxie ihres Angewiesenseins auf eine nicht wünschbare Versöhnung und der Fixierung auf die Kontexte des Hier und Heute zerbricht die Sinfonie beinahe – umso eher, als der Autor dabei etliche ästhetische Verantwortung kündigen, gemeinsam mit den Peinigern seine künstlerische Ethik demolieren muß. Oder reflektiert die Musik eine Situation, in der er nach dieser Ethik, nach der Musik als seiner eigenen zu fragen nicht mehr fähig ist? Im zwanzig Jahre später komponierten ersten Violinkonzert, in dessen Entstehungszeit die zweite Attacke der Parteiseite fiel, rettet er sich in Rasereien – rasende, nur noch ganz fernliegende Tröstungen zulassende Trauer; scheinbar regellos tobende Lustigkeit mit aufdringlich fetzenden Banalitäten, wie sie unfroher nicht sein könnte, ähnlich nochmals im Finale, nachdem die Musik zuvor überstark an ein Passacaglia-Reglement gebunden war – immer wieder überfahrende, überrollende, sich selbst überlassene, nicht mehr im Normalverständnis in allen Komponenten persönlich verantwortete Musik, insofern weniger Botschaft des Komponisten an seine Hörer als ohnmächtiges Anrennen gegen die Barrieren, die die Botschaft verhindern – nicht ohne die masochistischen Gefährdungen einer Definition vor allem mit Hilfe dessen, woran er scheitert.

Die mitkomponierten Barrieren gehören zu der in Schostakowitschs Musik geübten Rache. »Die da oben«, die lebenslänglich verordneten Sachwalter des Weltlaufs können wohl verbieten, drangsalieren, verdammen oder in der 13. Sinfonie Jewtuschenkos Texte zu ändern zwingen – irgendwann, das ist unüberhörbar mitenthalten, werden sie diese Musik über sich ergehen lassen, werden stillsitzen und erleben müssen, daß sie redet, klagt, bittet, träumt, schreit und tobt für alle, die es nicht können. Sie werden im ersten Satz anhören müssen, daß entgegen ihrer Sprachregelung Babi Jar und Antisemitismus auf keine Weise erledigt sind; im dritten, wie den geschundenen russischen Frauen eine andere, sehr unoffizielle Liebe erklärt wird; im vierten, wie Worte versichern, in Rußland stürben die Ängste, während die Musik von Angst einer Art redet, die kaum einer loswird, der sie erlebte, die also langsam stirbt; wie eine Traurigkeit sich ausweint, die nichts und niemand abgelten kann. Schon per Doktrin zu Humorlosigkeit verurteilt, wird ihnen nicht geheuer sein angesichts eines Kataraktes halbversteckter Anspielungen, die wohl zur Verständigung der Erniedrigten und Beleidigten taugen, kaum aber als »Sachverhalte« im Sinne der Lubjanka; und sie werden im zweiten Satz, dem Loblied auf Witz und Humor, belästigt und überrollt werden von »primitiv« lauten Tutti, einem gewalttätigen Übermut, und sich fühlen etwa wie der, dem die Saporosher Kosaken auf Repins populärem Bilde ihre vergnügten Beschimpfungen zudenken, mit dem kleinen Unterschied, daß diese ihnen in aller Öffentlichkeit um die Ohren geschlagen werden. Wenigstens für die Stunde, die die Sinfonie besetzt – und noch die Tempoangaben sorgen dafür, daß ihnen nichts geschenkt wird – werden sie am Pranger stehen.

»Denn es ist kein bloßes Spiel, was in einem solchen Buch geschieht«, schrieb Canetti über die »Blendung«, »es ist eine Wirklichkeit, für die man einzustehen hat, viel mehr als jeder Kritik von außen sich selbst gegenüber, und wenn es auch eine Angst sehr großen Ausmaßes ist, so bleibt immer noch zu bedenken, ob man nicht durch sie eben das mit herbeiführt, was man so sehr fürchtet.«

Man könnte von Glück reden, daß die Leute in Hamburg nicht wußten, wie sehr die Apotheose enteignet ist, wie sehr der Komponist, um das Werk zustandezubringen, den zu verinnerlichen gezwungen war, dessen Würgegriff er am Hals spürte. Daß man die Rätselschrift richtig lesen werde, hat er so sicher erwartet, als sei damit auch die Musik ästhetisch gerettet: »Das ist doch keine Apotheose. Man muß schon ein kompletter Trottel sein, um das nicht zu hören ... Menschen, die frohgestimmt zu einer Aufführung der Fünften gekommen waren, weinten.« Ein linientreu Kommentierender hingegen belehrt uns und den Komponisten, daß in der Coda »die letzten Reste der Resignation aufgehoben sind und eine klug wägende, zielbewußt wirkende Persönlichkeit dem Leben entgegentritt.«

Slawas Wirkung an diesem Abend lag näher bei dieser Auskunft als bei der Intention des Komponisten, er beging – schwer vermeidbaren – Verrat. Davor die Sinfonie sicher zu behüten würde bedeuten, sie unaufgeführt zu lassen, hieße also, den Wahrheitszeugen an den Verrätselungen zu richten, die allein ihm, von der ästhetischen Glaubwürdigkeit in die dokumentarische fliehend, noch zu sprechen erlaubten. So befand die Sinfonie sich nicht weniger in der Emigration als der Dirigierende; gerade, weil er strahlte, weil er freundlich, glücklich, erfolgreich und falsch »bezogen« war, wehte um Slawa die dünne Luft des Heimatlosen. Denn

– nochmals Christa Wolf – »Exil ..., das heißt: gerettet und auf nichts bezogen sein.«

Musik im Widerstand

Sie klagt, schreit, wütet fast ohne Maß, in ihrer grimmigen Verzweiflung scheint sie nichts zu wissen von ästhetischem Wohlverhalten, darf es nicht wissen; wütet gegen sich selbst, weil sie nur so ihren Wahrheitsanspruch aufrechterhalten kann: Karl Amadeus Hartmanns »Sinfonia tragica«, 1940 komponiert, ihre Uraufführung in Brüssel im Jahr darauf durch Hitlers Einfall in Belgien verhindert, 1943 überarbeitet, die Partitur 1946 scheinbar auf dem Postweg verlorengegangen, jedenfalls vom Komponisten verlorengegeben, der den ersten Satz wenig verändert in seine Dritte Sinfonie übernahm, 1973 wiederaufgefunden, 1989 uraufgeführt. Wie kaum eine andere gibt diese Sinfonie zu fragen auf, auf welche Weise Musik Widerstand artikulieren, auf welche Weise sie mutig sein könne. Die böse, schrille Schmissigkeit, mit der Hartmann, auf Straußens frech auftrumpfendes »Don Juan«-Thema blickend, das Hauptthema des zweiten Satzes exponiert, mag mancher überhören und als »negative Musik« unerkannt lassen; daß es sich bei dem von zwei Soloviolinen als einer vox humana angesponnenen, von der Pauke zertrümmerten, über einen zweimaligen Ansatz nicht hinauskommenden Gesang um eine jüdische Melodie handelt, kann er kaum wissen; und durch die apokalyptischen, Mahler fortschreibenden Marschcharaktere mag er sich belästigt fühlen, ohne zu fragen, ob nicht genau dies gewollt sei und weshalb. Darüber hinaus erstattet die Musik permanent Selbstanzeige, sie macht sich Alban Bergs Forderung zu eigen, wie seine Freunde als »entarteter Künstler« betrachtet und behandelt zu werden, sie bekennt sich zur Bruderschaft der Verfemten und Exilierten. Berg wird nicht nur in den Quinten vom Beginn des Violinkonzerts herbeigerufen (das könnte man noch diskret und verschämt nennen, Erster Satz, 9 Takte vor 6) oder im Gestus und in der Satzweise der »Lyrischen Suite« (u.a. Erster Satz, 2), Hartmann bekennt sich offen zu ihm, vor der Reprise des zweiten Satzes die Szene zitierend, in der der Tambourmajor Wozzeck höhnt und niederschlägt, »der hat sein Fett«. Aber schon in den einleitenden

Takten kamen Streicher gegen die Drohung kompakter Bläsersätze schwer an; ein von der Trompete intonierter Kondukt, Mahlers Fünfte Sinfonie erinnernd und eine Konfiguration aus dem vierten Satz von Weberns Opus 6 (»alla marcia funebre«) zitierend, rahmt den ersten Satz nahezu ein, und an dessen Ende steht das Zitat der Posaune aus dem Finale von Mahlers Zweiter: »O glaube, mein Herz, o glaube, es geht dir nichts verloren« – dieses mitgedacht, da eben der letzte Rest von Glauben an etwas Unverlierbares in Frage stand. Auf Hindemiths »Mathis«, durch Furtwänglers Einsatz 1934 zu einem Markstein des Widerstands geworden, spielt Hartmann ebenso an (erster Satz, u.a. 12/13 Takt nach 2 auf Hindemiths »Rezitativ« am Beginn des dritten Satzes; 12. bis 15. Takt vor 6 auf die Pizzikati in der »Grablegung«) wie auf Bartóks »Musik für Saiteninstrumente, Schlagzeug und Celesta« (zweiter Satz, Tempo 1 vor 11) und im hohen Fagott (erster Satz, 6) auf Strawinskys »Sacre«.

Zitate, ganz und gar in solcher Zahl und Offenheit herausstechend, sind einem Werkzusammenhang stets gefährlich. Besonders von Berg wußte Hartmann, wie man sie einholt, sich an sie herankomponiert. Die »Sacre«-Wendung des Fagotts z.B. ergibt sich auch als eine der vielen Varianten der eingangs exponierten Prägung; die Bestandsaufnahme all dessen, was Hartmann nah und wichtig ist, das Bekenntnis zu den Verschwiegenen, Bedrohten, Verfemten, Verjagten fügt sich mühelos in die Konsequenz der Abwandlungen, in die musikalische Biographie der das gesamte Werk übergreifenden Prägung.

Dennoch behält die Nennung von Bezügen und Zitaten etwas Denunziatorisches, ganz und gar bei einer Musik, die viel zu deutlich an eine Frontlinie gestellt ist, als daß sie auf ein entspanntes oder kennerisches Aha des Wiedererkennens angelegt sein könnte. Nicht eigentlich Bestandsaufnahme, Selbstanzeige, Beschwörung von Leitgestalten sind ihr Gegenstand, sondern deren Beweggründe. Wer keinen einzigen Bezug wahrnehmen würde (es gibt noch mehr als die genannten), könnte dennoch das Wesentliche dieser Musik begreifen; letztenendes ist das Adreßbuch für Kenner Nebensache, ästhetisch insofern fast ein Akt der Verzweiflung, als damit eine Meta-Ebene aufgebaut wird, die sich weitab von aller unmittelbaren Mitteilung zu befinden scheint. Sowohl in den Extremlagen zarter, verlorener, wilder Klage, bedrohlicher Primitivitäten, ohne Angst, »banal« gefunden zu werden (in keiner Musik gleichen Ranges aus jener Zeit begegnet soviel quadratische Metrik), treibt Hartmann diese Sinfonie zum Äußersten als auch in ihrer inneren, ästhetischen Struktur, so daß sie fast scheitern muß an der Spannung zwischen intellektuell-politischem und artifiziellem Anspruch und den auf größte Unmittelbarkeit angelegten Charakteren von Leiden und Protest. Hier mögen auch Gründe liegen, derentwegen er sie schnell verlorengab, sie im Zusammenhang mit der Neubenutzung in der Dritten gar halb verschwieg: erschien sie ihm nun zu sehr an Tag, Stunde und Konstellation gebunden? Wenn es so war, kann man ihn kaum nachdrücklich genug korrigieren. Diese Musik behauptet sich am Rande ihrer selbst, und sie rettet die seit Beethoven konstitutiven Ansprüche der Sinfonie, den bekennerischen und den menschheitlichen. Tua res agitur, auch, wenn du es nicht zur Kenntnis nimmst. Mahler, fünfzig Jahre jünger, hätte so komponieren müssen.

Beißhemmung

Warum wurde Musik wie Hartmanns »Sinfonia tragica« in der DDR nicht geschrieben, warum hatte sie dort keinen Platz? Daß die Möglichkeiten der Musik, politische Haltungen zu formulieren, begrenzt sind, daß man dies in Hartmanns Sinfonie mit einigem Abstande besser erkennen kann als es seinerzeit möglich gewesen wäre, daß Leute seiner Begabung und Begabungsstruktur selten begegnen – all das bleiben fragmentarische Antworten ohne diese: Es war schwer, einfach dagegen zu sein. Mit den Nazis wußte man, woran man war; in der DDR wußte man es nicht. Da lag in den Fundamenten noch immer der Traum vom aufrechten Gang, der Teilhabe aller an Bürgerrechten, an der wirtschaftlichen, sozialen, politischen Gestaltung des Lebens und des Landes, vom Zueinanderkommen von Gleichheit und Freiheit – ein Traum groß genug, um selbst dann noch zu verpflichten, als das Licht am Ende des Tunnels kaum noch sichtbar war; um Intellektuelle und Künstler (zu deren Beruf stets auch gehört, sich in Frage zu stellen) für die Entschuldigung zu gewinnen, daß »der Weg vom Bösen zum Guten schlimmer« sein könne »als das Böse« – dies gewissermaßen Mirabeaus Verallgemeinerung von Lenins »Diktatur des Proletariats«. Die zeitweiligen Lockerungsübungen des versteinerten Sozialismus haben wir gern überbewertet als Vorboten der großen Öffnung und im Zeichen der Alternative, daß es keinen Sozialismus mehr geben könne; und der Prager Frühling schien uns nur zu früh gekommen. Nach Aufhebung der lebenslänglichen Verpflichtung auf diese Verhältnisse und erst recht von außen versteht sich schwer, auf welchen Umwegen Verunsicherung und die Neigung, zweiflerische Fragen zuerst an sich selbst zu richten, uns Kompromisse abzwang, die nun faul erscheinen, daß mancher geradezu erleichtert war, wenn die Staatsmacht zuschlug und ihm die Last der passiven Komplizenschaft abnahm. »So lange sie noch an den bürokratischen Sozialismus glaubten – ihn wenigstens für den mühsamen, undankbaren Weg hielten, der zum wahren Sozialismus führt –, haben diese Menschen ihre lebendige, dialektische Vernunft dazu benutzt, die Herrschaft der versteinerten Vernunft zu rechtfertigen, was sie zwangsläufig dazu führte, die von dieser gegen sie selbst ausgesprochene Verurteilung zu bestätigen ... Sie fanden sich zunächst mit dem Bösen ab, weil sie darin das einzige Mittel sahen, zum Guten zu gelangen; und dann sahen sie darin – getrieben von dem, was einer von ihnen ›Dämon des Einverständnisses‹ genannt hat – das Gute selbst und entdeckten das Böse in ihrem eigenen Widerstand gegen die Versteinerung. Der Zement drang durch die Augen und Ohren in sie ein, und sie betrachteten die Proteste ihres gesunden Menschenverstandes als Überreste einer bürgerlichen Ideologie« – so Sartre über die zerstörte Hoffnung des Prager Frühlings. Daher die an der Peripherie laborierende Symptom-Kritik, als »helfende Kritik« nach vorn verteidigt, daher, mit Bloch zu reden (den Sartres Kritik auch trifft), die »Küstenschiffahrt«, daher die vom Lesepublikum sicher dechiffrierten Verschweigungen, die bis in Wortwahl und Syntax hineinreichenden Verweigerungen, daher – am gefährlichsten, weil sie die Kunst wohl intellektuell schärft, ihren zentralen Impuls aber ablenkt wenn nicht bricht – die List. Das Wort erscheint insofern verfänglich, als anspruchsvolle Musik, von der Unmittelbarkeit fürs Ohr profitierend, sich meistens weniger gemacht darbietet als sie ist, also eo ipso »listig« verfährt. Nicht zu reden von listigen Strategien, bei denen, wo nötig, auch die frömmste Musik nicht spart. Palestrina kann in seiner Marcellus-Messe – da bedarf es nicht der dramatisierenden Legende von der Rettung der Kirchenmusik – mit ganz und gar musikalischen Mitteln ganz und gar politisch verfahren, er schreibt eine »listige« Messe. In Kyrie, Sanctus und beiden Agnus Dei läßt er keine der ob ihres luxurierenden Eigenwillens verdächtigen Künste aus, ein – erst am Ende strenger – Kanon nur die kompakteste Verdichtung einer das gesamte Stimmgefüge prägenden Sprechweise, deren ungezwungene Rhetorik alle kontrapunktischen Künste samt deren Hintergründen vergessen läßt; mit ihnen geht sie so selbstverständlich zusammen, daß von erarbeiteter Synthese nichts zu spüren ist. In Gloria und Credo, den detailliert bekennenden, dogmatische Glaubensinhalte explizierenden Sätzen, klingt es fromm tridentinisch und unmittelbar wortbezogen, passagenweise so »rezitativisch«, wie ein Chor das nur zu leisten vermag; hinterrücks aber findet nahezu »motivische Arbeit« in einem damals noch längst nicht definierten Verständnis statt, wird variiert, verbunden, bezogen und klug verborgen, inwiefern die Musik mit ihren Mitteln viel mehr reguliert, als es den Anschein hat. Listig und unterschiedlich dosierend gibt Palestrina dem Kaiser hier wie dort, was des Kaisers ist, und verweigert ihm Einsicht in die Konterbande, die er durchbringt. Wie bei etlicher gegen ästhetische Dogmen komponierter Musik fehlt wenig zu der Auskunft, der Druck, gegen den sie durchgesetzt werden mußte, habe ihr gutgetan.

Schlimm aber, wenn der Komponierende seine List, seine Anpassungen sich nicht mehr genau definiert, die innerste Zone nicht freihält, wenn das taktische Kalkül schon im ersten Impuls nistet und der »ideale Zuhörer«, das vergegenständlichte ästhetische Gewissen, sich in zwei Lager aufspaltet. Zwölftönig komponierte Texte aus dem Kommunistischen Manifest waren zu Zeiten, da Eislers Verteidigung seines Lehrers Schönberg noch als mutig galt, eine Delikatesse für Kenner, ästhetisch hingegen ein Selbstbetrug wenn nicht eine selbstmörderische Albernheit.

Listig ist Hartmanns Musik an keiner Stelle, selbst, wenn man unterstellt, er habe damit gerechnet, daß Zitate und Bezüge nicht sofort erkannt würden. Niemand soll auf seine Kosten (er hat viel riskiert, sein Mut hätte manchem in der DDR Prominenten gut angestanden) entschuldigt, keine Duckmäuserei gedeckt werden (unversehens sehe ich mich begründen, weshalb Großformat in der DDR kaum Platz hatte, schon gar nicht sich entwickeln konnte) – ich will mich lediglich verwehren gegen alle anmaßende Inkompetenz des Verurteilens, wenn ich sage: Hartmann hatte es leichter, mutig zu sein – freilich in der waghalsigen Freiheit dessen, den mit seinen Lebensumständen fast nichts mehr verbindet. »Niemals waren wir freier als unter der deutschen Besatzung«, schrieb Sartre nach deren Beendigung: »wir hatten all unsere Rechte verloren und in erster Linie das Recht zu sprechen; jeden Tag warf man uns Schmähungen ins Gesicht, und wir mußten schweigen; massenweise verschleppte man uns als Arbeiter, als Juden, als politische Gefangene; überall an den Mauern, in den Zeitungen, auf der Leinwand begegneten wir dem abscheulichen und faden Gesicht, das unsere Unterdrücker uns von uns geben wollten: auf Grund all dessen waren wir frei. Da das Nazigift bis in unser Denken eindrang, war jeder richtige Gedanke eine Eroberung; da eine allmächtige Polizei versuchte, uns zum Schweigen zu zwingen, wurde jedes Wort kostbar wie eine Grundsatzerklärung; da wir verfolgt wurden, hatte jede unserer Gesten das Gewicht eines Engagements. Die oft grauenvollen Umstände unseres Kampfes versetzten uns endlich in die Lage, ungeschminkt und unverhüllt jene zerrissene, unhaltbare Situation zu durchleben, die man die Conditio humana nennt.« Ein vergleichbares Zeugnis aus sozialistischen Verhältnissen gab, unbeeindruckt von den hochfliegenden Entschuldigungen, Ossip Mandelstam: »Die Oktoberrevolution mußte meine Arbeit beeinflussen, da sie mir meine ›Biographie‹ – das Gefühl persönlicher Bedeutsamkeit – nahm; ich bin ihr dankbar dafür, daß sie ein für allemal Schluß gemacht hat mit geistiger Sicherheit und einem Leben in kultureller Rente.« Der späte Sozialismus verstand sich leider gut auf kleine Sicherheiten, kleine Renten.

Wie triftig jene Beißhemmung immer sich begründen läßt – zu oft arbeitete sie feiger Bequemlichkeit zu, war der Weg zum »nützlichen Idioten« nicht mehr weit, zu leicht half sie bemänteln, daß es »allemal leichter« ist, »der Gehorchende als der Befehlende« zu sein, wie ein wahrlich selbständig Denkender gestand – Kierkegaard; zu oft war sie nur ein anderes Wort für »freiwillige Knechtschaft«, die schon Montaignes Freund La Boëtie als Komplizenschaft von Unterdrücktem und Unterdrücker durchschaute. Dieser wäre »von selbst gestürzt, wenn das Land nur nicht in seine Knechtschaft einwilligt. Man braucht ihm nichts zu entziehen, sondern ihm nur nichts zu geben.« Ganz so einfach war es sicherlich nicht, weniger noch der Bajonette als der raffinierten Hindernisse wegen, die – angefangen bei ihrer Verinnerlichung – einem abweichenden politischen Konsens im Wege standen. Jede Gesellschaft braucht und pflegt ihr Quantum an Mitläufern. Nicht aber deshalb taugen die Fatalitäten der Beißhemmung und der freiwilligen Knechtschaft (wie nahe bei Kants »selbstverschuldeter Unmündigkeit«!) für kein Tribunal. Hingegen taugen sie als Anstoß zur Rechenschaft, inwiefern wir mehr zu Unmündigkeit disponiert sind als zu den Anstrengungen der Freiheit, inwiefern Freiheit um des seltenen Glücksfalles Demokratie willen schon im Kleinen und Alltäglichen immerfort neu gewagt werden muß.

Der Liedersänger

»Vorwärts, und nicht vergessen«. Im Vorwärts waren wir mittlerweile schwach, und »worin unsre Stärke besteht«, wußten wir auch nicht mehr genau – umso mehr also angewiesen aufs auftrumpfende Überschreien. Darum war es makaber symbolisch, wie der alte Liedersänger sich vor der Kamera produzierte, wie er schweratmend kämpferischen Ingrimm heraufpumpte, ein traurig lächerlicher, überanstrengt kollernder Truthahn, so sich gebärdend, als säße Franco unten in der ersten Reihe. Die um ihn gruppierten Blauhemdmädchen blickten, verstört ob seiner Ausbrüche, töricht drein, sangen wohlstudiert-schwunglos die Refrains und präsentierten das V von »Venceremos« – müdes Zitat einer Siegergeste.

Das war einmal anders gewesen. »Abends sitzen wir um den Apparat im Dunkel«, erzählt Klaus Mann aus düsteren Jahren: »der Olivenhain, in dem wir uns verbergen, darf durch kein Lichtchen feindliches Interesse auf sich lenken. In schwarzer, milder Nacht – das Zelt ist offen, draußen bewegt sich Laub im sanften Wind – lauschen wir auf die scharfe, geschulte, metallisch helle Stimme eines deutschen Sängers (er heißt Ernst Busch), der die Lieder der Internationalen Brigade sehr wirkungsvoll, sehr gekonnt zum Vortrag bringt. ›Die Heimat ist weit – doch wir sind bereit!‹ ruft das metallische Organ, zugleich innig und schneidend. ›Zu kämpfen und sterben für dich, Freiheit!‹ Das letzte Wort wird zum Triumphgeschrei, beinah klirrend vor Begeisterung.«

Wer wollte dem Alten mit dem eindrucksvoll durchschnittlichen Gesicht – es wurde bei einem Bombenangriff halbseitig gelähmt – und den kleinen, bösen Augen das Recht auf »Spaniens Himmel«, auf das Pathos einer großen geschichtlichen Stunde bestreiten! Daß er die Lieder immer wieder sang, war rührend; wie er sang – mit der Authentizität eines Fossils –, war schrecklich. »Busch ist ein Kämpfer gewesen. Wenn er nicht kämpfen konnte, war er niemand«, schreibt eine Frau, die es nur zwei Jahre bei ihm ausgehalten hat. Der Impetus von damals, den er unverdrossen rekapitulierte, hat das Objekt verloren; so wütet der Alte eher schon gegen die Abwesenheit des Feindes als gegen diesen selbst. Und das Arrangement verriet, daß man sich an seinen Affekten und deren Legitimationen wärmen, ihn ausborgen wollte zur Pflege eines Feindbildes, wie man es gern gehabt hätte und nicht mehr haben konnte – eindeutig, radikal, ohne Raum für Wenn und Aber. Also mußte er sich, Schaum vorm Munde, unablässig selbst zitieren mit jenem prompt abrufbaren emotionellen Aufgebot, welches nur die unmittelbare Konfrontation glaubhaft machen könnte. Sein Parteibuch hat er schon in den fünfziger Jahren vernichtet; einst einer der Vielen, die »den Boden bereiten wollten für Freundlichkeit«, hat er jenen Boden offenbar nie unter seinen Füßen verspürt.

Ernste Gesänge

Ein ost- und ein westdeutsches Orchester spielen gemeinsam – diesem auch 1992 festlichen Anlaß will ich eine als unbeschwerten Jubel mißverstehbare Musik nicht gönnen und entscheide, als nachdenklichen Kontrapunkt, für Hanns Eislers »Ernste Gesänge«; bestenfalls wohltemperierte Zustimmung ringsum – die einen wollen an die mit den Gesängen verbundenen Umstände nicht erinnert sein, die anderen können wenig mit ihnen anfangen, fast alle mokieren sich über den Titel »XX. Parteitag«. Kann Musik dieses Ranges nach dreißig Jahren unnötig geworden oder in eine Konstellation geraten sein, die zu hoffen zwingt, daß sie bald historisch, solchen Reaktionen halbwegs entzogen werde?

Wie kaum eine andere von Eisler persönliche, bekennende Musik, erklärtermaßen »ernste« Gesänge mit prätentiöser Bezugnahme auf ein Werk, dessen Haltung ihm nicht lag – Brahms' »Vier ernste Gesänge«; und von einem, der sich mit seinem Ernst nie aufdrängen wollte; überdies sein letztes Werk, was er trotz vorausgegangenen Herzinfarkts nicht wußte oder wahrhaben wollte, dennoch schwerlich ein Testament wider Willen. Er hat lange an den Liedern gearbeitet, wohl nicht von vornherein an die spätere Endform eines Zyklus gedacht, auf frühere Versuche zurückgegriffen und sehr unterschiedliche Texte auf eine Weise angeeignet, daß kein Zweifel bleibt: es ging nicht so sehr um eine Vertonung der Gedichte von Hölderlin, Hermlin und anderen als um ein über die Summierung dieser Vertonungen hinausreichendes Ganzes.

Sozialistischen Bejahungspflichten entzieht Eisler sich in einer überwiegend nachdenklich-melancholischen Musik, Märsche tönen bestenfalls wie von ferne herein, Hölderlins »Viele versuchten, das Freudige freudig zu sagen,/hier spricht endlich es mir, hier in der Trauer sich aus« artikuliert nicht nur eine ästhetische Erfahrung, es wehrt als schützendes Motto den ersten Einwand ab, dem die »Gesänge« begegnen werden. Aus Hölderlins Titel »Mein Eigentum« wird bei Eisler »Asyl«, und anders als der Dichter tut er alles, um die – obendrein wiederholten – Worte »Sei du, Gesang, mein freundlich Asyl« zur Mündung zu machen. Die beim Dichter folgenden zwei Strophen, welche einiges zur Begründung des Asyls sagen, strich er – da spielte die Allergie gegen alles Metaphysische mit; »fern rauschende« Zeit konnte er so wenig akzeptieren wie »Himmelskräfte«, die »gütig über den Sterblichen« segnen. Umso dringlicher die – offenbleibende – Frage, weshalb er des Asyls bedürfe. Was das »Goldene« sei, das »auch mir leuchtet«, bleibt nach der Streichung der vorangehenden Strophe offen, in der Eisler wohl nicht gefiel, daß »die Frucht nicht ... durch Hände der Menschen« wuchs – so bleibt ein vager Inbegriff des Geschaffenen, ihn Umgebenden (auf DDR-Deutsch: der »vorgefundenen Wirklichkeit«), übergehend in das »Lüftchen«, das »wie einst ... eine Freude mir segnet«; »irrst, und irrst« – die beteuernde, nachdrücklich herauskomponierte Wiederholung stammt von Eisler. In Hölderlins »Gesang an die Hoffnung«

nimmt sein Kahlschlag der Hoffnung Ortschaft und Umfeld, macht sie ärmer, einsamer, nur zu Recht muß er zweimal fragen »wo bist du«. Nicht mehr »zwischen Sterblichen und Himmelsmächten« waltet sie, sondern »zwischen Sterblichen«, nicht mehr wird sie gesucht »im grünen Tale, ... dort in der Stille« oder »zur Nachtzeit«, »wenn ... das unsichtbare Leben im Haine wallt«; so kann sie auch nicht mehr »des Äthers Tochter, ... aus deines Vaters Gärten« erscheinen. Die »bleierne Zeit« in Hölderlins »Gang aufs Land« lastet schwerer, bleibt allgemeiner, weil Eisler die Bestimmung »leer ruht von Gesang die Luft« streicht. Bei »nicht Mächtiges ist unser Singen« beschneidet er radikal, denn »nicht Mächtiges« war beim Dichter viel mehr als nur das Singen: »Darum hoff' ich sogar, es werde, wenn das Gewünschte/Wir beginnen und erst unsre Zunge gelöst, / Und gefunden das Wort, und aufgegangen das Herz ist, / Und von trunkener Stirn höher Besinnen entspringt,/Mit der unsern zugleich des Himmels Blüte beginnen, / Und dem offenen Blick offen der Leuchtende sein«. Auch erführe man bei Eisler gern genauer, was das eingangs angesprochene, bei Hölderlin so reich assoziierende »Offene« sei, in welchen Bezügen es stehe; der Komponist der populärsten Massenlieder indes läßt es bei der barsch direkten Auskunft, daß »unser Singen ... nicht Mächtiges« sei. Die Ergänzung »zum Leben aber gehört es« (über die Eisler ausführlich mit Hans Bunge sprach) erscheint danach als kraftlos tröstender Appendix, nicht weniger die bei Eisler nicht mehr »segenbringenden« Schwalben, von denen »immer einige noch, ehe der Sommer, ins Land ... kommen«. Da bleibt weniger Zuversicht als etwa in Mahlers »ewig blauen licht die Fernen«, bleibt nur mehr konjunktivisches Wünschen: »Möge der Zimmermann vom Gipfel des Dachs den Spruch tun,/Wir, so gut es gelang, haben das Unsre getan«. Die phrasenlos bescheidene Direktheit der Formulierung liegt sehr nahe beim »Abliefern«, von dem Eisler so gern sprach. Bei Hölderlin krönt der Spruch des Zimmermanns eine nahezu als Stretta gedichtete Passage, vom resümierenden Gestus wächst ihm ebensoviel Nachdruck zu wie aus dem, was er sagt; genau diese »musikalische« Entwicklung tilgt der Musiker – gewiß nicht nur, weil er »Stuttgarts Freude« und »lächelnde Götter« nicht brauchen konnte. Keine Mündung, kein Fazit; »ohne Ausdruck, leer« sollen die Violinen das Stück zuendespielen, es dissonierend im Ungewissen hängenlassen.

»Ich brauche den tiefen Ansatz, um hoch zu springen« – das ist schwerlich die ganze Erklärung für »Verzweiflung« nach Leopardi, und nicht Nachlässigkeit machte aus dem »XXII. Parteitag« – so die Überschrift von Helmut Richters Gedicht – den XX. »Der XX. Kongreß hatte stattgefunden, aber die Rede war nicht abgedruckt, sie kam auch nicht später, und allmählich wurde klar dass sie für uns nicht gelten sollte« (Uwe Johnson). Eisler reflektiert die versperrten Hoffnungen in der kinderliedhaften Eindringlichkeit des wiederholten »Leben, ohne Angst zu haben«. Unter Berufung auf Hegel, einen nicht besonders musikalischen Philosophen, hat er mehrmals beklagt, daß Musik Freude, Liebe, Jubel, Trauer ausdrücken, nicht aber Auskunft geben könne, worüber die Freude, Liebe zu wem oder was, wem geltend der Jubel, Trauer worüber; hier aber gestattet er gar dem Text, Antwort auf die Frage zu verweigern: Angst vor wem? Wohl nicht vor dem Klassenfeind; bei dem erholte er sich zuweilen von sozialistischer Drangsal. »Wird sich nun der Traum erfüllen?« – der Text fragt nach dem angstlosen Leben als einem bisher unerfüllten Traum.

Dies blieb es auch für Eisler. In den Bunge-Gesprächen stoppt die Frage nach Brechts Verhältnis zu Bloch den Fluß seiner Mitteilsamkeit sofort: »Na also, ich würde, da der Bloch momentan so angegriffen wird, nicht einmal für Ihr Archiv etwas darüber erzählen. Ich verweigere die Aussage« – so gesprochen am 6. Mai 1958, in der DDR erstmals gedruckt dreizehn Jahre nach Eislers Tod. Bloch und er kannten sich seit Ende der zwanziger Jahre, sie hatten gemeinsam Aufsätze geschrieben, sich im Exil als Freunde beigestanden. Um die feige Weigerung zu erklären, erscheint noch jedes Argument, auch das der zweierlei Gewissen des Menschen und des Genossen, zu glatt und billig; wie konnte es geschehen, daß Menschen, die keine Schufte waren, sich wie Schufte verhielten? – mit Blochs Sohn: »Wie können wir verstehen, daß zum aufrechten Gang Verbeugungen gehörten?« Eine quälerisch verhinderte, eingestandenermaßen halbe Antwort bleibt der Wirklichkeit näher als die derzeit üblichen, schnell fertigen, deren Simplizität nicht weniger zynisch erscheint als, was Eislers Weigerung vordergründig erklären könnte: »Unsere Sittlichkeit leiten wir aus den Interessen des Klassenkampfes ab« (Lenin). Fast gleichzeitig notiert in Paris ein von links Gekommener – Camus – in seinem Tagebuch: »Ich habe den moralischen Standpunkt aufgegeben. Die Moral führt zu Abstraktion und zu Ungerechtigkeit. Sie ist die Mutter des Fanatismus und der Verblendung. Wer tugendhaft ist, muß Köpfe abschneiden.« Da spielt Robespierres strenge, strafende »vertu« ebenso unverkennbar mit wie in dieser unter dem Eindruck des jakobinischen Terrors geschriebenen Passage der »Phänomenologie des Geistes« – der Hegel-Leser Eisler kannte sie gewiß: »Die Tugend hat jetzt zu regieren gegen die Vielen, welche mit ihrer Verdorbenheit und mit ihren alten Interessen ... der Tugend ungetreu sind. Die Tugend ist hier ein einfaches Prinzip und unterscheidet nur solche, die in der Gesinnung sind, und solche, die es nicht sind. Die Gesinnung kann aber nur von der Gesinnung erkannt und beurteilt werden. Es herrscht somit der Verdacht; die Tugend aber, sobald sie verdächtig wird, ist schon verurteilt ... die subjektive Tugend, die bloß von der Gesinnung aus regiert, bringt die fürchterlichste Tyrannei mit sich«. Skrupel arbeiten dem Klassenfeind zu (dessen Verschwinden eine Katastrophe wäre, weil diese Moralität sich aus seinem Vorhandensein rechtfertigt), einen westdeutschen Philosophen paraphrasierend: »wir *haben* kein Gewissen, wir *sind* es«; Hegel wiederholend: »wir sind in der Gesinnung«. »Wahrheit ist, was der Partei politisch nützt«, wurde auf einer Historikertagung verkündet; keiner hat aufgemuckt.

In der 1930 gemeinsam mit Brecht erarbeiteten »Maßnahme«, von der man später nicht mehr gern sprach, sie nur historisch für so notwendig hielt wie dort die Genossen die Hinrichtung ihres Kameraden, weiß es die Partei tödlich genau, also wird »abgeschnitten«. »Oftmals tat er das Richtige«, berichten die Agitatoren, »einige Male das Falsche, aber zuletzt gefährdete er die Bewegung. Er wollte das Richtige und tat das Falsche. Wir fordern Euer Urteil./Also beschlossen wir: jetzt/Abzuschneiden den eigenen Fuß vom Körper./Furchtbar ist es, zu töten./Wir fragten: Willst du es allein machen?/– Helft mir./Lehne deinen Kopf an unsern Arm./Schließ die Augen./– Er sagte noch: Im Interesse des Kommunismus/Einverstanden mit dem Vormarsch der proletarischen Massen/Aller Länder,/Ja sagend zur Revolutionierung der Welt./– Dann erschossen wir ihn und/Warfen ihn hinab in die Kalkgrube./Und als der Kalk ihn verschlungen hatte,/kehrten wir zurück zu unserer Arbeit./– Und eure Arbeit war glücklich.« »Die kommunistische Ethik«, schrieb eine Freundin des frühen Georg Lukács über dessen Ansichten, »macht die Anerkennung der Notwendigkeit, Böses zu tun, zur höchsten Pflicht. Dies ... sei das größte Opfer, das uns die Revolution abverlange. Der wahre Kommunist sei davon überzeugt, daß sich das Böse durch die Dialektik der Geschichte in Gutes verwandele« – wie nahe sind da die vermeintlich authentischen Erben der Aufklärung einem nur mehr religiös intendierten Credo quia absurdum! »Das Proletariat« – so sagt bei Thomas Mann der zu Naphta verwandelte Lukács – »hat das Werk Gregors des Großen aufgenommen, sein Gotteseifer ist in ihm, und so wenig wie er wird es seine Hand zurückhalten dürfen vom Blute. Seine Aufgabe ist der Schrecken zum Heile der Welt und zur Gewinnung des Erlösungsziels, der staats- und klassenlosen Gotteskindschaft.« Noch Eislers verweigerte Auskunft zu Bloch war »Gotteseifer«, war »Maßnahme«.

Derlei sich vergegenwärtigend, hört man seine letztkomponierte Musik anders – das beschwörend wiederholende, rufende »künftigen Glückes gewiß, gewiß« (nahe bei Brechts »es muß ein guter Schluß sein, muß, muß, muß«), als ließe sich das künftige Glück nur noch als ein herbeizusingendes, nicht einmal mehr von hier und heute aus erdenkbares, vorstellen; und danach, in einem »sachlich« intendierten Werk (»Der Sänger ... möge sich bemühen, den Hörern die Inhalte eher zu referieren als auszudrücken«), als musikalische »Wunschlandschaft« nur zu verräterisch, ein langes Nachspiel, eindringliche Rede von etwas, das nicht in Worte gefaßt werden kann. Da hallen die letztgesungenen Worte wie vergebliche Beschwörungen nach – in ein wortloses Tönen, dem der um genaue Bestimmungen besorgte Eisler anderwärts stets mißtraut hat. Daß die Musik vordem zu den Worten »Ihm auch kündigt sich an hellerer Zeiten Bild« gehörte, verschlägt so wenig wie, daß es sich um einen Epilog zum Zyklus insgesamt handelt.

Textlich befand Eisler sich auf schwierigem Gelände. Der »hohe« Stil von Hermlins Gedicht auf den toten Johannes R. Becher hat von Hölderlin Klang, Attitüde, zuweilen die Syntax, nicht aber poetische Präzision und gedankliche Disziplin; und hier läßt Eisler, der bei Hölderlin rigoros ausjäten konnte, manches nobel Geschwafelte stehen (»Denn bestimmt ist's, daß groß auf sich Verdunkelndes Schlaf kommt, schattender Hauch, groß wie das Sehnen nach Stille, wenn nach des Lichtes Glanz der heftige Tag verstummt«). Das erscheint ästhetisch ungefähr so abgehoben-unkonkret, zur verstummenden Aufhebung disponiert wie die unerreichbar weit hinausverlegte Utopie künftigen Glücks – und erscheint dennoch zehnmal glaubwürdiger als solche prahlerischen Sicherheiten: »Wir planen ja den Kommunismus bis 1980, wie Genosse Chrustschow gesagt hat. Ich plane neue Kunsttheorien, die momentan konkret noch nicht drinnen sind, aber die ich mit Freuden voraussage.« Wie theologisch und wie abenteuerlich primitiv! – der Genosse Oberpriester wird es schon wissen, und des Neuen sind wir so sicher, daß wir uns von der Auskunft dispensieren können, wie es beschaffen sein werde.

Nach der ärgerlichen Abwehr der Bloch-Frage ist der geistvoll-aggressiv Plaudernde schnell wieder auf vollen Touren, fast, als wolle er der Peinlichkeit davonlaufen und mit Hilfe eines neuen Aperçu-Feuerwerks verdrängen, daß schon diese eine Verweigerung die Glaubwürdigkeit all dessen beschädigt, was er sagt. Bloch saß damals immerhin noch in seinem Hause in Leipzig, Walter Janka aber z.B. saß längst in Bautzen. Der hat am 5. November 1989 Unamuno zitiert: »Manchmal heißt schweigen soviel wie lügen. Schweigen kann als Zustimmung gedeutet werden.« Die moralisch-intellektuelle Katastrophe der DDR hat, u.a. in diesem Gespräch, immer neu bei der Möglichkeit begonnen, unter Berufung auf die »große Sache« bei solchen Situationen sich beruhigen, dispensieren, Freispruch für eine Selbstentmündigung beantragen zu können, die sich auf die höchsterreichbare Mündigkeit beruft und als deren Instanz begreift. So kann Eisler den zu öffentlicher Reue verdonnerten Heiner Müller damit trösten, er möge »froh sein, in einem Lande zu leben, in dem Literatur so ernst genommen wird«, und darüber vergessen, daß er das mit fast gleichem Recht zu einem hätte sagen können, dessen Bücher 1933 verbrannt wurden. Sicher hätte der Einwand einen Wutanfall ausgelöst – verständlicherweise, denn er rührte an die tabuisierte Unvergleichbarkeit von Sozialismus und Faschismus. Inwiefern sich ein sozialistischer Genickschuß *nicht* von einem faschistischen unterscheide, müßte man endlich diskutieren können außerhalb des Verdachts, Alibis reservieren zu wollen. Tabus drücken umso mehr, desto stärker man sich ihrer Aufhellung versperren muß. Wie weit also mußte es gekommen, wie selbstverständlich der eigene Ehrverlust durch den des Nächstsitzenden entschuldbar geworden sein, daß keiner der ersten Leute der Kultur dem Druck zu widerstehen und einen Debütanten zu verteidigen wagte, daß zehn Jahre zuvor die Partei bei der Diskussion um die »Faustus«-Oper sich persönliche Rivalitäten zunutze machen konnte; was für ein Kommentar zu »leben, ohne Angst zu haben« und »Sei du, Gesang, mein freundlich Asyl!«

Als Hintergrund so »ernster Gesänge«, als Teil ihres Ernstes darf das nicht vergessen werden; denn so gewiß ein Kunstwerk auf andere Weise glaubwürdig ist als sein Autor, reinlich scheiden läßt sich das nicht. Und dies zu versuchen scheint viel verlangt von denen, die sich daran ärgern mußten, wie laut Eisler und Brecht die DDR zuweilen priesen, auf die Risiken ihrer Staatsbürgerschaft sich aber nicht einließen; denen das »Siebte Kreuz« viel bedeutet, und die jetzt erfahren, wie gefügig die Verfasserin sein konnte; die sich zu begreifen weigerten, daß Eisler seine »Faustus«-Oper sich tatsächlich hat ausreden lassen.

Man muß es wiederholen: er hat sie sich ausreden lassen. Mindestens ebenso wie die virtuose Ubiquität seines immerfort »angewandten« Komponierens (bezeichnend der Titel eines der besten Stücke: »14 Arten, den Regen zu beschreiben«) zieht das die Frage nach sich, welche Musik er tatsächlich hat komponieren *müssen*, den Verdacht, der rigoros Aufklärerische habe seiner Musik alle jenseits der engagierten Anwendungen liegende Beglaubigung austreiben wollen, ein nur ihr gehöriges »Subjekt«, etwas, was nur noch Musik wäre. Er hätte entgegnet, hier beginne die Mystifikation, wenn nicht, hierbei rede der Klassenfeind mit – und ein wenig Recht verschafft ihm die besondere Fähigkeit, seine Erfindung und sich selbst mit dem jeweiligen Anliegen identisch zu machen. Doch eben dies hinderte ihn auch, sich einer namenlosen Musik zu überlassen, einer, deren Wozu er nicht genau meinte benennen zu können; und das wiederum macht das aggressive Unverständnis gegenüber Wagner, Bruckner, Mahler, die höhnische Rede von der »Musik mit Schmerbauch« verdächtig. Wer so viel verstehen konnte, mußte hier nicht verstehen wollen, mußte sich bewußt Erlebnissen und in ihnen der Frage versperren, ob eine erschöpfend definierte Musik nicht eine wegerklärte Musik sei, d.h. keine mehr.

Zum kargen, eigentümlich gebrochenen Zauber und zur Glaubwürdigkeit der »Ernsten Gesänge« gehört die Illusion, daß es einen Ort jenseits, oberhalb solcher Fragen gebe, einen ganz und gar unoffiziellen, dennoch nicht als Enklave abgesperrten – nahezu gleichbedeutend mit der Intention, noch einmal ganz von vorn anzufangen. Da wird ausgespart, zurückgenommen, da herrscht eine Kultur des Piano und der Diskretion; der Singende möchte sich mitteilen ohne den Gestus dessen, der Wichtiges mitzuteilen hat oder sich selbst wichtig nimmt. So daß als ästhetische Qualität (was sie von sich aus nicht ist) etwas von Eislers auftrumpfender Intelligenz oft Übertöntes, dennoch ganz ihm Gehöriges hervortritt: Bescheidenheit. Ohne sie ließe sich das schwer zu machende Einfache kaum erreichen – der Kinderliedton von »Sei du, Gesang, mein freundlich Asyl«, »Wer traurig ist« oder »Leben, ohne Angst zu haben«; der in den Pizzikati wie von fernher ins Zwiegespräch »Ich halte dich in meinem Arm umfangen« hineintönende Gleichschritt, die hinter den Hölderlin-Texten zurücktretende, ihre Sprachgestalt vorsichtig »höhende« Musik; die weise Heiterkeit, mit der Eisler in einer diskret swingenden Musik seine »Traurigkeit« komponiert und aufhebt; »auf anständige Weise traurig zu sein«, wie es im Untertitel der »14 Arten« heißt, hat er immer wieder versucht; vielleicht hat von Traurigkeit, die als Affekt musikalisch gefährlich leicht zu haben ist, nach Mozart, Verdi und Janáček keiner mehr so gesungen.

In drei- und vierfachem Piano, melodisch wie eine Enklave im ersten Liede, »äußerst leise, mit größter Diskretion wie eine Litanei« vorzutragen, stehen die – wiederholten – Worte »Beglückt, wer am sicheren Herd in rühmlicher Heimat lebt«, komponiert schon im mexikanischen Exil – und wie schlimm damals beglaubigt! Nun, im Jahre 1961, können sie nicht einfach erinnert, sie müssen neu bekannt werden: der Herd nun zwar sicher, die Heimat jedoch nicht rühmlich.

Der Schuppen

Mit dem Ärger, den ein paar Schritte auf dem Wege zu der ehemaligen Gärtnerei mir brachten, hatte ich nicht gerechnet.

Die frühere Besitzerin, musikalisch, seinerzeit den großen Namen des Bauhauses verbunden, hatte 1933 einen Strich gezogen, ihr bisheriges Leben nahezu vollständig gegen ein anderes ausgetauscht; sie wurde Gärtnerin auf ihrem Stück Land, verkaufte bis ins hohe Alter regelmäßig auf dem Markt Blumen, Obst und Gemüse und brachte eine Freundin, deren Mann und Sohn in letzter Minute nach Palästina entkommen waren, durch die Nazi-Jahre. Die band ihr mit gleicher Hingabe Sträuße und Kränze, wie sie schrieb – wunderbar anschauliche, lebendige Rundbriefe und Erinnerungen über Nachbarn, heranwachsende Kinder, über Gespräche auf dem Wochenmarkt oder Thomas Manns Weimar-Besuche. Das Regiment und die Bücher führte »Ite«, die Ältere. Die kleine, drahtige Frau ging bis ins hohe Alter sehr aufrecht, inmitten des maulfaulen thüringischen Singsangs berlinerte sie unbeirrt, in ihrem fritzischen, scharf geschnittenen Gesicht, unter einem verblichenen hellblauen Mützchen, saßen kleine, genau fixierende, vor Güte blitzende Augen, bis zur Skurrilität hielt sie an bestimmten Regeln der Lebensführung und Gartenarbeit fest, rauchte unablässig und trank den Tee literweise (»die Blüten immer auf den Kompost!«); ungern nahm sie Hilfsangebote an und hatte stets, ohne ihre Arbeit zu unterbrechen, Zeit und Ohr für die, die zu ihr kamen, kauften, Sorgen loswurden und ihren Rat erbaten – ohne gefühligen, wortreichen Beistand erwarten zu können. Denn die Nachfahrin böhmischer Musiker war preußisch bis in die letzte Faser, physiognomisch darin jeden brandenburgischen Adligen übertreffend, karg, streng, zuweilen schroff, nicht nur mit sich selbst; ihr Humor entstammte ebenso der sicheren Unterscheidung von wichtig und unwichtig wie der Sicherheit eines Menschen, der ganz und gar mit seiner Lebensform identisch ist und mühelos halsstarriges Bestehen auf sich selbst mit Bescheidenheit verbindet. »Natur begreift man erst, wenn man sehr alt geworden ist und nichts mehr für sich selbst will«, sagte sie einer Freundin kurz vor ihrem Tode. Solche Formulierungen hörte man von ihr selten, sie war eine praktische Frau, ihre Philosophie war, was sie tat und wachsen ließ; sie hielt Kameradschaft mit den Pflanzen, redete mit ihnen, und die gediehen, auch nach Maßgabe eines Gewerbes, von dem man leben muß. Ihr Geheimnis war ein »katalytisches«, ihre Gegenwart die gelebte Möglichkeit einer Existenz und Selbstbestimmung nahezu außerhalb von Zeit und Umständen. Die meisten, denen sie viel bedeutete, die sie liebten, haben von ihr wenig gewußt, nichts von ihrem Leben vor 1933, von ihrer Musikalität, ihren prominenten Freundschaften; ihre Vertrauenswürdigkeit hatte kaum etwas zu tun mit Vertraulichkeit, ihre tröstenden Wirkungen nichts mit Trostsprüchen. Der dem kleinen Gewächshaus vorgebaute Schuppen war ein Zufluchtsort mit stets offener Türe, ein heiterer Bunker der inneren Emigration, in dem Gartengeräte abgestellt und gesäubert, über Schriftsteller und Politik geredet, Sträuße gebunden, vorgelesen, Beichten abgelegt, gekocht, Familienangelegenheiten besprochen wenn nicht geregelt, Kinderfeste veranstaltet wurden, unverwechselbar die Polyphonie der Gerüche – Kräuterdüfte, brodelnder Tee oder Kaffee, Zigarettenqualm; unvorstellbar, daß es das eines Tages nicht mehr geben könnte.

Wem erzähle ich davon? Am wenigsten dem Mann, der mir zwischen die Erinnerungen fuhr. Vom Haus oben in dem hangaufwärts liegenden Grundstück muß er mich beobachtet, wohl einen auf die Liegenschaft neugierigen Wessi vermutet haben, galoppierte zeternd durch den Garten herunter, hörte nicht meine Erklärung, daß ich den Garten in den letzten Jahren der Frau von B. im Herbst oft umgegraben hätte, schimpfte, man solle sich »ordnungsgemäß anmelden« und sorgte dafür, daß ich stundenlang eine schwere Verstimmung herumtrug und sentimental in die Was-wißt-ihr-schon-Einstellung des Zurückgekommenen floh – umso leichter, da ich das letzte Stück Geschichte der Wege, Gärten, Häuser, Landschaften ja nicht erlebt habe, trotzdem mir von der Wiederbegegnung willig suggerieren ließ, sie wüßten von mir mehr als ich selbst, erzählten mir, was ich längst vergessen hatte. Und das wird zum Vorwurf gegen jemanden, dem diese Wege, Gärten in andere Zusammenhänge gehören, in die die früheren kaum hineinreichen. Willig verwechsele ich das Vergangensein, die Tätigkeit des

Erinnerns mit dem Erinnerten selbst, allzusehr darauf aus, in allem und jedem, das bei dieser Heimkehr begegnet, Anker zu werfen. Heimat hat viel zu tun auch mit einer Selbstverständlichkeit der Lebensumstände, in der Gestern, Heute und Morgen nicht unterschieden werden müssen; so kann sie, wenn die Umstände sich ändern, auch dem Daheimgebliebenen verlorengehen. Ich hätte mich mit dem Zeterer darüber verständigen müssen, daß wir beide am selben Ort auf ungleiche Weise fremd wären. (Ein neunmalkluges Argument wollte die Debatte um die Identität der gewesenen DDR-Bürger mit der Feststellung beenden, man könne nur mit etwas Bestimmtem identisch sein; wenn es das aber nicht mehr gebe, erübrige sich die Frage. Besteht sie aber nicht gerade darin?) Dahinein paßt ebenso, daß jüngst zurückgekommene Dissidenten, die sich mit den östlichen Nöten solidarisieren wollen, höhnisch abgewiesen werden, wie auch – und noch schlimmer –, daß rigoros Eigentumsrechte angemeldet werden, auf die man jahrzehntelang verzichtet hatte in der Gewißheit, es sei für immer. Eigentumsrecht, sehr unjuristisch verstanden, wächst mit jedem frisch gestrichenen Fenster, jeder neu gesetzten Blumenzwiebel. Meine Graberei liegt zu weit zurück, als daß ich ohne »Voranmeldung« nachsehen dürfte, ob der Schuppen noch steht.

Der Schwager

»Wenn nun eine Nation sich ermannte, aus dem drückenden Staube empor zu dem Ziele seiner Freiheit schritt, mit Mannkraft das Riesenwerk des Despotismus niederwarf, so verdient dieselbe die vorher durch ihre sklavische Gesinnung verlorene Achtung wieder, und ihre Tat eine merkwürdige Stelle in den Jahrbüchern nicht allein ihrer Nation, der Denkwürdigkeiten der Welt, sondern auch im Jahrbuche der Menschheit, in welches diese Begebenheit, mit unauslöschbaren Zügen aufgenommen werden wird ... Wo waren die gepriesenen Rechte der Freiheit zu schauen, wenn die Unschuld nicht einmal mehr sicher war? Der Despotismus schwang sich lächelnd über ihren traurigen Aschenkrug, brütete neue Unmenschlichkeiten aus, und führte frische Opfer an seine immerrauchenden Altäre.

Aber jetzt? – die Nation, die Welt schaut die Trümmern des gefürchteten Kolosses menschlicher Qualen, der Despotismus wird beschämt sein Gesicht verhüllen und schaamrot entfliehen; der Regent wird die Stimme des unterdrückten Volkes hören, wird ihren Klagen zuvorkommen, vor den Kunstgriffen der Menschen, Menschen langsam zu Tode zu martern, zurückbeben, von fernern Bedrängnissen sie sichern und die noch übrigen unmenschlichen Gefängnisse seines Reiches selbst zerstöhren!«

Welch schöne, schillerisch geschwungene Wortgirlande! – nicht weitab vom rhetorischen Gestus von Kants »Beantwortung der Frage: Was ist Aufklärung?« oder Fichtes »Zurückforderung der Denkfreiheit...«, nahe auch bei des Ministers »Nicht länger kniet sklavisch nieder, / Tyrannenstrenge sei mir fern, / Es sucht der Bruder seine Brüder, / und kann er helfen, hilft er gern.« Die Passage findet sich an entlegener Stelle, in einer zugleich in Frankfurt und Leipzig erschienenen »Aechten und deutlichen Beschreibung der Bastille von ihrem Ursprunge an bis zu ihrer Zerstöhrung; nebst einigen dahingehörigen Anekdoten«. Über ihre Zeit sagt sie umso mehr, als dem Verfasser, zu sehr darauf angewiesen, öffentliches Interesse und allgemeine Tendenzen zu bedienen, weniger an der Formulierung eigener Standpunkte lag als an dem, was man hören und lesen wollte. »Er hat von Jugend auf Disposition zu den Wissenschaften gezeigt«, schrieb Goethe, »und hat früh aus Neigung und Not geschrieben und drucken lassen«: Christian August Vulpius, den der Erfolg seiner »romantischen Geschichte ... Rinaldo Rinaldini« zu einem der frühesten Säulenheiligen der Trivialliteratur machte. In die Weltliteratur schlich er sich im Sommer 1788 versehentlich ein, als er seine Schwester mit einer Bittschrift ins Gartenhaus am Stern sandte, dessen Herr sie zur am Ende besten ihm möglichen »Gewissensehe« gleich bei sich behielt. »Oftmals hab ich auch schon in ihren Armen gedichtet / Und des Hexameters Maß leise mit fingernder Hand / Ihr auf den Rücken gezählt ...« – dies und vieles andere wäre, wie immer Christiane zunächst die Nachfolge der römischen Faustina antrat, so wohl nicht entstanden ohne die Petition des jungen Mannes.

Der kam aus einer Familie mit beschädigtem Ruf; wer weiß, wie sehr bei seiner rastlosen Betriebsamkeit das Bestreben mitsprach, das Ansehen des Namens wiederherzustellen – ein Gesichtspunkt, den man sich im Zeitalter gesellschaftlicher Anonymität nur schwer vergegenwärtigt. Mit Pastoren und Advokaten gehörte sie zu den im Thüringischen bekannten Familien, zu ihr gehörte – nicht als direkter Vorfahr der Geschwister – auch der Weimarer Kantor Melchior Vulpius, von dem mancher musikalische Satz überliefert ist, dessen auch Heinrich Schütz sich nicht geschämt hätte. Zwei Generationen vor Christian August der Abstieg: Der Großvater verliert sein Vermögen, der Vater bringt es nur zu jämmerlich bezahlten Anstellungen, erst Amtskopist, dann Archivar in Weimar, wird später bei Mauscheleien erwischt und in den Wegebau abgeschoben (das u.a. war Goethes Ressort), also degradiert. Ob üble Nachrede ihn zum Trinker machte, steht dahin. Zur Zeit der – zweifellos stadtöffentlichen – Blamage ist der Sohn zwanzig Jahre alt und studiert in Jena Jura, was er bereits im folgenden Jahr aufgeben muß, weil der überraschende Tod des Vaters ihm die Sorge für den Lebensunterhalt der Familie aufbürdet, schlägt sich mit kurzzeitigen Anstellungen als Privatsekretär, Übersetzer und Romanschreiber durch und ist schon mit fünfundzwanzig Jahren – Schiller an seinen Freund Körner – »eine kleine dürre Figur ..., krumm und sehr gebückt«. Die Empfehlungen des späteren Schwagers haben zunächst wenig Erfolg. Dieser band ihn schließlich als Mitarbeiter an das Weimarer Theater, konnte ihn aber erst 1797 fest installieren – als Registrator der herzoglichen Bibliothek. Vier Jahre später, fast ein Vierzigjähriger, gründet Vulpius eine eigene Familie. Umgang mit Büchern, welcher Art auch immer, ist sein Metier, er promoviert und rückt zum Bibliothekar auf (1805), später zum Großherzoglichen Rat (1816) (wohl als solcher zeigt ihn ein bedeutendes, nach Art offizieller Porträtmalerei geschöntes Bild), – insgesamt ein erstaunlicher Aufstieg des eher kleinmütigen, auch in Geschichte, Numismatik, Genealogie, Heraldik und Mythologie beschlagenen Vielwissers, den Goethes – betont vorsichtige – Protektion allein nicht erklärt. Distanz und förmlicher Umgang haben das Verhältnis der beiden bestimmt; Goethe, ohnehin selten familiär gestimmt, hat beim Schwager offenbar im eigenen Kreise die Kleinstadt abgewehrt, dabei dessen »ausgebreitete Kenntnisse« anerkannt, ihn gegen üble journalistische Nachrede wütend verteidigt, ihm gar geschmeichelt, er habe »Rinaldo« »mit Vergnügen gelesen«, freilich in der nächsten Zeile für eine weitere Auflage nochmalige Durcharbeitung empfohlen: »ich würde dabei gern mit meinen Bemerkungen dienen«. Die brieflichen Anreden wechseln von »mein lieber Herr Bibliothekar« über »mein werthester Herr Doctor« zu »mein lieber Herr Rath«. »Du bist nicht gut«, läßt Thomas Mann Goethe seinem Sohn antworten, da der ihn als Teilnehmer des für Lotte geplanten Essens vorschlägt.

Andererseits – was mag Christian August ertragen haben als Bruder Christianes, an der sich, angeführt von den Damen Herder, Schiller und Stein, Weimars Klatschmäuler die Zungen wetzten, der man die »niedere Minne« notfalls verzeihen konnte, nicht aber, daß Goethe zu ihr stand, sich zu ihr bekannte; einer Schwester, die sich selbst nicht verteidigen durfte, die man nach verläßlichem Zeugnis »nie von anderen Böses sprechen hörte«. Wieviel mag beim Bruder niedergegangen sein als auf dem Sack, den man getrost schlagen konnte, während man den Esel meinte! Prompt, da er den Schaden hat – die Plünderung im Oktober 1806 spielt ihm übel mit –, braucht er für den Spott nicht zu sorgen, Spott der abscheulichsten Sorte. »Unserem famösen Romanfabrikanten ist es scharf ans Leben, ja sogar ans ... gegangen«, berichtet der Bibliothekar der Herzogin an das oberste Schandmaul der Stadt, den kurz zuvor nach Dresden übergesiedelten Gymnasialdirektor Böttiger, »letzteres ist, wie sich versteht, nicht auf ihn, sondern auf seine Frau zu beziehen. Aber wenn es schrecklich ist, dergleichen zu melden, so ist es eine Wonne, ihn die Szene erzählen zu hören; ich habe diesen Genuß schon einige Male gehabt. In jenen Momenten ist die Gebärmutter seines Geistes, aus der schon so viele Räuber und Ungeheuer hervorgegangen sind, gewiß aufs Neue zu einem Dutzend ähnlicher Schöpfungen geschwängert worden, die in den nächsten Messen wahrscheinlich wie junge Ferkel herumgrunzen werden.« Und hier der Originalbericht, ein Brief vom 20. Oktober 1806: »Welch ein Unglück hat uns betroffen! Den 14. abends wurde die unglückliche Schlacht bei Jena verloren. Abends 5 Uhr ging bei uns die Plünderung an, die 36 Stunden dauerte und mich von allem entblößt hat. Drei Tage waren wir nicht in unserem Haus. Mordgewehre auf uns gezückt, gemißhandelt, beraubt, unendlich unglücklich gemacht. Wir sprechen jetzt gute Seelen um Geld an, und wer hat welches? Denn nicht zehn Häuser, selbst das Schloß nicht, sind verschont geblieben. Die fürchterliche Nacht, Geheul, Gewinsel, Brand – ach Gott! und meine Frau und das Kind, Stunden in kalter Nacht unter freiem Himmel im Park! Etwas Frohes: Gestern hat der Geheimrath Goethe sich mit meiner Schwester trauen lassen. Sein Haus ist verschont geblieben. Er hat stets Marschälle darin.«

Goethe und Vulpius wohnten nicht weit voneinander, eine Tante Vulpius gar unter Goethes Dach. Der Bibliothekar hat die schwierige Balance zwischen familiärer Nähe und respektvollem Abstand offenbar meist zu halten verstanden, seine Briefe an den in Bremen lebenden Freund Nikolaus Meyer spiegeln eine stark auf den Schwager bezogene Existenz wider und viel liebevolle Besorgnis um den oft »krittligen und grämlichen« Mann, natürlich auch die Eitelkeit dessen, der aus nächster Nähe authentische Hofberichterstattung liefern kann. Angesichts seiner Lebensumstände möchte man Vulpius eher zugutehalten, daß er sich sperrt, wenn der in erster Linie am Frauenplan beschäftigte Riemer seinen Bibliotheksposten als Sinekure betrachtet, jedoch hineinreden will, und der Kanzler von Müller, Goethe darüber berichtend, von Vulpius' »Arroganz« spricht; »ohne sie zu leugnen, kam er immer darauf zurück, man könne ihn nicht anders machen, als er sei und Riemer müsse durchaus sich darein finden lernen«. Vulpius war bienenfleißig; 146 Nummern umfaßt die von seinem Urenkel zusammengestellte Liste der selbständig erschienenen Werke – und es sind nicht wenige umfangreiche Romane darunter, Ritter- und Räubergeschichten, abenteuerlich allemal, Schauspiele, Libretti, Bearbeitungen, schnell scheiternde Zeitschriften, Lexika, »Skizzen aus dem Leben galanter Frauen«, Übersetzungen, zehn Bände »Curiositäten der physisch-literarisch-artistisch-historischen Vor- und Mitwelt«, Märchensammlungen, vier Bände über »Die Vorzeit, oder Geschichte, Dichtung, Kunst und Literatur des Vor- und Mittelalters«. Noch im Jahre 1826, als den offenbar verbrauchten Mann schon der zweite Schlaganfall traf, erscheinen eine dreibändige »Gallerie der unterhaltendsten Geister- und Zaubergeschichten«, »Aloisio und Dianora oder Der Pilger und die Nonne«, im folgenden, dem Jahr seines Todes, der Roman »Erlinde, die Ilm-Nixe« und ein »Handwörterbuch der Mythologie der deutschen, verwandten, benachbarten und nordischen Völker«.

Ehe man die willfährige Dienstleistung für mindere Ansprüche, das routinierte Fabrizieren von Literatur aus zweiter und dritter

Hand und etliches Kitschige belächelt, sollte man ebenso wie die Soziologie der mittleren Bedürfnisse die schwer vorstellbare Not bedenken, die dahintersteht – und bedarf ihrer doch nur partiell als Entschuldigung. »Der hat überhaupt viel dichten müssen«, schreibt Christiane einmal über ihren Bruder, unfreiwillig das Handwerk betonend, dem, z.B. in den lyrischen Einlagen der Romane, die Sprache auf billig-schlagkräftige Weise gefügig ist; die in ihr sedimentierten poetischen Erfahrungen, eingeschliffenen Versordnungen, Bilder, Wendungen und Reim-Mechanismen erntet Vulpius leichthändig. Greifen Rinaldo oder eine seiner Liebsten – meist seufzend – zur Gitarre, so klingt es allemal zitiert, wie schon bekannt; widerstandslos rinnen die Worte ins Gehäuse der Strophen – und mit einer selbstverständlichen Musikalität, welche vermuten läßt, der Schreibende habe immerfort ans Vorlesen gedacht. Seine Sprache, auch in Prosa, »klingt«, ihrer Fügung eignet eine spezifisch-rhetorische Unmittelbarkeit. Als Einleitung zum »Rinaldo« (»Ganz Italien spricht von ihm; die Apenninen und die Täler Siziliens hallen wider von dem Namen Rinaldinis« etc.) intoniert Vulpius eine prachtvolle Intrade; schon den Namen eines der Modelle, des Räuberhauptmanns Tommaso Rinaldini, der sich noch zehn Jahre vor Erscheinen des Romans mit päpstlichen Soldaten schlug, hat Vulpius »musikalisiert«. In alldem zeigt sich ein in emsiger Kärrnerarbeit erworbenes Können, eine insofern gescheite Routine, als sie sich kaum je verführen läßt durch Ansprüche, die sie überfordern könnten.

In seiner Situation hätte jeder als subalterner Streber dastehen müssen, nicht einmal im Bilde Schillers fehlt dieses Moment. Diesem hat Vulpius sich auf eine Weise vorgestellt, welche, in einem Brief an Körner geschildert, als Modell für die Auftritte von Thomas Manns Kellner Mager gedient haben könnte: »›Habe ich nicht das Glück‹ sagte die Figur, ›den Rat Schiller vor mir zu sehen?‹ ›Der bin ich, ja.‹ ›Ich habe gehört, daß Sie hier wären, und konnte nicht umhin, den Mann zu sehen, von dessen Don Carlos ich eben komme.‹ ›Gehorsamer Diener, mit wem habe ich die Ehre?‹ ›Ich werde nicht die Ehre haben, Ihnen bekannt zu sein, mein Name ist Vulpius.‹ ›Ich bin Ihnen für diese Höflichkeit sehr verbunden – bedaure nur, daß ich mich in diesem Augenblick versagt habe und eben (zum Glück war ich angezogen) im Begriff war auszugehen.‹ ›Ich bitte sehr um

Vergebung. Ich bin zufrieden, daß ich Sie gesehen habe.‹ Damit empfahl sich die Figur.«

Es gehört nicht viel dazu, den Finger auf Vulpius' belletristische Blößen zu legen, zu übersehen, daß die Konstellation des Trivialromans, in besonderer Weise von Leseumständen abhängig, eine andere war als diejenige, die heute die Bestseller-Regale füllt. Es gibt eine z.B. bei Gelegenheitsgedichten ohne weiteres tolerierte Meisterschaft im Durchschnittlichen – wie immer man die Bevorzugung schauriger, rührseliger Sujets, die verworrene Dramaturgie durchschauen mag, die schematische, versatzstückhafte Sequenz von Stimmungsszenerie, Gefühlserguß und unvermittelter Störung. Zeitgenossen von Dallas-Serien sollten verstehen können, daß Vulpius, nachdem »Rinaldo« unvermutet erfolgreich war, den bereits zu Tode gebrachten Helden ins Leben zurückmogelt, um dessen Popularität weiter ausschlachten zu können – nicht viel anders als Beethoven, wenn er, wütend über so schlechte wie einträgliche Bearbeitungen anderer, seine Werke zuweilen in eigenen dubiosen Arrangements präsentierte. »Stürmisch brauste der Wind über den Nacken der hohen Apenninen, tobend wie empörte Meereswogen, schüttelte die Wipfel der hundertjährigen Eichen und beugte das schwache Gesträuch der Flamme des Feuers zu, an welchem, nahe bei einer steilen Felsenwand, in einem kleinen Tale, Rinaldo und Altaverde saßen. Die Nacht war dunkel, dichte Wolken verschleierten den Mond, und kein lächelnder Stern funkelte am Himmel« – ist das, abgesehen von einiger Redundanz bei den Adjektiven, wirklich so schlecht? Es ist u.a. in einem sehr direkten Verständnis Lese-Stoff, weitab von der Maßgabe, daß die Folge der Szenen unbedingt zu einem werkhaften Ganzen zusammengedacht werden müsse. Hinblick auf ein Ganzes macht sich am ehesten in der Notwendigkeit bemerkbar, die Spannung des Lesers aufrechtzuerhalten, ihr zuliebe im Verlaufe der Erzählung die Dosen des Unwahrscheinlichen, Unvorhergesehenen, Überraschenden und damit auch die »Aufdringlichkeit des Banalen« zu steigern, als welche Trivialität immer noch am besten charakterisiert ist. Allzuviel sorgsam motivierte Folgerichtigkeit würde den Leser, den Vulpius meint, schwerlich bei der Stange halten, er soll ohne Not auch einmal ein Stück in der Lesegesellschaft verpassen können, nicht zu genau nachdenken müssen über die vage Überblendung von Don Juan und Karl Moor, edlem Rebellen und Verbrecher; jener lädt zur Identifikation ein, wenn er die Unzufriedenheit des kleinen Mannes mit den Verhältnissen artikuliert und sich nach unschuldig-einfachem Leben sehnt, dieser ist selbst ein Teil der bösen Verhältnisse; so können sich bei der Hinrichtung Genugtuung über den Gang der Gerechtigkeit und Mitleid effektvoll mischen.

Dennoch hat selbst eine vorsichtige Ehrenrettung schlechte Chancen: »... du hast seinen Namen irgendwo gelesen«, schreibt Goethe in einem vertraulichen Empfehlungsbrief für Vulpius, »das ist nicht eben die beste Rekommendation«, und Jahre vor der Begegnung mit Christiane an Charlotte von Stein: »Mit den Exkrementen der Weimarischen Armut würzt Herr Reichard seine oder vielmehr die deutsche Theater Misere« – das geht auf den Gothaer Intendanten und Bibliothekar, für dessen Theaterzeitschrift Vulpius gedichtet und zu dessen »Bibliothek der Romane« er seit seinem zwanzigsten Jahre beigetragen hat, einer Massenproduktion, worin Übersetzungen, freie Aneignungen etc. – dies betrifft auch »Rinaldo« – sich unklar überschneiden, kein Urheberrecht schützt bzw. im Wege steht, ein literarisches catch as catch can, bei dem es vor allem schnell gehen mußte. Das Buch über die Bastille ist (nicht bei Reichard) noch im Jahre 1789 erschienenen; nach Rinaldos Erfolg wollen prompt andere von dessen Ruhm profitieren: zwei Jahre später erschien eine »Dianora, Gräfin von Martagnos, Rinaldo Rinaldinis Geliebte«, im Jahre 1800 »Carolo Carolini, der Räuberhauptmann«, ein Jahr darauf »Das Nordhäusische Wundermädchen, ein weiblicher Rinaldo«, und wieder zwei Jahre später »Der Sohn des Waldes oder Bastard und Kronräuber in einer Person, der Vater des berühmten Rinaldo«, außerdem »Karlo Orsini, Räuber und Zeitgenosse Rinaldos«. Sehr schnell auch sind illustrierende Kupferstecher und Musiker auf dem Plan, ein Leipziger Verleger druckt 29 »Canzonetten und Romanzen aus dem Romane Rinaldo Rinaldini mit Begleitung der Guitarre und des Pianofort's« und nennt u.a. den im Jahre 1800 gestorbenen Johann Peter Abraham Schulz als Komponisten, der, falls er nicht vorhandenen Stücken die neuen Texte unterlegte, die Lieder in seiner allerletzten Lebenszeit geschrieben haben müßte. Nimmt es angesichts solcher Publizität Wunder, daß Vulpius seinen Helden, um ihn für sich zu reservieren, wiederbeleben muß?

Ein hartes Geschäft, man muß sich verteidigen. Bei der vom

Theaterdirektor Goethe in Auftrag gegebenen Bearbeitung der »Zauberflöte«, die gleichzeitig zweimal gedruckt, an etlichen Bühnen benutzt wurde und mehrere Nachauflagen erlebte, weiß Vulpius sich mit dem Schwager einer Meinung, der das Buch »voll Unwahrscheinlichkeiten und Albernheiten« findet – freilich auch Schikaneders Begabung erkennt, »durch Kontraste zu wirken und große theatralische Effekte herbeizuführen« und mehrmals sich an einer Fortsetzung versucht. Vulpius indessen – man spürt die Rückendeckung durch ein gängiges Urteil – geht mit Schikaneder auf eine Weise ins Gericht, der man die angestrengte Selbstrechtfertigung allzusehr anmerkt. Schikaneder hat sich zu Recht gewehrt. »Es war uns schlechterdings unmöglich, die Zauberflöte nach dem Originale, welches Mozart durch seine himmlische Komposition gleichsam veredelt hatte, für unser delikates Publikum hier auf das Theater zu bringen«, heißt es in der Vorrede, und später: »Das Originalstück hat gar keinen Plan, die Menschen gehen darinne nur, um wieder zu kommen, und kommen, um wieder abgehen zu können«.

Anfangs flickt er Schikaneder überdies mit Fußnoten zum Libretto am Zeuge (»Was der Verfasser sich dabei gedacht haben mag, weiß der Himmel« etc.), wozu er später keine Zeit mehr findet. Oder wurde ihm klar, daß gegen Schikaneder schwerer anzukommen war als anfangs vermutet? Dies legen die komponierten Texte nahe, fast durchweg nur verändert, um die Bearbeitung als solche ausweisen zu können, kaum je zu ihrem Vorteil und oft ohne Rücksicht auf die musikalische Deklamation – welche etwas sehr anderes ist als die früher angesprochene sprachimmanente Musikalität. »Die Sonne prangt im Strahlenschimmer,/schon an der Himmelsbahn. –/Bald schwindet alles Staubgeflimmer,/bald siegt der weise Mann. –/ O holde Ruh ach! steig hernieder,/kehr in der Menschen Herzen wieder./Dann ist die Erd' ein Himmelreich,/dann sind die Menschen Göttern gleich« – das muß man übelnehmen, wie erst recht »Wohlan, so gebt dem faulen Gauch/Nur Neun und Neunzig auf den Bauch« – noch mehr und schlimmer also als die originalen »Siebenundsiebzig Sohlenstreich«, welche schon schlecht als Beweis taugten, daß man »in diesen heil' gen Hallen ... die Rache nicht« kenne. Dennoch, welche Autorisation: Goethe selbst entwarf das Bühnenbild, führte Regie, im Jahre 1794 folgten der Premiere (am 16. Januar) noch 24 Aufführungen und insgesamt, solange Goethe das Theater leitete, 57 weitere; und Vulpius bearbeitete noch andere Opern.

Gönnen wir ihm sein Hüttchen irgendwo unterhalb des Parnaß – mit unverstelltem Blick nach oben.

Weimarische Familienchronik

Einer von denen, die nicht mehr da waren: Melchior Vulpius. Kurz zuvor hatte er für sich und die Familie einen schlimmen Schlußstrich gezogen.

Genau ein Jahr trennt den folgenlosen Besuch seines Vorfahren, der »Figur«, bei Schiller und den folgenreichen von dessen Schwester in Goethes Gartenhaus. Was für eine Dramaturgie! – jener bezeichnet einen Tiefpunkt im Auf und Ab der Vulpius-Generationen, dieser markiert den Beginn des Aufstiegs zur prominenten Familie, genauer: zur Familie mit prominentem Namen. Denn dank des Paradoxons, daß ein illiterates Mitglied die Türen zum Pantheon der Weltliteratur aufstieß, blieb der Ruhm entliehen, auf Generationen hinaus galt das Interesse zunächst mehr dem Namen als dem, der ihn trug, hatten die Nachfahren sich mit einer im vorhinein festgelegten Identität herumzuplagen (»lieber Kümmeltürk als Goethe heißen«, hat Walther von Goethe gemeint). Ein Familientrauma, so wenig abwaschbar wie der Name: zufällig und ohne Verdienst in den Lichtkegel des Goethe-Ruhms geraten, per Geburt zu Bezugnahme und Aufblick verpflichtet zu sein.

Christian August hat das tatkräftig genutzt, um das Ansehen des durch den Vater in Verruf gebrachten, mit dem Odium der Trunksucht behafteten Familiennamens wiederherzustellen; die Früchte der eigenen Leistung hat er nie genießen gelernt. Darin tat es ihm sein älterer Sohn Rinaldo nach, ganzes Gegenbild des ruchlosen Räuberhauptmanns. Frühzeitig zu Hilfeleistungen bei den ausufernden bibliothekarischen Arbeiten des Vaters herangezogen, hat er noch zu dessen Lebzeiten Jura studiert und war Aktuar, später Justizrat in Weimar, Dornburg und Allstedt – bescheidene Laufbahn eines Einzelgängers, der immerhin Goethes Vermögensrechnungen »aufs treueste geführt hat« und dem Kanzler von Müller als Testamentsvollstrecker assistierte.

Christian Augusts jüngerer Sohn Felix kam schon als Student der Medizin nach Wien und Prag und ließ sich nach der Promotion in Weimar nieder. Er wohnte in einem der Nachbarhäuser am Frauenplan, das Goethe beim Tode des Schwagers dessen Hinterbliebenen zur Miete überlassen hatte. Die Beziehungen zur Nachbarschaft waren eng, nun von sehr anderer Art: Gegenüber den nur wenig jüngeren, scheuen Goethe-Enkeln, die die Stadt und das Haus (sie nannten es den »Sarg«) so oft wie möglich flohen, war der beliebte, sozial engagierte, auch bei Hofe gern gesehene Arzt eher ein väterlicher Freund. Ein Photo aus seinen späten, durch unwürdige Auseinandersetzungen um das Goethe-Erbe getrübten Jahren zeigt das prachtvolle, vor Güte strahlende Gesicht eines Mannes, der sich mit den typologisch ähnlichen Fontane, Keller oder den Kollegen Virchow und Billroth gut verstanden hätte.

Sein Sohn Walther hat als junger Arzt 1885 in Leipzig dem letzten Goethe-Enkel die Augen zugedrückt und den Leichnam nach Weimar begleitet, wenig später das die Schätze öffnende Testament dem Großherzog überbracht – ein verwegener, bis ins hohe Alter schöner Mann, bei dem das fundierte bürgerliche Selbstbewußtsein des Vaters ins Potentatenhafte schlägt; der des Familiennamens sich zu bedienen und neue Ansprüche zu realisieren versteht – in Begegnungen und Freundschaften u.a. mit Carl Schurz, Grieg, Dvořák, Liszt, Paderewski, Ibsen, Mistral, mit (dem schon kranken) Nietzsche und dessen fataler Schwester, in verantwortlichen Positionen im Schillerbund und in der Goethe-Gesellschaft; zeitweise hat er als Arzt in Südamerika, später in Nordamerika gearbeitet, er dichtete und deklamierte gern und ließ sich gar vom Meininger Theaterherzog für eine Tournee von dessen Truppe als Schauspieler anheuern, er hat die Uraufführung des »Parsifal« erlebt und in seinen Memoiren zahllose Reisen ebenso anschaulich beschrieben wie das Weimar seiner Kinder- und Jugendzeit, eine Wallfahrt zu Fréderic Mistral, die Niagarafälle, Besuche im Hause von Carl Schurz, spanische Stierkämpfe oder Hinrichtungen in Bolivien. Außer bei dem toten Walther von Goethe vollzog er noch eine zweite, im Hinblick auf das Familientrauma symbolische Handlung – er verließ die Vulpius-Häuser in der Frauentorstraße. In dem eindrucksvollen, risikofreudigen, schwierigen Mann, dem ersten nunmehr in eine angesehene Familie Hineingeborenen, schien Christianes Vitalität wiederauferstanden, freilich ohne deren erwärmende Familiarität. Eine pragmatische Heirat brachte ihm viel Geld und wenig Glück; weder mit seiner Frau noch seinen Kindern – ausgenommen eine stolz-unabhängige, hochbegabte Tochter, die später in einem sowjetischen Gefängnis umkam – stand er gut und floh noch als alter Mann, so oft er konnte, zu seiner jüngeren Schwester. Als Repräsentant der konservativen Bürgerschaft spielte er bei der Vertreibung des Bauhauses ungut mit. Vierundachtzigjährig, kurz vor dem Ende des Krieges, hat er den Gashahn aufgedreht; sein Neffe, als Arzt rasch herbeigeholt, verstand ihn und hat auf die aussichtsreich erscheinende Rettung verzichtet.

Seinen Ältesten, Wolfgang (der Jüngste machte sich zeitig aus dem Staube), schüchterte der Sanitätsrat ein und verachtete die Schüchternheit, ließ ihn bei prominenten Philologen studieren und eine Doktorarbeit über den Urgroßvater schreiben. Später Studienrat, gehörte Wolfgang zu den kleinen Pg's, die es nach dem Kriege zu büßen hatten, der Schuldienst wurde ihm verschlossen. Weimar gewann auf diese Weise den gescheitesten, engagiertesten, amüsantesten Fremdenführer, das Lesepublikum etliche gut und liebevoll recherchierte, souverän geplauderte Bücher über Themen aus dem Goethe-Umkreis und später die Forschungsstätten einen Mitarbeiter, der sich undankbare Aufgaben willig aufhalsen ließ – ein vielerorts geschätzter, hochgebildeter, bis zur Lästigkeit bescheidener Mann, der immer überrascht war von der Sympathie und Achtung, der er allenthalben begegnete, in Denkweise, Zugriff und Arbeitsethos nach Hans Wahl wohl der letzte Nachfahre der Gründergeneration der Goethe-Philologie; selbst seine Handschrift geriet zunehmend goethesch. Im reich bestückten Genre der Weimar-Literatur besetzt er – mit und nach Wilhelm von Bode – die oberen, soliden Ränge mit Büchern, in denen er Örtlichkeit, Landschaft und Gesellschaft bis ins Familiäre hinein innig und vielfältig mit den großen Gestalten verbindet. Er hat in dieser Welt, mit ihrem kritisch wenig angefochtenen, bis in die zwanziger Jahre hinein gültigen Bilde gelebt wie wenige, leistete sich die Dreistigkeit, nicht ein Goethe-Gedicht, sondern »Der Mond ist aufgegangen...« für das schönste in deutscher Sprache zu halten, nannte »Lotte in Weimar« »respektlos« und überzog die Fabrikation von Gedenkstätten mit beißendem Spott. Er schrieb über Christiane, über die Parks und alle thüringischen Orte, in denen Goethe gewesen ist, und, auffällig zurückhaltend in der Psychologie des durch den Namen Belasteten, über Walther von Goethe, welcher ohne Glück der eigenen Misere in die Musik zu entfliehen versuchte. Er schrieb nicht, was sich neben Christiane und im Anschluß an seine Dissertation am meisten anbot, wozu alles Material bereitlag und wonach er oft gefragt worden ist: ein Buch über seinen Urgroßvater. War ihm die Reflexion einer subalternen, immerfort bezugnehmenden, sich in dem großen Schatten wissenden Existenz fatal, stand die Problematik ihm zu nah, protestierte seine Weigerung gegen das Familientrauma? Zentrale Goethe-Themen hat er gemieden, seine Gegenstände so gewählt, daß sie den Aufblick nicht störten.

Mitunter gab es dennoch Schwierigkeiten. Gerade weil er den Ausbund an Lebenslust, die Frohnatur in Christiane letztenendes nicht verstehen konnte und dadurch herausgefordert, hat er das schönste Buch über sie geschrieben. Die »heidnische«, gelassene Humanität der dritten Römischen Elegie (»Laß dich, Geliebte, nicht reun, daß du mir so schnell dich ergeben!/Glaub es, ich denke nicht frech, nicht niedrig von dir ...«) verweigert sich ihm, wo es zu begreifen gilt, daß die Tante die »verteidigenden Erfahrungen« schnell in den Wind geschlagen hat; die »Schlampampsstündchen«, das unverhohlene Carpe diem im sommerlichen Gartenhaus bringt ihn, neudeutsch gesprochen, in Erklärungsnotstand. Also bedarf es einer belletristischen Nebelwand, eines vorauseilenden Freispruchs – für das Mädchen, unnötig für den durch die »rasch aufflammenden Sinne« entschuldigten »Zauberer«. »Die Begegnung spielte sich im Park ab und war für sie wie für Goethe entscheidend. Wohlgefallen und Begier der Sinne flammten rasch in ihm auf, als er mit der dreiundzwanzigjährigen Christiane plauderte, und ihre Widerstandskraft erlag schnell dem schönen und hochgestellten Manne, dem Zauberer mit seinen Götterblicken ...« Die Auskunft, in derlei Passagen sei der erfolgreich sudelnde Ahnherr gar nicht weit weg, hätte dem Schreibenden wenig gefallen. »Rinaldo küßte der Unbekannten die Hände; er drückte sie sanft und fühlte die seinigen noch sanfter wiedergedrückt. Die Unbekannte seufzte. Rinaldos Seufzer antworteten ihr ... Das süßeste Gefühl ging in das seligste Unbewußtsein über; das zärtlichste Bewußtsein verlor sich im süßesten Nichtgefühl ...«

In der Apologie der geographisch-literarischen Bodenständigkeit riskierte Wolfgang Vulpius, in dem die Familie nach zwei emanzipierten Generationen dem Sog des großen Schattens wieder verfällt, mehr als sonst in seinem Leben und leistete sich, getragen von den Wellen sympathetischen Paraphrasierens, manchen Schnitzer. »Im Wortklang und Rhythmus dieser Verse«, schreibt er im Zusammenhang mit Kickelhahn und »Wanderers Nachtlied«, »spüren wir das abendliche Atmen der Wälder, das ruhige Auf- und Abschwellen der dunklen Bergesrücken. An keinem anderen Orte der Welt hätten diese Verse empfangen werden können« – das letztere eine gewagte Behauptung, die als solche gewiß nicht gelesen werden sollte. Ähnlich gefährdet sind Diskurs und Plauderei, wo der Verfasser der Obrigkeit seinen Verbal-Zins entrichtet; da quält seine Syntax sich nicht weniger als er selber.

Mit seinem Sohn, dem letzten vom Goethe-Schwager abstammenden Namensträger, hielt Wolfgang Vulpius es kaum anders als sein Vater mit ihm. Nach dem frühesten prominenten Vulpius, dem Weimarer Kantor, taufte er ihn »Melchior«; den ausgefallenen Namen konnte der Knabe schon gegen die Hänseleien der Schulkameraden nicht verteidigen; er hat sich selten getraut, sein Vater hat ihn selten ermuntert oder verteidigt, am wenigsten, da er dies, als Kind einer »bürgerlichen« Familie zum Abitur nicht zugelassen, dringend gebraucht hätte. Wie August von Goethe in den Freiheitskriegen hockte er zuhause, kam später auf Umwegen zum Theater, zuerst als Inspizient, spielte in mittleren Häusern, rezitierte mit wohlklingendem Organ im Rundfunk der DDR Nachrichten und bei vielen Anlässen klassische Dichtung. So peinlich dem Vater die Nennung des Namens im Radio war, so willkommen vielerorts, daß ein Vulpius Goethe sprach. Seine Heimatstadt, in der er nicht reüssierte, hat er wie die Goethe-Enkel zu hassen versucht – soweit er vermochte: denn er war ein freundlich-argloser, friedfertiger, allzu hinnehmend disponierter Mensch – die einzige ihm mögliche Gewalttat die gegen sich selbst. Sein Großvater hatte in der Nähe des Theaters eine prächtige Villa gebaut, die erst von den Besatzungstruppen, dann vom Standesamt belegt wurde. Sein Vater hat sich das ehemalige Chauffeurshaus und die Garage als Wohnung hergerichtet. Er selbst wohnte, wenn er in Weimar war, in zwei Mansarden unter dem Dach des Standesamtes. Ein Jahr nach dem Fall der Mauer, fast sechzigjährig, hat er sich dort erhängt.

Freundliche Fügung am Frauenplan: ein Pulk von Besuchern hat die Zimmer gerade passiert, der andere bestaunt die Maße der Juno Ludovisi und den Flügel, an dem der junge Mendelssohn gespielt hat; so hatte ich länger als fünf Minuten die »cella« für mich.

Das Gemurmel der Gruppen in den vorderen Zimmern steigert die Stille der hinteren. »Zu denken, daß die Stille solcher Stunden ..., da der alte Mann abends im Schlafrock, die Arme auf ein mißfarbenes Kissen gebreitet, am mittleren Tische saß und studierte ..., sich heute nur in den Nächten wiederversammelt. Dürfte man ihr aber lauschen, man verstünde die Lebensführung, bestimmt und geschaffen, die wiederkehrende Gunst, das gereifteste Gut dieser letzten Jahrzehnte zu ernten« – unabweisbar das Benjamin-Zitat, fast ein Gedicht in Prosa, das der Ergriffenheit wegen, zu der es sich bekennt, auch Mißverständnisse riskiert. »Hier hat der Greis mit der Sorge, der Not die ungeheuren Nächte gefeiert ... und schlief er, so wartete daneben sein Werk, um ihn allnächtlich von den Toten loszubitten«; allerdings muß man anfügen, daß er, wie immer auf nächtens kommende Einfälle eingerichtet, meist gut schlief und in jedem Sinne, gerade im übertragensten, ein Tagmensch war.

Mehr als einen Durchblick auf die von Benjamin gemeinte Stille können die fünf Minuten nicht eröffnen; damit wir die cella sehen können, muß ihr das Wichtigste genommen werden: die Verschlossenheit. Mit offenstehenden oder ausgehängten Türen wirken die karg ausgestatteten Zimmer falsch und funktionswidrig zur Präsentation ihrer selbst gezwungen, zumindest wie ständig in Feiertagsfassung aufgeklappte Flügelaltäre, erscheinen gewaltsam aufgerissen. Um das falsch finden zu können, muß man freilich vom falschen Zustand Gebrauch gemacht haben, wobei zu Lebzeiten des Hausherrn und dank eifersüchtig hütender Enkel nochmals zwischen 1840 und 1885 keine Gelegenheit gewesen wäre: nur noch mehr Anlaß, den Kontrast zu empfinden zur kalten Pracht der Zimmerflucht an der Nordseite des Hauses, wo der »offizielle« Goethe (nachzulesen bei Grillparzer, Jean Paul und vielen anderen) etliche Besucher empfing und mit Förmlichkeiten sich vom Leibe hielt. Selbst der Kanzler von Müller kann ungnädig behandelt werden, wenn er sich ein Zimmer zu weit vorwagt. Unterstellen wir im Sinne der Lebenskultur jener Zeit eine gewisse Übereinstimmung von Person und Wohnumständen, so muß uns der Gegensatz zwischen Repräsentation, Privatmuseum, Privatarchiv und Werkstatt erschrecken, selbst, wenn wir nicht nach einem Raum Ausschau halten, welcher des Besitzers allereigenster und ihm ganz angemessen wäre. Der hat von »Klause« gesprochen und sie mit Diogenes' Faß verglichen, von »Fuchsbau« sprach Erich Trunz und meinte damit auch das Verwinkelte, die Stiegen zwischen den beiden erst nachträglich miteinander verbundenen Häusern. Hier breitete die Phantasie die fliegenden Teppiche aus für Reisen nach Schiras, zu den Pharsalischen Feldern, nach Sparta usw., hier fehlt nur der programmatische Spruch, den Montaigne in seinem Turmzimmer anbringen ließ.

Welch ein Bedürfnis nach Enklave, das Goethe zwingt, so sich einzurichten, bis wenige Wochen vor seinem Tode mit dem Kauf angrenzender Häuser, Klagen gegen den Nachbarn und dessen störende Webstühle oder einem Verbot auf den Garten blickender Fenster für die Bewohner des Torhauses an der Ackerwand, die Einfriedung perfekt abzudichten! Wie viel muß da ferngehalten werden: die eigene Familie, Besucher, ärgerliches Hundegebell von der Straße, in vielfacher Weise die Stadt, in die er als Freund des jungen Herzogs gekommen war (einen »gewissenlosen Günstling, ohne jeden sittlichen Ernst« nannte ihn der Kammerherr von Seckendorff, der ihm kurz nach so freundlicher Nachrede die erste Musik zu »Proserpina« komponierte), ein vom Minister Fritsch bis zu einfachen Leuten kritisch beobachteter privilégié, dem man hinter vorgehaltener Hand schlimme Dinge nachredete und gedruckte Dummheiten anhängen konnte wie die, er könne nur zwischen Weinfässern oder im Schoße der Mädchen dichten – Mauern boshafter Mißverständnisse, gestützt selbst durch Freunde: Herder meinte, die Zeitschrift »Horen« sollte, nachdem dort die »Römischen Elegien« erschienen waren, nun besser »Huren« heißen; und Schiller kann noch 1800 in einem Brief an eine dänische Gräfin durchblicken lassen, er fände es besser, wenn Goethe ein »Verhältnis ... abschüttele, welches ihn in seinem eigenen häuslichen Kreise drückt«, wenn er es also fertig brächte, die Kebse und den Bankert rauszuschmeißen. Gewiß wäre auch ein weniger provinzielles Nest als Weimar durch Goethe überfordert gewesen; aber auch die entschädigenden Akklamationen von draußen blieben spärlich; ein Erfolgsautor ist Goethe nach »Werther« nie mehr gewesen, da war selbst der Schwager, wenn auch in niederen Etagen, besser.

Insoweit zu glücklichem Leben gelassene Übereinstimmung zwischen Innen und Außen gehört, fand dieses hier nicht statt. »Eine geglückte Existenz?« hat Adolf Muschg 1982 gefragt, »doch wohl nach keinem bekannten Maßstab, wenn man nicht unterschlagen und schönen will. Wieviel Treulosigkeit oder schwer erträgliche Diplomatie im Verkehr mit Menschen, wieviel Pedanterie im Umgang mit Sachen; wieviel Abwehr und Fluchtverhalten vor starken Gefühlen und humane Zumutung; welche Schlafsucht in Situationen der Entscheidung; wieviel offene Todes- und also verheimlichte Lebensangst!« Wie sinnfällig also die hochgetürmte Barrikade, die Burg in der Burg als Aufenthalt des »Zeitablehnungsgenies« (Heine), das nach der Plünderung Weimars nach Berlin melden konnte: »es war nicht not mich der öffentlichen Angelegenheiten anzunehmen, indem sie durch vortreffliche Männer genugsam besorgt wurden, und so konnt' ich in meiner Klause verharren und mein Innerstes bedenken«. Vollends programmatisch wird der zeitablehnende Klausner, wenn er am 16.12.1817, nach der von den Burschenschaften verursachten Unruhe, an Zelter schreibt, was auch einem Adressaten Metternich gefallen hätte: »In solchen Fällen muß es denn auch dem einzelnen, der an der allgemeinen Torheit leidet, erlaubt sein, sich mit einiger Selbstgefälligkeit zu sagen, daß er das alles, wo nicht vorausgesehen, doch vorausgefühlt, daß er in denen Punkten, die ihm klar geworden, nicht allein widerraten, sondern auch geraten, und zwar das, was alle, da die Sache schief geht, getan haben möchten. Dieses berechtigt mich zur Impassibilität, deshalb ich mich denn auch wie die Epikuräischen Götter in eine stille Wolke gehüllt habe; möge ich sie immer dichter und unzugänglicher um mich versammeln können!« Die »stille Wolke« läßt ihn auch darüber hinwegsehen, daß seine Mutter bis zuletzt sehnlich auf Lebenszeichen, Einladungen, Besuche wartete, oder daß Eckermann, schon jahrelang ihm zu Diensten, irgendeines Salärs bedürfe. »Selig, wer sich vor der Welt/Ohne Haß verschließt ...« – das galt nicht nur, wenn er, der Geliebten gedenkend, den Mond über den nebligen Ilmwiesen stehen sah, das galt vor allem und erst recht in bezug auf den Landeplatz seiner Epiphanien. Der muß freigehalten werden, denn »vom eigentlich Productiven ist niemand Herr, und sie müssen es alle nur so gewähren lassen«.

Beim »Gewährenlassen« mußte schon das Wissen stören, fortwährend beachtet und beobachtet zu sein – was er schrieb und sagte, was er nicht sagte, was er tat, was er unterließ, wem er Audienz gewährte, wie lange, wem nicht, wann er ausfuhr, sich in seinem Garten erging etc. Wer ein volles, eigenes Leben beanspruchte und erfüllte wie er, mußte besonders genau empfinden, inwiefern die observierende Mitwelt die Freiräume einengt – über die gut plazierten Spähtrupps gibt Wilhelm von Bodes Sammlung von Briefen über Goethe anschaulich Bericht. Seine Fluchten sind fleißig aus privaten Motivationen erklärt worden, mit der Ausnahme Italien zu wenig aus dem Bedürfnis, jener terroristischen Aufmerksamkeit zu entkommen, jäh in Konstellationen hinüberzuwechseln, die neue Freiheit, neue Unbefangenheit gegenüber der Mitwelt ermöglichen, neu zu bestimmen erlauben, wer und was wichtig und unwichtig sei, und immer zuoberst: unabgelenkte Konzentration aufs Werk garantieren. In der Reisekutsche ist er besonders produktiv und muß von zuhause so weit wegfahren wie vordem nie, um sagen zu können: »Da fühlt man sich doch einmal in der Welt zu Hause, und nicht wie geborgt, oder im Exil« (Rom, November 1786).

Von den so gelassenen wie ungeheuerlichen Kraftakten jener Konzentration, vom Procedere der Arbeit wissen wir letztenendes wenig. Goethe, auf und ab gehend, diktierte mit Ausnahme von Gedichten bis hin zu den Tagebüchern alles – und brauchte nicht viel zu korrigieren. Wie immer er vorgedacht, »schematisiert«, vorformuliert hatte – im entscheidenden Augenblick wird das Wort zunächst gesprochen, erst dann niedergeschrieben; entsprechend gehört das adressierende Moment der Mitteilung, der »Zundung« im Kontakt mit einem imaginierten Zuhörer essentiell zu seiner Prosa; laut gelesen erschließt sie sich schneller und angemessener als in stummer Lektüre und verdankt ihre Luzidität auch der Maxime, als Sprechtext plausibel und erinnerbar zu sein. Goethes Allergie gegen technische Hilfsmittel, welche die Grenzen des sinnlich unmittelbar Erfahrbaren hinausschieben helfen, entsprach eine vergleichbare dagegen, Texte so durchzukonstruieren, daß sie auf schriftliche Vergegenwärtigung angewiesen sind; seine Prosa ist nicht genuin schriftlich, sie stützt sich in der Schriftlichkeit nur ab, bleibt »vorgetragen« und bewahrt noch, wo einer kontinuierlichen Gedankenführung untertan, das Moment der spontanen Mitteilung, der hier und jetzt im Dialog mit ihrem Gegenstande und dem Zuhörer glücklich getroffenen oder auf solche Treffer hinzielenden Formulierung.

Schwerlich spielte bei solchem Adressieren die Gegenwart des Schreibenden eine Rolle; der konnte kaum Besseres tun, als sich zum Protokollanten, zum Schreibroboter zurückzunehmen. Wo nicht, wie im Falle von Ernst Carl Christian John (der, von 1812 bis 1814 in Goethes Diensten, später sich unrühmlich als Spitzel und preußischer Oberzensor bewährte), war seines Bleibens nicht. Daß das Privileg, bei den großen Geburtsakten zugegen zu sein, mit äußerster Selbstverleugnung erkauft war, hilft erklären, weshalb wir wenig verläßliche Auskünfte besitzen über das, was dort und wie es geschah. Wichtigtuerei, als ein Aufatmen der dieser Druckkammer Entwichenen verständlich und im Umkreis eines Großen unvermeidlich und nützlich (wer wollte schon Eckermanns Gespräche oder Schindlers Beethoven-Buch missen!), macht die Berichte nicht glaubwürdiger. Und wie hätte der auf die »Fülle der Gesichte« konzentrierte Alte sich belästigt gefühlt von der lauernden Aufmerksamkeit eines Gehilfen, welche hoch genug angesetzt wäre, um die Details eines solchen Berichts kompetent sammeln, ordnen und werten zu können! Der Bursche hatte, solange er nicht gefragt wurde, zu schreiben, und sonst nichts. In wenigstens einer Hinsicht ist die cella also doch verschlossen geblieben.

Wohl weiß ich, daß nicht alles mehr echt ist – im Februar 1945 fanden wir es spannend, einige der nahezu 250 Jahre alten Balken aus dem halbzerbombten Gebäude zu einem Geigenbauer nach Oberweimar zu schleppen, und nicht lange danach »sang« das Goethehaus in einigen Geigen, noch ehe es wieder aufgebaut war. Ob nun original oder nicht – einen zur Nachtzeit in diesen Räumen Alleingebliebenen könnte es wohl zum Halluzinieren bringen; vielleicht, daß dann, abwartend wie Barbarossa im Kyffhäuser, ein bürgerlicher Hieronymus im Gehäuse, »der alte Mann ... im Schlafrock, die Arme auf ein mißfarbenes Kissen gebreitet, am mittleren Tische säße und studierte«.

Tonlehre

An den Wänden von Goethes Schlafzimmer befinden sich keine Bilder, nur zwei Schemata, ein geologisches und ein mit Tontheorie befaßtes. Es besetzte die privilegierte Stelle seit Sommer 1827. Im Herbst zuvor war es zu Zelter nach Berlin gegangen: »Versäume ja nicht, zu der übersandten Tabelle schriftlich zu weissagen. Du siehst ihr den Ernst an, wie ich dieses ungeheure Reich wenigstens für die Kenntniß zu umgränzen gesucht habe. Jedes Capitel, jeder Paragraph deutet auf etwas Prägnantes; die Methode des Aufstellens kann man gelten lassen, sie war von mir gewählt, weil ich sie der Form nach meiner Farbenlehre anzuähneln gedachte. Noch manches andere hatte ich vor, das aber bey dem velociferischen Leben seitwärts zurückblieb.« Zum Zurückgebliebenen zählen »mehrere Aufsätze ..., die mir vielleicht ein Zufall erwünscht wieder in die Hände führt« (ebenfalls an Zelter, 9. 9. 1826); sofern Goethe nicht die mit Christian Heinrich Schlosser getauschten Briefe meinte, müssen wir »manches Andere« die Tonlehre Betreffende vermuten, das nicht erhalten ist.

Zelter kannte die Tabelle bereits, war sie doch, zunächst als Ableger der »Farbenlehre« (»ob man nicht auch die Tonlehre unter ähnlicher Ansicht auffassen könnte«) im Sommer 1810 während eines gemeinsamen Aufenthaltes in den böhmischen Bädern zu Papiere gekommen, Frucht etlicher Gespräche, die die Tagebücher genau verzeichnen. Der diesem Jahr gewidmete Abschnitt der »Tag- und Jahreshefte« spricht von der Beschäftigung mit der Tonlehre mit einer gewissen Feierlichkeit, am Ende nicht ohne Hintersinn: »Der Versuch, als Beweis irgend eines subjectiven Ausspruchs, ward verworfen; es entstand was man schon längst Anfrage an die Natur genannt hat. Und wie denn alles Erfinden als eine weise Antwort auf eine vernünftige Frage angesehen werden kann, so konnte man sich bei jedem Schritt überzeugen, daß man auf dem rechten Wege sei, indem man überall im Einzelnen und Ganzen nur Gewinne zur Seite sah.«

»Als Beweis irgendeines subjectiven Anspruchs« war der Versuch allerdings verworfen, sonst aber keineswegs – nicht nur, weil einem alten, erstmals 1791 formulierten Interesse entsprungen (da war in einem Brief an Johann Friedrich Reichardt noch schlicht physikalisch von »Akustik« die Rede), welches mehrmals durch Kontakte mit Musikern und Physikern neu angeregt wurde (u.a. führte Chladni dem entzückten Goethe seine Klangfiguren persönlich vor), sondern mehr noch, weil die Nachbarschaft zur Farbenlehre fortwährend dazu anregte, »Farbe und Ton ... auf eine höhere Formel« zu »beziehen« und aus dieser, doch »jedes für sich«, abzuleiten. So formulierte Goethe im Didaktischen Teil der Farbenlehre (§ 748) und fuhr im folgenden Paragraphen mit dem Wunsche fort, einer möge »dasjenige, was uns entgangen ... durch Glück und Genialität ersetzen; so würde die Tonlehre ... an die allgemeine Physik vollkommen anzuschließen sein«; wobei er kokett verschwieg, daß eben dies ihn beschäftigte. Als sich – nach vorausgegangenen Gesprächen im Spätsommer 1814 – im Frühjahr 1815 tatsächlich einer meldet, der Neffe des früheren Schwagers Schlosser, reagiert Goethe schnell, ausführlich und engagiert wie selten, die Briefe an den jungen Mann enthalten seine ausführlichsten Darlegungen zur Tontheorie. Aber noch der ganz Alte kann den »theoretischen Musikhansen« grollen (und den Adressaten Zelter hierbei einschließen), »daß Ihr ... die kleine Terz ... nicht wolltet als ein donum naturae gelten lassen. Wahrhaftig eine Darm- und Drathsaite steht nicht so hoch, daß ihr die Natur allein ausschließlich ihre Harmonien anvertrauen sollte. Da ist der Mensch mehr werth ...; der Mensch gehört mit zur Natur, und er ist es, der die zartesten Bezüge der sämmtlichen elementaren Erscheinungen in sich aufzunehmen, zu regeln und zu modifizieren weiß. Brauchen doch Chemiker schon den thierischen Organismus als eine Reagens, und wir wollen uns an mechanisch bestimmbare Tonverhältnisse klammern, dagegen die edelste Gabe aus der Natur hinaus in die Region einer willkürlichen Künsteley hinausschieben.« Da ist die anti-newtonsche Grundierung offenkundig, da klingen die Motive durch, die Goethe noch immer umtrieben, ihn aber auch auf eine Detaillierung verpflichteten, zu der er sich – ganz und gar, da er dies, im März 1831, niederschrieb – nicht imstande sah: kein leichter Verzicht, da er sich wohl auch hier der »Betätigung eines originalen Wahrheitsgefühles« wenn nicht einer »aus dem Inneren am Äußeren sich entwickelnden Offenbarung« sicher war, nahezu sich in der Situation desjenigen befand, der das Ergebnis schon hat, nur noch nicht weiß, wie er zu ihm kommt. Zuweilen mag ihn verunsichert haben, daß er auf dieses »Wahrheitsgefühl« angewiesen ist. »Ich muß bei meiner Überzeugung bleiben, weil ich die Folgen, die mir daraus geworden, nicht entbehren kann«, gesteht der Achtzigjährige – und hat schon mehr als dreißig Jahre zuvor Schiller mit ähnlicher Akzentuierung vor sich gewarnt: »Sie ... werden ... das Hypothetische vom Faktischen besser trennen, als ich es nun künftig jemals vermag, weil sich gewisse Vorstellungsarten doch bei mir festgesetzt und gleichsam faktisiert haben.« Da sieht sich der dezidierte Empiriker nahe beim Hochmut der Systemphilosophie, die, so Hegel, »die allgemeinen Bestimmungen zur Regel machen, und die Naturgebilde damit vergleichen« müsse; »diese sollen jenen angemessen sein; und insofern diese Wirklichkeit es nicht ist, so ist es *ihr* Mangel«. Brecht formulierte drastischer: Wenn man die Tatsachen nicht glauben könne, müßten die Tatsachen dran glauben.

Der Identität von Innen und Außen in all ihren Wirkungen und Prägungen inne zu werden (ob dichtend oder theoretisierend, machte für ihn keinen prinzipiellen Unterschied, über Farben oder die Metamorphose der Pflanzen schreibt er Gedichte, die »Wahlverwandtschaften« entfaltet er aus der Vorstellung eines chemischen Experiments) – das war, im Gegenzug gegen Newtonianer und »theoretische Musikhansen«, die zentrale Intention. »Es ist nichts außer uns, was nicht zugleich in uns wäre, und wie die äußere Welt ihre Farben hat, so hat sie auch das Auge«, sagte er im Februar 1827 zu Eckermann, auf eine frühere poetische Prägung anspielend: »Nichts ist drinnen, nichts ist draußen:/Denn was innen, das ist außen./So ergreifet ohne Säumnis/Heilig öffentlich Geheimnis«. Wie »die äußere Welt« Farbe und Auge füreinander oder gar eins durch das andere habe, möchte man meinen, hätte eine Tonlehre analog ausarbeiten müssen, inwiefern Ton und Ohr nahezu in wechselseitiger Verursachung füreinander da seien; die ärgerliche Auskunft, eine »Darm- und Drathsaite« stehe »nicht so hoch, daß ihr die Natur allein ausschließlich ihre Harmonien anvertrauen sollte«, sagt das deutlich genug – Auskunft eines Mannes, den, obwohl er nicht so elementar musikalisch begabt war wie unter den Weimarer Großen besonders Herder, das Phänomen Musik immer wieder beschäftigt und bedrängt hat. Das kann man noch aus mancher Unstimmigkeit einschlägiger Formulierungen herauslesen. »Wäre die Sprache nicht unstreitig das Höchste, was wir haben, so würde ich Musik noch höher als Sprache und ganz zuoberst setzen« – woher die Vorsicht, warum verzichtet er hier auf die »Bestätigung eines originalen Wahrheitsgefühles«, welche ungenannte Instanz bestimmt die Rangordnung und verhindert die von ihm favorisierte? Was treibt ihn, durch unnötige Verdoppelung (wenn man etwas »noch höher« setzen möchte als das »unstreitig Höchste«, muß man nicht noch betonen, daß es dann »ganz zuoberst« stünde) der Idee einer Rangordnung zugleich Tribut zu zollen und sie zu desavouieren?

Möglicherweise gibt es da Zusammenhänge mit dem Zaudern in bezug auf die Tonlehre. Nicht nur hat Goethe ihr »öffentlich Geheimnis« keineswegs »ohne Säumnis« ergriffen, sondern in diesem Fall ein jahrzehntelang, zeitweise engagiert verfolgtes Vorhaben am Ende unverwirklicht gelassen – war die an die Wand gehängte Tabelle ein Memento? Die Nachbarschaft zur Farbenlehre mag ebensowohl eingeladen wie abgeschreckt haben – letzteres im Hinblick auf den anfangs nicht vermuteten Umfang des Unternehmens, der »Mühe eines halben Lebens«, derentwegen »ein halb Dutzend Trauerspiele« ungeschrieben blieben (und »es gereut mich keineswegs« – so und ähnlich mehrmals in Gesprächen mit Eckermann); auch im Hinblick auf den Ärger, den es brachte – bei Entgegennahme der polemischen Prügel ebenso wie beim Austeilen. Goethe hatte längst »den Nachfahren hinterlassen, die Sache einst vor ein kompetentes Gericht zu bringen«. Andererseits waren dem Farbenlehrer, Mineralogen, Wetterkundler, dem Dichter der »Metamorphose der Pflanzen« und Entdecker des Zwischenkieferknochens fremde Reviere durchaus geläufig, die Tonlehre lag den poetischen »Hauptgeschäften« gar näher, und kompetente Ratgeber hätte er leichter zur Hand gehabt. Dennoch – dagegen stand eine Ethik, die jederlei abstrakt bleibende, selbst naheliegende Analogie als Hilfspfad verschmähte (»Wie zwei Flüsse, die auf Einem Berge entspringen, aber unter ganz verschiedenen Bedingungen in zwei ganz entgegengesetzte Weltgegenden laufen, sodaß auf dem beiderseitigen ganzen Wege keine einzelne Stelle der anderen verglichen werden kann; so sind auch Farbe und Ton«); dagegen stand zudem ein durch Vernunftgründe nicht ersetzbares Angewiesensein auf einen »existentiellen« Bezug zum Gegenstand. Nur als ein Ganzer kann er dem Ganzen der Natur begegnen. »Um aber einer solchen Forderung sich zu nähern, müßte man keine der menschlichen

Kräfte bei wissenschaftlicher Tätigkeit ausschließen ... die Abgründe der Ahnung, ein sicheres Anschauen der Gegenwart, mathematische Tiefe, physische Genauigkeit, Höhe der Vernunft, Schärfe des Verstandes, bewegliche, sehnsuchtsvolle Phantasie, liebevolle Freude am Sinnlichen« – mit Ausnahme der »Abgründe der Ahnung« entfernt sich die Aufzählung immer weiter von den im Normalverständnis wissenschaftlichen, rational kommandierbaren Komponenten und endet bei den subjektiv wenn nicht affektiv bedingten.

Bei solchem Totalanspruch an die »menschlichen Kräfte« bedurfte es einer Zündung, einer Initiation, eines – so Goethe – »Aperçus«, wie er es erlebte, als im Jahre 1790 ein Bote des Besitzers der ausgeliehenen, unbenutzt liegengebliebenen Prismen diese abholen kam, Goethe nur schnell einmal hindurchschauen wollte und, wie immer auf vielerlei Weise für das Erlebnis disponiert, seine »Erweckung« erfuhr, eine »Entwicklungskrankheit, die auf Leben und Tätigkeit den größten Einfluß haben sollte ... das Gewahrwerden einer großen Maxime, welches immer eine genialische Geistesoperation ist; man kommt durch Anschauen dazu, weder durch Nachdenken noch durch Lehre oder Überlieferung ... eine aus dem Innern am Äußern sich entwickelnde Offenbarung, die den Menschen seine Gottähnlichkeit vorausahnen läßt ... eine Synthese von Welt und Geist, welche von der ewigen Harmonie des Daseins die seligste Versicherung gibt.« Die – hier collagierten – Formulierungen verdeutlichen den Erwartungsdruck, unter dem Goethe im Hinblick auf ein »Aperçu« zur Tonlehre stand, sobald klar war, daß es nicht einfach um eine Verlängerung ins Akustische ging und er die »Erweckung« von 1790 hierfür nicht in Anspruch nehmen konnte. Immerhin, noch 1810 hatte er auf eine Verknüpfung der Tonlehre »mit dem übrigen Physischen und auch mit der Farbenlehre« innig gehofft und darauf, daß, »wenn ein paar große Formeln glücken, ... das alles Eins werden, alles aus Einem entspringen und zu Einem zurückkehren« müßte. Die Formeln, wie immer erahnt, glückten nicht, vor dem Reich der Töne standen höhere, andere Barrieren als vor dem des Lichtes und der Farben (immerhin hatte er sich auch als Maler denken können), vielleicht auch, so Goethe im März 1804 an Zelter, weil man »nur ... begreift, was man selbst machen kann, und ... nur faßt, was man selbst hervorbringen kann«.

Von »ewiger Harmonie« spricht Goethe auch in einem Zeugnis, dessen feierliche Diktion – genau von der Art, wie er sie zur Beschreibung von Fügungen, wichtigen Erkenntnissen, »Erweckungen« aufspart – vermuten läßt, hier habe er sich dem »Aperçu« nahegefühlt oder es nachträglich hineindeuten wollen – seine meistzitierte Formulierung zur Musik, das Wort über Bach. Als »aus dem Innern am Äußern sich entwickelnde Offenbarung«, wenn sie den Ehrentitel verdient, würde die briefliche Äußerung des Achtundsiebzigjährigen auch an einer Disproportion mit durchaus humoristischen Kontexten kenntlich. Goethe, den weder der junge Mozart noch der junge Mendelssohn noch der reife Beethoven zu vergleichbaren Ausführungen inspirierten, bezog sich hier auf Erlebnisse, die ihm das Klavier- und Orgelspiel des Badedirektors Johann Heinrich Friedrich Schütz vermittelte, eines, wenn man der Porträtzeichnung Schmellers glauben kann, lustigen Mannes mit Embonpoint und Sinn für gutes Leben, der berufshalber »Schlammkönig« genannt wurde und sich nicht zu scheuen brauchte, die Exzellenz auf Schmerlen, Forellen oder Trüffeln nach Berka einzuladen; als bemerkenswerter Musiker ist er nicht bekannt geworden. Seines Spiels erinnert Goethe sich aus mehr als zehnjährigem Abstand, und wie bei der von späterher erinnerten Kanonade von Valmy, bei der er in ähnlich feierlicher Weise »es sich aussprach«, mag die Formulierung weniger mit dem orginaliter Geschehenen zu tun haben als mit den die Erinnerung treibenden Interessen. Auf die läßt die unabgegoltene Tonlehre unschwer schließen, fast, daß Goethe einen Schnellkursus versucht von der kurz vor der Weltschöpfung sich mit sich selbst unterhaltenden Harmonie über den »ersten Schritt nach außen«, bei dem sie sich »ins Transoxanische verläuft oder ins Jodeln, ins Liebelocken der Vögel« bis hin zum »Eintritt in eine höhere Kultur«, als welche das entfaltete Ganze wieder zu seinem göttlichen Ursprung zurückstrebt – eine gedankliche Operation nahe bei dem These/Antithese/Synthese-Modell oder dem der klassischen Sonatenform, Entfaltung und realisierende Einlösung eines Ganzen, eines anfangs latent, später sichtbar Identischen.

Am ehesten in der Nähe der sich mit sich selbst unterhaltenden Harmonie zur – nicht hörbaren – musica mundana, wie sie auch im Faust-Prolog anklingt (»Die Sonne tönt nach alter Weise«), lädt Goethes Dreigliederung zum Vergleich mit dem neuplatonischmittelalterlichen Konzept von Musik ein. Der »profanste«, vom Ursprung am weitesten entfernt liegende Punkt des »Transoxanischen« läßt sich eingeschränkt mit »musica instrumentalis«, das »Zurückstreben« des »entfalteten Ganzen« mit »musica humana« parallelisieren; allerdings verspricht die triadische Figur mehr Nähe, als die Bestimmung der Eckpunkte einlöst – zu deutlich bei Goethe das u.a. Hegels »Phänomenologie des Geistes« ähnliche Konzept des Durchgangs, einer »Wanderung«, des realisierenden Prozesses (bezeichnenderweise fällt im Zusammenhang mit der Tonlehre der Name Johannes Keplers nicht).

»Wenn ich eine entstandene Sache vor mir sehe«, schrieb der mit der Physiologie der Pflanzen beschäftigte Goethe, »nach der Entstehung frage und den Gang zurück messe, so weit ich ihn verfolgen kann, so werde ich eine Reihe Stufen gewahr, die ich zwar nicht neben einander sehen kann, sondern mir in der Erinnerung zu einem gewissen idealen Ganzen vergegenwärtigen muß. Erst bin ich geneigt mir gewisse Stufen zu denken; weil aber die Natur keinen Sprung macht, bin ich zuletzt genötigt mir die Folge einer ununterbrochenen Thätigkeit als ein Ganzes anzuschauen, indem ich das Einzelne aufhebe, ohne den Eindruck zu zerstören.« Genau nach dieser Maßgabe steht in der Tabelle der »erwanderten« Triade eine systematisch gliedernde gegenüber, mit jener am deutlichsten zusammentreffend in der Koinzidenz am Schluß. Veranschaulicht in drei Kolumnen, die zweifach – senkrecht und waagerecht – gelesen werden sollen, »erscheint uns ... das Musikalisch-Hörbare ... organisch (subjectiv), mechanisch (gemischt), mathematisch (objectiv). Alles dreies fällt zuletzt wieder zusammen, bequem durch die Kraft des Künstlers, schwerer durch wissenschaftliche Darstellung«. Ausdrücklich hat Goethe in seinem großen Brief an Schlosser vermerkt, daß »die Ähnlichkeit dieser Schematisierung mit dem Schema der Farbenlehre ... nicht zu verkennen sei«. Ebensowenig zu verkennen, welche fürs erste einladend erscheinende Analogien Goethe sich versagte – zuoberst die zwischen dem Licht und dem Ton, derzufolge möglicherweise Musik als »Tat und Leiden des Tones« hätte gedeutet werden können. Hier aber fehlte die »theologische« Sicherheit, welche Goethe aus der Koinzidenz seiner ersten Beobachtungen mit der plotinisch-mittelalterlichen Lichtmetaphorik und ihren Kontexten gewann – »ich erkannte das Licht in seiner Reinheit und Wahrheit, und ich hielt es meines Amtes, dafür zu streiten«; überdies mußte für die Dignität des Tones nicht gestritten werden wie gegen Newton für das Licht.

Wie immer Goethe darauf insistierte, daß »die Erscheinung ... vom Beobachter nicht losgelöst, vielmehr in die Individualität desselben verschlungen und verwickelt sei« (wie nahe manchen Positionen der modernen Physik), wie nachdrücklich-hellsichtig (hierin der modernen Evolutionsforschung präludierend) er daran festhielt, daß »das Auge ... sein Dasein dem Licht zu danken« habe (»aus gleichgültigen tierischen Hilfsorganen ruft sich das Licht ein Organ hervor, das seines Gleichen werde; und so bildet sich das Auge am Lichte fürs Licht, damit das innere Licht dem äußeren entgegentrete. Hierbei erinnern wir uns der alten ionischen Schule, welche mit so großer Bedeutsamkeit immer wiederholte: nur von Gleichem werde Gleiches erkannt«) – in bezug auf das Verhältnis von Ton und Ohr und in bezug auf mögliche Konsequenzen war er vorsichtig. Die Tabelle spricht von der »Empfänglichkeit ..., scheinbaren Passivität und Adiaphorie« des Ohrs, gewiß auch dessen »erleidendes« Ausgeliefertsein an die Eindrücke meinend: das Auge kann man schließen und richten, das Ohr nicht oder kaum; dies wohl auch Hintergrund der enigmatischen Formulierung, daß »gegen das Auge betrachtet das Hören ein stummer Sinn« sei, »nur der Teil eines Sinnes«. Die Beschreibung, so mag Goethe empfunden haben, ließ der Wechselwirkung von Organ und Objekt gar zu wenig Chancen; also ergänzt er: »Dem Ohr müssen wir jedoch als einem hohen organischen Wesen Gegenwirkung und Forderung zuschreiben; wodurch der Sinn ganz allein fähig wird, das ihm von außen Gebrachte aufzunehmen und zu fassen. Doch ist bei dem Ohr die Leitung noch immer besonders zu betrachten, welche durchaus erregend und productiv wirkt. Die Productivität wird dadurch geweckt, angeregt, erhöht und vermannichfaltigt.« Das hatte er vor Anfertigung der Tabelle, den Prozeß betonend, so dargestellt: »Indem sich aus und an dem Menschen selbst die Tonwelt offenbaret, hervortritt in der Stimme, zurückkehrt durch's Ohr, aufregend zur Begleitung den ganzen Körper, und eine sinnlich-sittliche Begeisterung und eine Ausbildung des innern und äußern Sinnes bestimmend ...« und war zu der Konsequenz gelangt, »der Gesang« sei »völlig productiv an sich« – wiederum einer enigmatischen Formulierung, übersähe man, daß das Ohr erst später ins Spiel kommt, und verstünde man sie nicht aus der Teilhabe der Sinneswerkzeuge, des Ganzen der menschlichen Subjektivität an der »Offenbarung der Tonwelt«. Mit Hilfe dieser Partnerschaft macht Goethe einige auch durch die Parallelität zu Licht und Ton nahegelegte Fragen überflüssig; das »rein Physikalische« des Tons – die Obertonreihe hat er sich gewissenhaft notiert – interessiert ihn nur am Rande, und das Problem der Artifizialität, wenn nicht der – ungoethisch gesprochen – »Unnatürlichkeit« des musikalischen Tons bedenkt er mit geradezu dröhnendem Schweigen. »Janitscharenmusik ... Jodeln ... Liebelocken der Vögel« stehen ununterschieden nebeneinander, und von vornherein begreift er den Ton, in den »Drathsaiten« zugleich die pythagoräischen Herleitungen verspottend, als etwas nahezu Lebendiges, subjekthaft Tätiges – »Auf diesen Stufen schreitet der Ton zur Höhe und Tiefe fort, bis er sich selbst wiederfindet (Octave).« Und er nimmt, ohne eine Unterscheidung zu seinem Verständnis von »Ton« treffen zu müssen, den offenbar vom jungen Schlosser ins Gespräch gebrachten Begriff der »Tonmonade« nur zu gern auf. Insofern in der Monade, als Unteilbarem, von der res extensa, als einer immer noch teilbaren, nichts übrigbleibt, als letzte Bausteine der Wirklichkeit also die res cogitans, seelische Elemente obsiegen, kann der mit der Tonlehre beschäftigte Goethe sich unschwer als strenggläubiger Leibnizianer bekennen: denn als Monade verstanden kann der Ton, selbst wenn auf die bare Materialität seiner Schwingungen reduziert, nicht herausgelöst werden aus dem Netz der Partialtöne, die er ebenso erregt wie sie ihn mitdefinieren, er läßt sich begreifen fast als Paradigma einer »lebendig« schwingenden, pulsierenden, gewissermaßen geistigen, subjekthaft tätigen Krafteinheit, die als Kleinstes das Ganze widerspiegelt, nicht eine Schwingung, sondern ein Knäuel, ein Gefüge von Schwingungen, ein vom Zentrum her, dem »ton générateur« ebensowohl aufgebautes wie ihn einschließendes Kraftfeld. Der schroffen Unterscheidung von organischen und unorganischen Strukturen ohnehin feind – Goethe akzeptiert nicht einmal die mechanischen Grundlagen der Gravitation, versteht sie lieber als ein »gewisses Pulsieren« und bringt dieses mit »lebendigen« meteorologischen Erscheinungen in Verbindung (Italien, 8. 9. 1786) – vernachlässigt er auch die zwischen dem subjekthaft bedingten Gemachtsein des

Tons und dessen »anorganisch« gegebenen Schwingungsverhältnissen, der puren Physik des Klangs, wie sie als Ausgangspunkt immerhin oben in der Tabelle noch angesprochen ist; das »Hörbare«, schreibt er dort, »entspringe durch Erschütterung der Körper, für uns vorzüglich durch Erschütterung der Luft«. Eben hier wären Unterscheidungen fällig im Sinne des »allgemeinen Glaubensbekenntnisses«, das Goethe in seinem großen Brief an Schlosser formulierte:

»a. In der Natur ist alles was im Subject ist.
y. und etwas drüber.
b. Im Subject ist alles was in der Natur ist.
z. und etwas drüber.«

Inwieweit sind die gering geschätzten Schwingungsverhältnisse ein »y«, inwieweit hält er sie noch für zu »a« gehörig? Klärungen wie diese versprächen freiere Bahn, solidere Sicherung für Analogien zu Licht und Farbe. Mit diesen zugleich aber meidet er genauere Bestimmungen, inwiefern der Ton oder die Tonmonade, da sie erst hergestellt werden müssen, auf andere Weise gegeben bzw. natürlich sind als Licht und Farbe. Da »im Subject ... alles ... ist, was in der Natur ist« und umgekehrt, behauptet das schöne Wort vom »donum naturae« mehr als es definiert, müßte doch das »Subject« in bezug auf das, was in der Natur »etwas drüber« ist, zwangsläufig »etwas drunter« bleiben. Weil sich, mit der Schiller gegenüber angedeuteten Selbstkritik zu reden, »gewisse Vorstellungsarbeiten ... gleichsam faktisiert« haben, und erst in zweiter Linie, weil »die Phänomene ... selbst ... die Lehre ... sind«, erscheinen derlei grundsätzliche Fragen in die Details verschoben, stehen also bei jedem neu zur Klärung an und belasten dessen Diskussion – dies aber ganz im Sinne desjenigen, der die Unterscheidung von theoretischer Verallgemeinerung und praktischer Verifizierung an der Einzelheit, wo immer möglich, zurückweist und noch in der Einzelheit das Ganze zu fassen sucht. »Jedes Ansehen geht über in ein Betrachten, jedes Betrachten in ein Sinnen, jedes Sinnen in ein Verknüpfen, und so kann man sagen, daß wir schon bei jedem aufmerksamen Blick in die Welt theoretisieren.« Auf dem Hintergrund dieser Auskunft läßt sich die Formulierung nicht halten, Goethe büße bei der Behandlung der Einzelheit ab, was er bei übergreifenden, grundsätzlichen Vorklärungen versäumt habe – wie immer es genau so aussieht, besonders bei der Kontroverse um Dur und Moll mit dem äußerst verständniswilligen Zelter, später und gründlicher mit dem hierin kompetentesten Gesprächspartner, dem jungen Schlosser. Mit diesem diskutiert Goethe auf eine Weise, welche vermuten läßt, er habe nun, im Jahre 1815, mit dem Thema entschiedener abschließen wollen, als mit jeder Diskussion solcher Art die Absicht verbunden ist, ein Ende zu finden.

Im brieflichen Dialog konnten die beiden Kontrahenten in medias res gehen, weil Goethes Reise im Jahre 1814 viel Gelegenheit zu Gesprächen geboten hatte, u.a. begleitete der junge Mann Goethe von Frankfurt nach Heidelberg. Goethe kannte den »schwarzlockigen Schlosser« (so der Graf Reinhard) schon als Medizinstudenten in Jena; nun begegnete er einem hochbegabten, originellen Dreißigjährigen wieder, der, inzwischen mit einer Tochter von Hölderlins »Diotima« verheiratet, mehrere Jahre in Italien verbracht, dort u.a. mit Cornelius und Thorwaldsen Freundschaft geschlossen hatte und sich bis hin zur Konversion zum Katholizismus als Angehöriger einer anderen Generation bekannte. Um die Gründe zu ermessen, derentwegen Goethe ihm »verzieh«, reicht allein die Lektüre des Briefkommentars hin, den Schlosser der ihm übersandten Tonlehre-Tabelle widmete, eines in jeder Hinsicht außergewöhnlichen Schriftstücks, dessen Kompetenz, wie immer von Goethe sofort erkannt und durch eine entsprechende Antwort belohnt, ihn noch mehr beeindruckt haben mag, als er, bei aller erklärten Offenheit seiner Entgegnung, zugeben konnte. Über die Problematik seines Versuchs war ihm nunmehr gründlicher und sachkundiger Bescheid geworden als je vordem. Nun muß er verteidigen, läßt Schlosser nichts durchgehen, versucht, wo nötig oder möglich, dessen Bestimmungen aufzuspießen und scheut sich nicht, gegebenenfalls sich aus dem Dickicht der Details in die sicheren Bastionen allgemeiner Standpunkte zurückzuziehen. »Der sogenannte Gegensatz zwischen Dur und Moll ist keinesfalls ein ursprünglicher, sondern ein abgeleiteter«, schreibt Schlosser und bietet erläuternd (immerhin hatte er sich vor Jahren schon den Ehrennamen eines »berufenen Kommentators der Farbenlehre« verdient) einen Vergleich mit der »Verkehrung des Lichtes im schattigen Grunde« an; eben daran meint Goethe ihn überführen zu können: »Wenn dieses Gleichnis passen soll so wird ja dadurch zugegeben, daß beyde Phänomene von gleichem Werth sind, daß sie beyde in der Natur liegen, da nur auf sie beyde, und zwar auf ihr Wechselverhältniß die Farbenlehre gegründet werden kann; folglich mußte auch die Tonlehre, wo nicht auf unser jetziges Dur und Moll, doch gewiß auf ein Analogon desselben gegründet werden.« Und da Schlosser die Verbindlichkeit des Vergleichs einschränken will (»Dieses Phänomen ist weiter garnichts, als was bey energischem Eintreten des Farbenbildes der doppelte Regenbogen ist«), schlägt Goethe theologisch zurück: »Hierbey muß ich bemerken, daß der Regenbogen hier blos als Gleichniß steht, und nicht als ein Parallelphänomen zu dem Gesagten. Lasse ich das jedoch gelten, so spricht es für meine Behauptung, denn die beyden Regenbogen sind nothwendige Correlate, keiner besteht ohne den anderen, virtualiter sind sie immer zugleich da, obgleich in der zufälligen Erscheinung der untere manchmal allein und also öfter gesehen wird. Beyde zusammen sind in der ewigen Natur gegründet, und wenn Gott den Urvater Noah auf einen Regenbogen aufmercksam machte, so war es gewiß ein doppelter.« Und dieser doppelte Regenbogen hilft die folgende Abfuhr mittragen: »Gegen die an den Rand geschriebene Behauptung: Nur der Durton liegt in der Natur muß ich mich verwahren.« Hier gibt er kein Pardon, umso weniger, als Schlosser auch hinsichtlich weitreichender Folgerungen Paroli bietet: »Ist daher der menschlichen Natur der Mollton gemäser als der Durton, so will das eigentlich sagen, die Befestigung des Menschen in der Natur ist eine gewaltsame, gezwungene, auch die heiterste; die Musik, und in ihr der Mollton, als das der Natur fernste, sie in ihren Fugen erschütternde, macht die Wehmut in uns anklingen, gegen die wir alle zu kämpfen haben, die wir uns, wir mögen es gestehen oder nicht, alle verbergen möchten, und nicht los werden können. Eben darum aber, weil er das Gemüth am entschiedensten gegen die Natur kehrt, oder aus ihr entwendet, liegt er selbst nicht in der Natur, wenigstens nicht auf eine ursprüngliche Weise. Sein Gefallen ist im Sittlichen zu suchen.« Das ist – nicht zu reden von der listig-großartigen Formulierung, das Moll sei »der Natur entwendet« – ebensosehr ein Stück Anthropologie wie Selbstauskunft, nahe bei Schellings Beschreibung des »Dunkelsten und Tiefsten der menschlichen Natur als innere Schwerkraft des Gemüts, daher in ihrer tiefsten Erscheinung Schwermut. Hierdurch besonders ist die Sympathie des Menschen mit der Natur vermittelt. Auch das Tiefste der Natur ist Schwermut; auch sie trauert um ein verlorenes Gut, und auch allem Leben hängt eine unzerstörliche Melancholie an, weil es etwas von sich Unabhängiges unter sich hat.«

Solcher Weiterungen bedurfte es nicht einmal, um den Kontrahenten bewußt zu machen, wie sehr sie, mit Dur und Moll befaßt, zugleich über viel mehr reden. Je deutlicher die Diskussion ins Allgemeine treibt, desto fremder werden sie füreinander. In einer Passage seines Briefes, die – kaum je zitiert – zu den großen musik-ästhetischen Formulierungen jener Jahrzehnte gehört, spricht Schlosser vom »Gemüth (um dies düstere Wort zu gebrauchen)«, mag es gar als Entgegenkommen formuliert haben, da er wußte, welch bedrängend unmittelbare Musikerlebnisse Goethe bewogen, dem Moll volle Gleichberechtigung neben dem Dur erstreiten zu wollen. Wenn es so war, hatte er Pech, denn »wie Sie sich nun aber recht zutraulich vorgenommen Ihr Innerstes bey dem gegenwärtigen Anlasse gegen mich aufzuschließen, so konnte es nicht fehlen, daß die Differenz zwischen unsern beyden Denkweisen auf das schärfste zur Sprache käme. Es geschieht dieß da Sie das Wort Gemüth ein düsteres Wort nennen, da ich es nur als das heiterste kenne, und es nur auszusprechen brauche, um an alles Frohe und Leuchtende erinnert zu werden. Freylich haben Sie sich gegen den Schluß Ihres Briefes gleichsam wollüstig in die düstern Regionen des Subjects versenkt, wofür ich Ihnen auch dankbar bin, denn wie sollte ich sonst, auf eine so liebevolle und geistreiche Weise, in die Labyrinthe der Menschennatur zurückgezogen werden.«

Goethe belohnt Schlossers Konfession mit dem oben zitierten »Glaubensbekenntnis« und spart sich eine in dieser Form einmalige Ehrung, den Vergleich mit Schiller, für den Schluß auf, um für diesmal der »Fortsetzung ... einer gemeinsamen Bildung« abzusagen: »es wäre ... besser, wenn wir bey unvergleichbarem Zwiespalt unserer Gesinnungen, lieber auf eine Zeitlang von einander Abschied nähmen und dem guten Genius überließen unsere Wege wieder zu nähern und zur Berührung anzuleiten, als daß wir durch Schweigen und Ausweichen uns stummerweise nach und nach voneinander entfernten. Nehmen Sie daher meine Äußerung freundlich auf, denn ich wünschte, daß wir das große Kunststück, das Schiller und mir gelang, bey völlig auseinanderstrebenden Richtungen eine gemeinsame Bildung fortzusetzen, auch zusammen bestünden, welches umso verdienstlicher wäre, als Jahre und Überzeugung noch weiter auseinanderstehen.«

Gemessen an Niveau und Anspruch dieser unter dem 16. Februar 1815 beendeten Auseinandersetzung – unübersehbar dabei das Diktat einer sorgsamen geistigen Haushaltsführung – nehmen sich spätere Äußerungen eher wie Echo und Nachgeplänkel aus, mag auch das Wort über Bach zu ihnen gehören und die Tabelle zwischen Weimar und Berlin hin- und hergesandt worden sein. Gerade die Noblesse, die »so liebevolle und geistreiche Weise« des Dialogs mag Goethe überzeugen geholfen haben, daß man nur allzuschnell an »gleichsam faktisierte Vorstellungen« wenn nicht Glaubensfragen geraten war, daß er Standpunkte zur Disposition hätte stellen müssen, über die er mit sich nicht reden lassen konnte. »Es ist wohl keine Frage, daß man das Werk noch reicher ausstatten, lakonisch behandelte Stellen ausführlicher hätte hervorheben können, allein man muß zu endigen wissen« – das schrieb der ganz alte Goethe über die »Wanderjahre«. Setzt man deren werkhaften Anspruch ins Verhältnis zur lockeren Fügung und zu dem bei der Endfassung Helfern wie Eckermann und Riemer gewährten Spielraum, so fehlt nicht viel, um auch Goethes berühmteste Äußerung zu den »Wanderjahren« für den Tonlehre-Entwurf in Anspruch zu nehmen: »Vorgesetztes und Angeschlossenes, bald gelungen, bald vereitelt, wodurch es eine Art von Unendlichkeit erhält, die sich in verständige und vernünftige Worte nicht durchaus fassen läßt« (womit er sich dicht bei der romantischen Theorie des Fragments bewegt), oder: »Da sich manches unserer Erfahrungen nicht rund aussprechen und direkt mitteilen läßt, so habe ich seit Langem das Mittel gewählt, durch einander gegenübergestellte und sich gleichsam ineinander abspiegelnde Gebilde den geheimern Sinn dem Aufmerkenden zu offenbaren.«

»Aufmerkende« hat die Tonlehre lange nicht gefunden. Betrachtet man sie zu ausschließlich als Teilmoment im Widerstand des letzten großen Universalisten gegen die hereinbrechende Diktatur der Einzelwissenschaften, der Fachleute, der arbeitsteilig, pragmatisch angeschauten Welt, des sprunghaft vermehrten Wissensstandes – ein Widerstand, welcher Glanz und Elend des Dilettanten in helles Licht rückt –, so liegen Einräumung und Verständniswilligkeit ebenso ungut beieinander wie bei der Auskunft, daß das zur

Verteidigung fragwürdiger Positionen Aufgebotene der Erkenntnis oft besser zugearbeitet habe als die geradlinige Verifizierung gesicherter Standpunkte. »Für die Kausalverhältnisse der Natur, an denen wir als große Zauberlehrlinge mitdrehen gelernt haben, ... anders verantwortlich geworden als die Zeitgenossen Goethes« (Adolf Muschg), haben wir Grund, fachspezifischen Widerlegungen Goethes zu mißtrauen und zu fragen, ob mit ihrer Hilfe nicht auch veruntreut, verdrängt wurde, was Goethe besonders hinsichtlich der Vermittlungen von Objekt und Subjekt implizit angesprochen oder erahnt hatte; und wo er an positiv gesicherten Tatsachen scheiterte, bleibt zu fragen, was da scheiterte, inwiefern der Wahrheitsgehalt der widerlegten Intention selbst jene Tatbestände zu erhellen geeignet sei, die ihm »positiv« entgegenstehen. Den mit den Fatalitäten wie der spezifischen Wahrheit der »Farbenlehre« Vertrauten müssen Goethes Nöte mit der Tonlehre zu leicht durchschaubar anmuten, als daß er sich an ihnen besserwisserisch austoben dürfte. Darüber, daß die akustische Fundamentierung des Dur-Dreiklangs leichter zu benennen ist als die des Moll, braucht er nicht belehrt zu werden. So müßte der Versuch, die Intention der Tonlehre zu verstehen oder weiterzudenken, immer neu beginnen bei den Paradoxen, die Goethe zu riskieren bereit war. Im übrigen bezeugt der stets bereitliegende Groll gegen die »theoretischen Musikhansen«, inwiefern er bestenfalls sich selbst in bezug auf das Thema, nicht aber dem Thema selbst Dispens zu geben versuchte, daß die im Schlafzimmer hängende Tabelle alles andere war als ein Siegel heiterer Entsagung.

Proserpina

»Wir haben diesem Werklein noch wunderlich eingeheizt, daß es als Luftballon steigen und zuletzt noch als Feuerwerk zerplatzen kann« – so Goethe im Januar 1815 an Zelter. Die Rede ist vom Melodram »Proserpina«, das, neukomponiert von Carl Eberwein, fast vierzig Jahre nach der ersten Aufführung in großer Ausstattung Anfang Februar desselben Jahres in Szene ging. Nicht nur hier hat Goethe im Zusammenhang mit Musik – und die ist mitgemeint – von einem »Luftballon« gesprochen; »die Musik nimmt ... wie ein einströmendes Gas, den Luftballon mit in die Höhe« – das schrieb er fünf Jahre später in einem Brief ebenfalls an Zelter.

»Goethe und die Musik« – den Behandlungen des Themas kam das liebhaberhafte Verhältnis der damit Befaßten oft zugute. Umso merkwürdiger, daß sie nahezu vorbeigingen an einer Komposition, die unter seinen Augen entstanden und offenbar bis in kleine Details hinein von ihm beeinflußt ist. Daß der aus einer Weimarer Musikerfamilie stammende Carl Eberwein, seit 1803 Hofmusikus, später Musikdirektor der Stadtkirche, Gesangslehrer am Seminar, Musikdirektor, also auch Operndirigent, und langjährig Leiter der Hausmusik bei Goethe, nicht zur ersten, kaum zur zweiten Garnitur gehörte, sondern zu den vielen solide gebildeten Musikern jener Zeit, verbürgt die goethesche Autorisation seiner Komposition eher als daß es sie einschränkte. Schwerlich konnte er Besseres tun, als die Intention des Dichters zu bedienen, das »einströmende Gas« zu besorgen – nicht gerechnet die Gelegenheit, im Prüfstand dieser Aufgabe Kräfte und Fähigkeiten zu mobilisieren, über die er vor- und nachher kaum verfügte. »Es ward mit vielem Beifall aufgenommen und wird bei Anwesenheit fremder Herrschaften zum brauchbaren Musterstückchen dienen dessen, was wir vermögen«, berichtet er, offenbar sicher, daß seine Arbeit ihm von höchster Stelle gedankt werden würde. In einem im Anschluß an die Aufführung geschriebenen Aufsatz rühmt Goethe »die Mäßigkeit des Komponisten ..., welcher sich nicht selbst zu hören, sondern mit keuscher Sparsamkeit die Vorstellung zu fördern und zu tragen suchte«. Das Bild der »tragenden« Musik liegt ebenso nahe bei dem des »Luftballons« wie bei einem anderen, das Goethe im selben Aufsatz genauer ausmalt: »Nunmehr ist es Zeit, der Musik zu gedenken, welche hier ganz eigentlich als der See anzusehen ist, worauf jener künstlerisch geschmückte Nachen getragen wird, als die günstige Luft, welche die Segel gelind, aber genugsam erfüllt und der steuernden Schifferin bei allen Bewegungen nach jeder Richtung willig gehorcht«: prima le parole, dopo la musica. Für Eberwein war es ein Ritterschlag, hatte doch Jahre zuvor Zelter, dem er als Schüler von Goethe ans Herz gelegt worden war, reserviert geurteilt: »Er muß sehr zusammenbleiben, wenn ihm noch etwas gelingen soll«, was Goethe später, offenbar betroffen durch die ernüchternde Auskunft, meinte korrigieren zu müssen: »Eberwein nimmt sich recht gut. Er ist durch

Ihre Hilfe in allem weitergekommen.« Nun wurde er, wie immer den »Nachen« nur tragend, nicht steuernd, bei einer für Goethe wichtigen Unternehmung als Partner anerkannt. Wenn wir dem Zeugnis des jungen Ferdinand Hiller glauben können, der sich zehn Jahre später als Schüler Hummels in Weimar aufhielt, ist ihm das, trotz späterer Fehlschläge, mächtig zu Kopf gestiegen.

Goethe hatte etwas gut zu machen an dem 1777/78 entstandenen Monodrama, worin unverkennbar Iphigenie vorweggenommen, im übrigen auf ungewöhnliche Weise eine gegen ihr Schicksal, ihren Mann, ihre Eltern – also gegen die Götter – rebellierende Frau auf die Bühne gestellt ist, eine nachtschwarze Szene ohne Aufhellung und Tröstung, wie in der Vorlage immerhin angedeutet; bei Horaz darf Proserpina, gegen ihren Willen an den Herrscher der Unterwelt verschachert, halbjahrweise zu ihren Eltern zurückkehren. Nicht so bei Goethe: Da tönt ihr am Ende die Begrüßung der Parzen (»Du bist unser!/Wir neigen uns dir/Bist unser! unser!/Hohe Königin« etc.) wie Hohn in den Ohren; Eberwein unterstreicht das möglicherweise absichtlich durch einen geradehin stupide simplen Chorsatz.

Die finstere Ausweglosigkeit des Monodrams mochte zunächst halbwegs dadurch kompensiert erscheinen, daß es in die »dramatische Grille« »Der Triumph der Empfindsamkeit« eingelegt und also derb ironisiert war – eine letztenendes wirkungslose, nahezu geschmacklose Ironisierung: zu groß das Gewicht dessen, dem die Relativierung nachgeschoben wird, zu unterschiedlich auch die poetischen Qualitäten. Goethe verfuhr kaum weniger schnöde als der Mäzen in Strauß/Hofmannsthals »Ariadne«, welcher das ernste und das lustige Stück gleichzeitig zu spielen befiehlt, und er wußte es; »freventlich ... eingeschaltet« sei es, formulierte er später und hat – als »Todfeind ... von allem Parodieren und Travestieren«, wie er später an Zelter schrieb – »Proserpina« in den Druckausgaben als selbständiges Werk ausgewiesen.

Gab es damals Gründe, das Monodram in einem Rahmen zu präsentieren, der ihm ersparte, so ernst genommen zu werden, wie es das verdient? Für eine Periode, in der – ganz und gar im Ton der »Proserpina« – bei Goethe nichts begegnet, was nicht wenigstens teilweise autobiographisch bedingt wäre, reicht als Erklärung schwerlich hin, er habe das Stück für Gluck auf den Tod von dessen Nichte geschrieben, und ebensowenig, daß er eine würdige Rolle gebraucht habe für Corona Schröter, die herbe, unnahbare »Überschöne«, eine in der Kleinstadt Weimar auffällige Erscheinung, die sich gern griechisch trug und das Format der großen Tragödin hatte. Derlei Veranlassungen schließen einander nicht aus, auch nicht eine dritte, privatere: Goethe könnte an seine sehr geliebte, soeben verstorbene Schwester gedacht und in Proserpinas Vorwürfen gegen ihre Eltern gewissermaßen in Cornelias Namen Vorwürfe gegen die seinen formuliert haben, die die – von ihm mißbilligte – Heirat mit Schlosser erlaubt hatten; der Hintergrund der Heirat durch Frauenraub schimmert im Proserpina-Mythos ohnehin durch, der Granatapfel als Symbol für Schwangerschaft besiegelt die Bindung an den Hades bzw. die Ehe; daß Proserpina ihn pflückt, könnte den Vorwurf des eifersüchtigen Bruders enthalten, daß Cornelia sich Liebesfreuden hingegeben habe, und das bei Horaz gewährte, hier verweigerte lieto fine, daß Cornelia tot, eine Rückkehr aus dem Hades nicht möglich sei – Veranlassungen, deren Benennung stets hinzugefügt sein muß, daß sie verarbeiten auch bewältigen, gestalten auch loswerden bedeutet.

Hinzu kommt die ästhetische Herausforderung: das Melodram als Experiment, als Bündelung aller Möglichkeiten theatralischer Darstellung hatte eben Konjunktur. Noch die Rechenschaft über die spätere Aufführung widmet sich ausführlich den Details bis hin zu den Kostümen, als sei ein »Gesamtkunstwerk« anvisiert gewesen. Überdies waren die besten deutschsprachigen Melodramen (die nur vermutbaren Versuche Mozarts ausgenommen) in den siebziger Jahren in Goethes Nähe – in Gotha – entstanden. Durch die Idee des Melodrams, meinte Christian Friedrich Daniel Schubart, sei »die Würde der Deklamation auf den äußersten Gipfel erhoben. Jedes Zeichen der Bewunderung, Ausrufung, Frage, jedes Komma, jeder Ruhepunkt, jeder Strick des Denkens oder der Erwartung, jedes aufbrausende oder sinkende Gefühl des Deklamators, jede kaum merkliche Verflössung der Rede wird durch diese Art der Tonkunst ausgedrückt.« Goethe blickt darüber hinaus auf die Darstellung: »Die melodramatische Behandlung hat das große Verdienst, mit weiser Sparsamkeit ausgeführt zu sein, indem sie der Schauspielerin gerade so viel Zeit gewährt, um die Gebärden der mannigfaltigen Übergänge bedeutend auszudrücken, die Rede jedoch im schicklichen Moment ohne Aufenthalt wieder zu ergreifen, wodurch der eigentlich mimisch-tanzartige Teil mit dem poetisch-rhetorischen verschmolzen und einer durch den anderen gesteigert wird.«

Als Goethe sich der »Proserpina« erinnerte, war die Aktualität der Gattung dahin, war sie zu einer Sonderform, einer Enklave geworden wie im »Fidelio«, wenig später im »Freischütz« und auch in Schuberts »Zauberharfe«; oder sie war, noch wichtiger, vom dramatischen Accompagnato beerbt worden. Ein gegen die Zeit gestellter »Eigensinn« hat bei der Wiederaufnahme und Goethes ausführlicher Kommentierung offenkundig mitgespielt, bestätigt auch dadurch, daß der Versuch ohne Folgen blieb und der Kleiderwechsel der Darstellerin (Goethe: »Proserpina tritt auf als Königin der Unterwelt; prächtige, übereinandergefaltete Mäntel, Schleier und Diadem bezeichnen sie; aber kaum findet sie sich allein, so kommt ihr das Nymphenleben wieder in den Sinn ... Daß nun dieses Entäußern der faltenreichen Gewänder zu den schönsten, mannigfaltigsten Gestaltungen Anlaß gebe, daß der Kontrast einer königlichen Figur mit einer daraus sich entwickelnden Nymphengestalt anmutig überraschend sei, wird niemandem entgehen«) vor allem spöttische Kommentare auf sich zog.

Andererseits wollte er, da läßt Eberweins Komposition keinen Zweifel, »moderne« Musik. Auf die 1778 von dem Weimarer Kammerherrn von Seckendorff verfertigte wollte er, wenn sie noch vorhanden war, offenbar nicht zurückgreifen. Eberwein komponiert als Zeitgenosse Spohrs und Webers, er kennt Gluck und Mozart und hat keinen Grund, die Mittel des »großen Stils« seiner Zeit zu scheuen. In breit hingesetzten g-Moll-Akkorden, mit denen er beginnt, hallt »Don Giovanni« nach, vielleicht auch Florestans Introduktion; und wie bei dieser kommt der Klarinette, die nach jenen Akkorden allein zu singen beginnt, die Qualität fast einer vox humana zu: Da findet das Gegenüber von finsterer Hadeswelt und der verlorenen jungen Frau gleich anfangs sein musikalisches Symbol – so prägnant erinnerbar, daß es wie von selbst die zugehörigen Stichworte erhält, wo Proserpina erstmals ganz in ihrer Situation ankommt: »Hoffnungslos ist ihr Schmerz! / Hoffnungslos der Abgeschiedenen Glück, / Und ich wend es nicht. / Den ernsten Gerichten / Hat das Schicksal sie übergeben; / Und unter ihnen wandl' ich umher, / Göttin! Königin! / Selbst Sklavin des Schicksals!« In solchen

Handhabungen erweist Eberwein sich mit den derzeit modernsten, bedeutendsten Prägungen der »programmatischen« Ouvertüre vertraut. Andererseits verschafft er dem Stück, wohl wissend, wie viel Abbrüche überbrückt werden müssen, möglichst viel innere Kohärenz, greift z.B. als erstes Thema des Ouvertüren-Allegros den Gestus der zwischen die drohenden Akkorde »eingesperrten« Klarinette auf und verwandelt ihn fast in eine Aria agitata nahe bei Mozarts g-Moll-Sinfonie KV 550, in deren Tonart er sich ohnehin befindet. Und er formt die Ouvertüre im Sinne der Sonate – ein zweites Thema wieder mit Klarinette und schwungvoller weberscher Gebärde, eine verarbeitende Passage – streng genug, um sie am Ende vor Proserpinas erstem Schrei gewaltsam abreißen zu müssen – mithin der Übergang zur Szene als Wechsel von selbstbestimmter zu »bedienender« Musik dramatisch unmittelbar und sehr bewußt in der Gegenübersetzung unterschiedlicher ästhetischer Ebenen. Nun weicht die Musik zunächst zurück, interpunktiert beinahe nur, verdeutlicht die »Trauergefilde« durch einen breitgezogenen Adagio-Takt, Proserpinas »Nicht vorwärts, / Aufwärts auch soll dieser Blick nicht steigen!« durch einen resolut von diesem Adagio sich abstoßenden Gestus – eine von vielen melodramatischen Möglichkeiten, das Verhältnis von Wort und Musik je nach Situation neu zu definieren, eins dem anderen entgegengesetzt oder helfend, wechselweise neue Situationen schaffend oder auf solche reagierend, dazwischenstörend oder wetteifernd, einander »ins Wort fallend«, in Blöcken nebeneinander stehend oder zu innigem Gleichlauf verflochten. So erhält die hochgespannte, furiose Emotionalität der Szene, das Hin- und Hergerissensein zwischen grauenhafter Gegenwart und lieblichen Erinnerungen, Ausbrüchen verzweifelten Hasses und fast geschwisterlichen Hinwendungen zu den traurigsten Figuren der antiken Mythologie (Tantalos, Ixion, die Danaiden, in Weimar 1815 sichtbar auf der Bühne) Form und Kontur, auch dadurch, daß eben sich bildende musikalische oder poetische Strukturen zerschlagen werden und als unabgegolten, als Fragmente in Erinnerung bleiben. Immerhin ließen sich ein »Großverlauf«, gar so etwas wie ein »Großrhythmus« aufbauen, fast könnte man sagen, das Grundmuster gebe die die Ouvertüre gewaltsam abbrechende Proserpina. Immer wieder stellt der Musiker nahezu selbständige Komplexe hin – in der Unschulds-Tonart C-Dur die Tändelei der

Gespielinnen; das »ruhige Wandeln der Seligen« als von Hörnern geprägtes Adagio in Es-Dur; das dem Anruf der Mutter vorausgehende Andante; das dem »Vater der Götter und Menschen« gehörige Larghetto in der Sarastro-Tonart E-Dur (durchweg spielt die Symbolik der Tonarten eine große Rolle); das lockende Andantino der Flöte, da Proserpina den Granatapfel erblickt – welche, eben hingestellt, »gestört«, zuweilen fragmentiert werden, dennoch als Gravitations- und Ruhepunkte erscheinen, Säulen einer immerfort gefährdeten, von der übergreifenden Dramatik des Monologs bedrohten Struktur; insgesamt ein in die Spanne zwischen Sprechstimme und Orchestersatz projiziertes dramatisches Rezitativ mit Secco-Passagen, Accompagnati, Zwischenspiel, gar mit »ariosen« Partien, wenn Proserpina die Musik nahezu erklärend begleitet – bei der Beschreibung des Ixion, des Tantalos und der Danaiden ebenso wie bei der der »Seligen«; da halten Wort und Ton gleiche Lage, gleiches Tempo, soweit das möglich ist gar gleichen Klang, da mag der in bezug auf rhetorische Gestaltung pedantische Goethe in besonderer Weise die »hebenden«, »tragenden« Wirkungen der Musik empfunden haben. Beim Vorspiel am Klavier, berichtet Eberwein, habe er mit »einer gewaltigen Tiefe der Empfindung« deklamiert. Schwer vorstellbar, dem seien nicht detaillierende Besprechungen vorausgegangen, der Alte habe dem noch nicht dreißigjährigen Musiker nicht genau auf die Finger gesehen; schon am 29. Mai 1814 hatte dieser am Frauenplan aus »Proserpina« – oder gar das Ganze – vorgespielt.

Notwendigerweise schloß die Arbeit eine Rechenschaft über die Gründe ein, derentwegen das Melodram gerne als antiquiert, ästhetisch zum Scheitern verurteilt erschien. Verbale und musikalische Folgerichtigkeiten können nur begrenzt mit- bzw. gegeneinander agieren, der Widerstreit unterschiedlicher ästhetischer Ebenen läßt sich formbildend benutzen nur in eng gezogenen Grenzen einer genau definierten Situation, was am Ende hinausläuft auf fast einen einzigen Topos – die große tragische Situation, die Konstellation der barocken Ombra-Szene, das Lamento der Ariadne, Medea, Eurydike oder Proserpina. Da wird viel vorausgesetzt – die Kenntnis all dessen, was die Heldin in die jetzige Lage gebracht hat, dramatische Vorgänge, welche wohl nach theatralischer Darstellung rufen, nicht aber nach melodramatischer. Auch, weil stets aus einem größeren Ganzen herausgebrochen, erscheint das Melodram eo ipso fragmentarischen Wesens; nicht umsonst wurden »Melodram« und »Monodram«, obwohl Verschiedenes benennend, zeitweise fast synonym gebraucht. »Fidelio« und »Freischütz« taugen nicht als Einwand dagegen, daß dramatischer Dialog und Melodram sich schlecht vertragen; wohl reden da mehrere, aber nicht gegeneinander, sondern mit der Situation, in der sie sich befinden. Nicht nur müßte, weil der Dialog mit der Situation bereits zum Dialog unterschiedlicher Ebenen erweitert ist, die sich darüber lagernde dramatische Auseinandersetzung zwischen zwei Protagonisten den letzten Rest Kohärenz gefährden – der Wechselrede bekäme schlecht, wenn das Reden per se in Frage, das Medium der Auseinandersetzung nicht sichergestellt wäre; dessen Gefährdung und Fragmentierung, Rede am Rande ihrer selbst, hier zerschlagen, dort neu notwendig gemacht, nur auf kurze Strecken »gehoben« und »getragen«, ist die raison d'être des Melodrams.

Daß die Kongruenz äußerer und innerer Situationen dem Bilde besondere Wichtigkeit gibt – die Hadeswelt der Proserpina, der Sonnenaufgang von Bendas »Ariadne« etc. jeweils zugleich Chiffren ihrer Gemütslagen – rechtfertigt die Nähe zum Tableau; so erscheint das Monodram nahezu als theatralische Ausfaltung des wie ein Gesellschaftsspiel gepflegten gestellten Bildes, von Goethe u.a. in den »Wahlverwandtschaften« und im »Proserpina«-Kommentar beschrieben, »jene Nachbildung eines gemalten Bildes durch wirkliche Personen ... zuletzt ein gleichfalls für sich bestehender Kunstzweig, der manchen Liebhaber reizt und beschäftigt, auch sich einzeln schon auf dem Theater verbreitet hat« – als ein solches Bild, in der Mitte die erstarrte Heldin, endete die Weimarer Aufführung. In einem Brief vom Mai 1815 spricht Goethe in bezug auf »Proserpina« von »Hamiltonisch-Hendelischen Gebärden«, bezugnehmend u.a. auf Lady Hamilton, die Meisterin der tableaux vivants, die er 1787 in Neapel erlebte – Goethe hatte im Jahre zuvor die Redaktion der »Italienischen Reise« zugunsten des »Westöstlichen Divan« unterbrochen und war bei dieser Erinnerungsarbeit unmittelbar vor dem neapolitanischen Aufenthalt stehengeblieben. »Der Ritter Hamilton«, heißt es unter dem 16. März 1787, »hat nun ... den Gipfel aller Natur- und Kunstfreunde in einem schönen Mädchen gefunden. Er hat sie bei sich, eine Engländerin von etwa zwanzig Jahren. Sie ist sehr schön und wohlgebaut. Er hat ihr ein griechisch Gewand machen lassen, das sie trefflich kleidet: dazu löst sie ihre Haare auf, nimmt ein paar Shawls und macht eine Abwechslung von Stellungen, Gebärden, Mienen etc., daß man zuletzt wirklich meint, man träume. Man schaut, was so viele tausend Künstler gern geleistet hätten, hier ganz fertig, in Bewegung und überraschender Abwechslung. Stehend, knieend, sitzend, liegend, ernst, traurig, neckisch, ausschweifend, bußfertig, lockend, drohend, ängstlich etc., eins folgt aufs andere und aus dem anderen. Sie weiß zu jedem Ausdruck die Falten des Schleiers zu wählen, zu wechseln und macht sich hundert Arten von Kopfputz mit denselben Tüchern. Der alte Ritter hält das Licht dazu«. Derlei Erinnerungen haben offenbar mitgespielt, als er »Proserpina« »zum Träger von allem« machte, »was die neuere Zeit an Kunst und Kunststücken gefunden und begünstigt hat« – mit der Quintessenz (abermals im Brief vom Mai 1815), daß »ein Monolog kein Drama« sei. Es gab also genug Grund, »wunderlich einzuheizen«. Offenkundig aus Werbegründen hat Goethe »Proserpina« in seinem Kommentar verharmlosend beschrieben (die »nahen und fernen Begrenzungen ... des weiten musikalischen Raumes ... sind lieblich ausgeschmückt«; die »melodramatische Behandlung ... muß sich zuletzt in Gesang auflösen und dadurch erst volle Befriedigung gewähren«; bei den »Seligen« wird »das allgemein Wonnevolle dargestellt«; die »Seligkeit« sprach sich »dadurch aus, daß allen ein geselliger Genuß bereitet war«; das »kleine Stück« dreht sich »in idyllischen, herrischen, leidenschaftlichen, tragischen Motiven immer abwechselnd um sich selbst«) – das bestätigt die ästhetische Grenzgängerei eher, als daß es sie widerlegt.

Vieles spricht dafür, daß die wiedererinnerte »Proserpina« mit einem neu aufgebrochenen, weitreichenden Interesse für Musik und die Verhältnisse zwischen Ton und Wort in Zusammenhang steht bzw. dieses ihrerseits stimuliert hat. Seit Sommer 1814 mit dem »Westöstlichen Divan« beschäftigt – begonnen hatte es im Mai in Berka mit »Versunken«, in eben jenen Wochen, da er sich vom Bade-Direktor Schütz Mozart und Bach vorspielen ließ –, hatte Goethe nun immerfort mit »Liedern« zu tun und in eben diesem Jahre auch viel direkten Umgang mit Zelter, der von dem neuen lyrischen Frühling zuerst und am ausführlichsten erfuhr; im Januar 1815 entwirft Goethe eine »orientalische Oper« (»Feradeddin und Kolaila«) und versucht im November den Berliner Kapellmeister Bernhard Anselm Weber dafür zu interessieren. Am Tage der zweiten »Proserpina«-Aufführung – da entsteht auch »Im Atemholen sind zweierlei Gnaden« – eröffnet er in einem Brief an Christian Heinrich Schlosser, einen Neffen seines früheren Schwagers, eine neue Runde im Gedankenaustausch um seine Tonlehre, welche fünf Jahre zuvor bis zu einem Schema gediehen und dann liegengeblieben war. Der Einwand, hier gehe es mehr um Akustik als um Musik, Tonlehre habe mit Komposition nicht mehr zu tun als Farbenlehre mit Malunterricht, verfängt bei Goethe am allerwenigsten, der immer darauf bedacht war, daß »die Abstraktion, vor der wir uns fürchten, unschädlich, und das Erfahrungsresultat, das wir hoffen, recht lebendig und nützlich werden soll«. So befindet er sich z.B. im Mai in einer sehr unphysikalischen Diskussion um Dur und Moll: »Wie der Durton aus der Ausdehnung der Monade entsteht, so übt er gleich Wirkung auf die menschliche Natur, er treibt sie in's Object, in die Weite, nach der Peripherie«.

Dies der weitere Umkreis des Melodrams. Im engeren liegt – welch ein Erfolg für Eberwein! – die Ermutigung, die Goethe in bezug auf eine Bühnenrealisierung des bisher nicht gespielten »Faust« gewann – die ihn, bis hin zu den mit Riemer und dem Schauspieler Wolff (dem Gatten der »Proserpina«-Darstellerin) geschmiedeten Plänen, seit Jahren beschäftigte. Nun versucht er in einem Brief vom 1. Mai 1815, dem Berliner Intendanten Graf von Brühl den Plan einer melodramatischen Gestaltung der ersten »Faust«-Szene schmackhaft zu machen: »Ich habe die beiden ersten großen Monologe von Faust ins Engere gezogen und überdies die Szene zwischen ihm und Wagner herausgeworfen, so, daß von Anfang: Habe nun ach! Philosophie pp. bis zu den Schlußworten des Chors: Euch ist der Meister nah,/Euch ist er da! das Monodram in einem fortgeht, und nur durch die Erscheinung des Geistes unterbrochen wird. Die Absicht ist, Fausten mit seltner musikalischer Begleitung rezitieren zu lassen, die Annäherung und Erscheinung des Geistes wird melodramatisch behandelt, der Schlußchor melodisch, woraus denn ein kleines Stück entsteht, welches etwas über eine halbe Stunde dauern mag« – da spricht bis in die Anordnung der Teile hinein die Erfahrung »Proserpina« mit, da scheint von der Gewißheit, den »Luftballon« für die bisher nicht theaterfähig gehaltene Dichtung gefunden zu haben, alles Bedenken verdrängt, wie deren gedankenschwerem Text melodramatisch beizukommen sei. Doch nicht genug damit: Eberwein berichtete nach Berlin, daß »der Geheime Rat den Plan hatte, nach und nach den ganzen Faust auf diese Weise auf die Welt zu bringen«. Selbst wenn man einige Großsprecherei in Abzug bringt – die groteske Überforderung des musikalischen Helfers hängt auch mit Goethes Verständnis der inferioren, zuarbeitenden Rolle dramatischer Musik zusammen.

So hochfliegend die Pläne, so tief die Enttäuschung: Eberwein litt bei den ersten Anläufen »Tantalusqualen«; und Goethe schrieb über ihn, nur anderthalb Jahre nach »Proserpina«, sehr anders als früher: »Des jungen Mannes Talent kennst Du, es ist ein geerbtes, äußeres und mit nichts gefüttert, weder mit Charakter noch Liebe, weder mit Gefühl noch Geschmack. Deswegen klebt's mit Lust an der Erde und begreift nicht, warum es sich nicht vom Boden heben kann. Er hat das allerletzte Elend von Prosa in einer kleinen Oper komponiert, mit Behagen und Selbstgenügsamkeit. Was ich mit Faust vorhatte, sollte er nicht begreifen, aber er sollte mir folgen und meinen Willen tun, dann hätte er gesehn, was es heiße. Diese Menschenrasse, die bei so manchen Vorzügen des eigentlichen Besten ermangelt, begreift nicht, warum es mit ihr nicht rucken will; nun suchen sie es durch Intrigue zu erreichen, und augenblicks verletzen sie durch Dünkel und Ungeschicklichkeit den erworbenen Gönner, und so zerstiebt das Märchen, ja sie sind rückwärts statt vorwärts gegangen.«

Immerhin hatte »Proserpina« als Einladung zu dem Ikarus-Flug mit »Faust« getaugt. Als Antwort auf die Mitteilung des großen Vorhabens hatte Zelter, seinen Neid nicht verhehlend, an Eberwein geschrieben: »Das Glück, unter den Augen eines solchen Dichters und in der Nähe eines disponiblen Theaters, wie das Ihrige, ein Stück zu arbeiten, stelle ich mir als das Höchste vor, das einem Komponisten werden kann. Noch nie hat es ein Komponist in der Welt genossen und kommt vielleicht in der Geschichte der Kunst nicht wieder vor ... Was mich betrifft, so würde ich die Arbeit augenblicklich übernehmen, die Musik möchte geraten oder nicht ...«. Deutlicher läßt sich nicht sagen, weshalb »Proserpina« uns interessieren muß.

Was bedeutet die Bewegung? Marianne-Suleika fragt das durch die Bewegung hindurch, in der sie alles um sich sieht und in der sie sich fühlt und befindet, die sie ist: Bewegung des Herzens, des Windes – und die des Wagens, in dem sie am 23. September 1815, wider die Abrede verfrüht, dem Freunde nacheilt. Irgendwo zwischen Darmstadt und Heidelberg ereilt sie die Frage, zündet das Lied in der glücklichen Gewißheit »eh noch diese Hügel düstern/sitz' ich still zu seinen Füßen« (was Goethe in der Endredaktion schnöde oder gar nachlässig – kann er diesen Vers vergessen haben? – verschlimmbessern wird). Zu dem, was sie in jenen Jahren zur großen Lyrikerin macht, gehört nicht nur der erotisch-poetische Anruf dessen, dem sie zu Füßen sitzen will, nicht nur das poetische Maskenspiel; dazu gehört auch diese Bewegung, aus der sie ratlos glücklich heraus- und in die sie zugleich hineinfragt.

Unterwegs, weggenommen von der Gewohnheit trägem Geleise, fühlen wir uns neu und anders, freier, offener, vollständiger; da steht auch der Teil unseres Wesens zur Verfügung, der vordem in jenen Geleisen lief, wo oft bequem vorentschieden war, was wichtig und was unwichtig sei. Nun gehört diese Entscheidung uns, wir haben alle Freiheit, symbolisch und wichtig zu finden, was uns begegnet; nun erst, da im Wechsel der Orte der Zeitlauf vor Auge und Gemüt steht, sind wir ganz gegenwärtig. Vierzig Jahre zuvor konnte Goethe, der weimarischen Hofgesellschaft überdrüssig, ins herbstliche Harzgebirge davonreiten, von vornherein entschlossen, den Ausflug und alle seine Begebnisse bedeutend zu finden und symbolisch zu nehmen; fast ließ er sich das poetische Protokoll von den Ereignissen diktieren. Und noch davor, 1774, war ihm die Postchaise zum Dolmetsch seiner enthusiastisch bejahten Lebensreise geworden in einem Dithyrambus, worin er – kommt es darauf an? – Gottvater Kronos mit Chronos, dem Gott der Zeit verwechselt.

Auch die Fahrt, ohne die es den »Divan« nicht so gäbe, wie wir ihn kennen, führt sogleich in Dichters Lande; am 25. Juli ist Goethe so früh aufgebrochen, daß er Erfurt noch im Morgennebel liegen sieht, und da wird ihm bedeutend, daß die aus dem Dunst auftauchenden bunten Streifen sich nicht als reihenweis aufgestellte Soldaten erweisen, sondern als Blumen: »Ja, es sind die bunten Mohne/die um Erfurt sich erstrecken ...« Damit beginnt die lange Reihe der unterwegs geschriebenen »Divan«-Gedichte.

Bewegung: Auch im Rattern des Wagens, im Getrappel der Hufe bleibt sie insofern nicht äußerlich, als der Zustand, die Befindlichkeit immerfort gegenwärtig, körperlich erfahrbar gehalten werden. Wie weit das lyrisch Gesagte bzw. Gesungene von ihr abgehoben gedacht werden darf, ist wohl zu fragen – nicht nur, weil Lyrik ihrem Wesen gemäß nicht fortstrebt von ihren Verursachungen, gar nicht sich ablösen soll von der Situation, aus der sie herkommt. Und auch Musik ist zunächst Bewegung und erstattet als solche der zum Worttext geronnenen, in die Verbalität zurückgezogenen Lyrik zurück, was ihr verlorenging. Insofern geht sie, wo sie das lyrisch Gemeinte wirklich trifft, hinter den Text zurück, sie stellt ein virtuelles Ganzes wieder her, von dem nur das Wort übriggeblieben war, und bleibt dann nur im äußerlichsten Sinne noch hinzugetan. Wie immer später dazugekommen, vielleicht weit außerhalb der ästhetischen Bannmeile des Textes liegend, sucht sie doch ein ideales Früher, sucht sie das, was in dem Gedicht an verschütteter, Singen und Sagen ineins bindender »Ursprache« stecken oder an ihm haften könnte. So daß der Musiker nicht nur mit dem Gedicht wie von vorn, sondern vor dem Gedicht beginnen muß.

So wenig Schubert im März 1821 wußte von der Konstellation des Septembertages fünfeinhalb Jahre zuvor (er wußte nicht einmal, wessen Text er komponierte) – wieviel hat er dennoch von ihr in seiner Musik aufgehoben! Angefangen bei den Bewegungen des Ostwindes, des Reisewagens wie des erwartungsfroh klopfenden Herzens, die suggestiv einladen, die Sechzehntel der rechten Hand dem Winde zuzuordnen (wozu die »kosende« Figur am Beginn der zweiten Strophe zusätzliche Handhabe bietet) und die klopfenden Achtel der linken dem ungeduldigen Herzschlag. Freilich – wollte man dies als definitorische Scheidung der äußeren und der inneren Dimension festschreiben, so säße man einem dichotomischen Denkschema auf. Auch hier sucht die Musik das ideale, der Unterscheidung vorausgehende Früher, geht auch hier hinter diese zurück, fast, als ließe sich eine (goethesch gesprochen) Entelechie der Konstellation anvisieren, worin all deren Momente – die Liebenden, ihre Sehnsucht, ihre Erwartung, der Wind, der Wagen, der Insekten frohes Völkchen, die Reben, die Felder, die Hügel – noch ungeschieden beieinander, noch nicht zu je eigenen Wesenheiten auseinandergetreten sind.

»Suleika I« gehört in die drei Liedopera hinein, welche Schubert im Dezember 1822 auf eigene Initiative bei Cappi & Diabelli drucken ließ, offenbar ermutigt durch den im Frühjahr 1821 mit »Erlkönig« und wenig später mit »Gretchen am Spinnrad« erzielten Erfolg – nicht die einzigen Goethe-Texte in diesem Zusammenhang: als op. 12 veröffentlichte Schubert drei Harfner-Lieder aus »Wilhelm Meister«. Wohl auch für sich selbst mußte er der Enttäuschung etwas entgegensetzen, die im Jahre 1816 die kommentarlose Zurücksendung der sechzehn Lieder aus Weimar bedeutet hatte. Daß Goethe die »Divan«-Vertonungen je gehört hat, kann man nahezu sicher ausschließen – unter ihnen befand sich mit »Suleika I« immerhin das – laut Brahms – »schönste Lied, ... das je entstanden ist«. In einem Brief vom Jahre 1825 nennt Marianne die Vertonungen ihrer beiden Suleika-Gedichte »artig« – darauf hat Goethe ebensowenig reagiert wie knapp zehn Jahre zuvor auf die Liedsendung. Freilich hätte die Kenntnis der »Suleika I« ihn schwerlich umgestimmt – zu viel lag zwischen seiner Liedästhetik und derjenigen dieser Komposition; und das spätere Urteil des überstrengen Brahms hätte er schon gar nicht nachvollziehen können: »Die letzte Strophe des schubertschen Suleika-Liedes ›Was bedeutet die Bewegung‹ ist die einzige Stelle, wo ich mir sagen muß, daß goethesche Worte durch die Musik wirklich noch gehoben worden sind. Sonst kann ich das von keinem anderen goetheschen Gedicht behaupten. Die sind alle so fertig, da kann man mit Musik nicht an.« Für die Öffentlichkeit war der Text neu, fast noch druckfrisch; seit Herbst 1819 lag er in der Erstausgabe des »Divan« vor; im März 1821 hat Schubert ihn komponiert.

Fast könnte man sagen, der Wind wehe das Lied heran, er häufe das Tonmaterial auf zu dem Vorhaltakkord des vierten Taktes, aus dessen Auflösung die Bewegung hervorgeht – als Einheitsablauf, der die Vertonung von fünf der sechs Strophen bestimmen wird. Dies »Heranwehen« fällt zwanglos ineins mit den Erfordernissen eines präludierenden Anlaufs, der einen musikalischen Raum öffnet, eine Tonart definiert, hierbei neunmal die Figur wiederholt, welche später das »Kosen« des Windes so sinnfällig beschreibt. In der zweiten Fassung des Liedes hat Schubert den Aufprall im Vorhaltakkord und die Auflösung zu zwei Takten und Fermate vergrößert, wodurch der »eigentliche« Beginn mehr Nachdruck erhält. Von dessen Ähnlichkeit mit dem ersten Satz der »Unvollendeten« ist oft gesprochen, darüber viel spekuliert worden – sie betrifft Satz- und Tonart gleichermaßen, und auch die Daten laden zur Bezugnahme ein: Als die Liedopera 12 bis 14 gedruckt vorlagen, hatte Schubert die Arbeit an den beiden Sätzen der h-Moll-Sinfonie eben abgeschlossen. Die musikalische Bewegung des Liedes hat ihn ohne Zweifel – und in Verbindung mit dieser Tonart – fasziniert, sie muß ihm auf eine zunächst eher geheimnisvolle Weise bedeutend erschienen sein; an ihr blieb noch etwas abzugelten, zu erkunden; und so stellte er sich Suleikas Frage nun als Musiker. Wobei es offenbar darauf ankam, die Bewegung in allen Etagen der sinfonischen Struktur beim Wort zu nehmen und jene damit so innig zu verbinden, daß das nachmalige Thema sich nur wie die Spitze eines Eisberges aus einem Zusammenhang heraushebt, dem es ganz und gar zugehört.

Windeswehen im Liede erst recht nach dem präludierenden Anlauf, aus dessen Reihung einer viertönigen Drehfigur überführt und diese umgekehrt und vergrößert zu einer zweitaktigen Einheit, in der Schubert zunächst auch die Taktart in der Schwebe hält (3/4 oder 6/8? – erst die Sängerin entscheidet). Unberührt vom Einsatz der Singstimme wiederholt er sie dreimal, als gälte es die Objektivität des Naturbildes zu betonen. Die Kompensation des gefährlich direkt Illustrierenden und Erfordernisse des Satzes arbeiten einander zu, wenn er dem »Außen« der spielenden Sechzehntel das »Innen« fast gegenständlich hinzufügt mit dem Klopfen des Dreiachtel-Auftaktes der linken Hand, einer Lieblingsfigur, hier Dolmetsch von Suleikas erwartungsfroher Unruhe: Was die Bewegung bedeute – die Frage ist an den Ost gerichtet wie an den fahrenden Wagen wie ans eigene Herz. Und dies hält die Musik bis zum »Etwas langsam« der letzten Strophe gegenwärtig, läßt uns teilhaben am Gnadenstande der Liebenden, der alles ineins fließt, alles um sie her nur noch von Liebe spricht. Die Suggestivität des fast ostinaten Herzklopfens wirkt noch in die letzte Strophe hinein: deren in gleichmäßigen Achteln angeschlagener Orgelpunkt wird als Verwandlung und Beruhigung des Klopfens erlebt, sein Gleichschlag nie also indifferent grundierend, sondern immer nur dem einstmaligen Klopfen übergestülpt – dies nicht zuletzt der Sinn der tiefen Oktavierung jeweils auf der Takteins.

Schubert beginnt deklamierend mit dem Wechsel zwischen fis und h melodisch karg, nahezu rezitativisch, kaum mehr als hineinsprechend in schon vorhandene Bewegung – dieser ist die Singende ganz zugewendet, als wolle sie nichts für sich; das Klavier nimmt von ihr kaum Notiz. Von dem bescheidenen Eintritt hebt das Folgende sich umso deutlicher ab; die Frage »bringt der Ost« setzt abtaktig ein und hat größeres Tempo, sie stört den zuvor etablierten Gleichlauf durch den Kontrast von rascher Bewegung am Beginn und dem langen, fragenden Verweilen auf dem Hochton, als warte Suleika auf Antwort. Dabei exponiert Schubert zugleich als hinfort wichtiges Motiv die melodische, hier aufwärtsgehende, Punktierung. Nicht aber nur melodisch wird gefragt, sondern auch durch die Lösungsbedürftigkeit der in den ersten beiden Versen aufgebauten Gegensätzlichkeit – sie muß integriert werden; dies geschieht im Melodiezug zu der Wendung »seiner Schwingung frische Regung/ kühlt des Herzens frische Wunde«, die erstmals das Zugleich von Innen und Außen explizit anspricht, in einem großen, die beiden Zeilen zusammenschließenden Bogen, welcher befreiend zur Dur-Parallele hinführt, die Begleitung näher an sich heranzieht und die Strophe auch insofern rundet, als der vierte Vers rhythmisch dem ersten entspricht. Die Korrespondenz spiegelt sich auch in der Zeilen-Gruppierung wider: 2+3 und 3+2 Takte. Als habe die Aussage des dritten und vierten Verses nicht genug Gewicht, wiederholt Schubert diese wie eine Vergewisserung, in deren entspannt hinabgehenden Sequenzierungen das Glück dessen mitklingt, der dies von sich sagen darf.

Das Zugleich von Innen und Außen dergestalt festgeschrieben, ergeht der Text sich danach, unbesorgt um das immerfort Mitgemeinte, im Ausmalen des Bildes. Schubert hält mit und wechselt zum »kosenden« Motiv hinüber, welches nach der gebrochenen Figur besonders eindringlich spricht und das innere Tempo der beschwingten Liebesrede verdeutlicht, indem es sich durchaus, mehr als eine mechanisch rekapitulierte Spielfigur, gegen das Tempo zu sperren scheint, zumal auch der treibende Dreiachtel-Auftakt melodisiert wird – und alles ppp. In den zweimal zwei Takten der ersten beiden Verse dieser Strophe – rhythmisch schließen sie an die zweite der ersten Strophe an – tilgt Schubert nun den retardierenden dritten Takt, der Vortrag gewinnt an Tempo, wechselt Richtungen und Tonlagen rasch, so daß, wenn Schubert im dritten und vierten Vers der zweiten Strophe eine Entsprechung zur ersten sucht, er wie zwangsläufig von dem langen ersten Ton cis weggetrieben wird; die Singende wechselt jubelnd aufs hohe fis – und wer wollte schon beckmessern, daß »Rebenläube« hier nicht glücklich skandiert sei – auch dies Äußerung der Unrast! Bei dieser Rekapitulation, auch das gehört zur freieren Bahn, entfällt das harmonische Umlenken von D nach h bzw. Fis. Freie Bahn auch insofern, als Schubert anschließend zur Deklamation der dritten Strophe das Gehäuse der ersten benutzt – offenbar will er auf eine doppelstrophige Disposition hinaus. Zudem prägt im Gegensatz zur ausmalenden zweiten Strophe die dritte wieder stärker jene Ambivalenz, nun (»kühlt auch mir die heißen Wangen, küßt die Reben noch im Fliehen«) mit voll einbekannter erotischer Unterlegung, die Fragefigur des zweiten Verses der ersten Strophe (»bringt der Ost«) mit »kühlt auch mir« fast ein Jubelruf.

Freilich läßt Schubert die doppelstrophige Analogie nur so weit gewähren, daß ihre Kündigung allen Nachdruck erhält; und die wird fällig anläßlich der durchbrechenden Gewißheit »und mir bringt sein leises Flüstern/von dem Freunde tausend Grüße« (in Mariannes Fassung »und mich soll sein leises Flüstern/von dem Freunde lieblich grüßen«). Jener Durchbruch nun verträgt den im doppelstrophigen Schema fälligen Anschluß an die zweite Strophe nicht, die Gewißheit des Freundesgrußes läßt die überschwenglich Singende den Einstieg verfehlen, sie schließt kurzerhand an den dritten und vierten Vers der vorangegangenen Strophe an, als wolle deren Multiplikation sich nun ihrerseits multiplizieren. Womit Schubert die Psychologie dessen komponiert, dem der emotionale Überschwang die Orientierung trübt; als deren Anhalt steht am ehesten noch das soeben Gesagte zur Verfügung, aber auch nur als Anhalt: Suleika kann die Formulierung nicht rekapitulieren, sie bleibt in der Tonart und im Tonraum ihres Ansatzes hängen, zu einer konsistenten Formulierung kommt es ebensowenig wie zu einem Zeilenschluß, weil sie, von des Freundes »lieblichen Grüßen« singend, ins Rufen gerät und fast wie hilflos zwischen wenigen Tönen kreist. Gemeint ist ein heimliches Rufen, Schubert bekräftigt das pp dieser Strophe mehrmals.*Genau dort, wo Suleika aus der Liedordnung aussteigt, setzt erstmals das Dreiachtelklopfen aus, führt Schubert die Begleitung im hornquintenartigen Satz noch näher an das Gesungene heran; und nur hier hat jeder Vers vier Takte. Der dritte und vierte Vers holen das »Rufen« der vorangegangenen ein und integrieren es, im Nachhinein es zum Auslöser eines weiten melodischen Bogens qualifizierend; der setzt mit breiten Werten ein, welche Worte wie eh und noch für sich genommen schwerlich verdienen. Hier aber regiert die psychologische Logik: Die Frist der freudigen Erwartung wird fast genüßlich verlängert, das beseligende »grüßen mich wohl tausend Küsse« hinausgezögert, indem Suleika abermals ins Rufen gerät (bei Marianne stand hier das schöne »sitz ich still zu seinen Füßen«).

Nachdem im Klavier die rufenden Hornquinten nachgeklungen sind, versucht Schubert der doppelstrophigen Struktur nachträglich zu ihrem Recht zu verhelfen. Da die vierte Strophe »versehentlich« zu einem Tropus der dritten geriet, scheint er mit der fünften als einer eigentlich vierten Ordnung schaffen zu wollen. Deren Entsprechung zur zweiten beginnt mit der Wiederaufnahme der »kosenden« Figur, welche nach den beruhigend gleichmäßigen, großen Schritten der »Hornquinten« neue Unrast der Bewegung signalisiert. Tatsächlich tritt im Text – auch dies dem ersten Strophenpaar entsprechend –, nachdem dieser schon nach »innen« geraten war, die Äußerlichkeit der Metapher erneut in ihr Recht: Suleika redet nicht nur wieder vom Ostwind, sie redet ihn nun auch an; daß sie vom »Weiterziehen« spricht, rechtfertigt die neue Eindringlichkeit des Tempos zusätzlich – und erst recht, daß sie das beseligende Bild noch einmal zurückruft, bevor sie sich ihm »nach innen« entzieht. Wohl auch deshalb wiederholt sie nun die beiden ersten Verse (in den ersten drei Strophen waren es stets der dritte und vierte), wobei die Gruppierung in zweimal zwei plus zweimal zwei Takte durch eine sequenzierende Entsprechung betont wird – der zweite Viertakt gegenüber dem ersten ohne Modulation um einen Halbton nach oben geschoben, was in so einfachem Zuschnitt kein zweites Mal begegnet, das cresc. des zweiten Viertakters dies eher unterstreichend als verbergend.

Schubert treibt aufs Schema hin unmittelbar, bevor er ihm absagt. Denn anschließend geht der Singenden alle Ordnung zuschanden: »Dort, wo hohe Mauern glühen, dort find' ich bald den Vielgeliebten« (als der einzigen Stelle, wo Goethe zweifellos gebessert hat). Die zuvor und danach strikt bewahrte Einheit der musikalischen Verszeile wird aufgebrochen wie mit dem emphatisch wiederholten »Dort« die goethesche Versordnung; melodisch steht die Formulierung beziehungslos für sich; harmonisch kommt es nach dem Überspringen der enharmonischen Barriere zu einem atemberaubenden, von einer chromatischen Folge getragenen Accelerando, welches ebenfalls in dem Liede einzig dasteht; sehr rasch steigert sich das leise Stück, in welchem bisher überhaupt nur pp und ppp und kleine Crescendi vorgeschrieben waren, zu Forte und Fortissimo.

Mit »find ich bald den Vielgeliebten« ist das Lied, wie es angetreten war, am Ende, seine doppelstrophige Ordnung aufgekündigt – genau wie im Text die Erwartungssituation ungeduldig »nach vorn« durchstoßen und die Totale des lyrischen Bildes verlassen wird: Vom Ostwind spricht Suleika hinfort nicht mehr, sie hat sich selbst an den Punkt gebracht, da sie nur noch direkt von dem Geliebten sprechen kann. Und diese Fixierung vollzieht auch die Musik – als Fixierung auf Fis, welches, mit der Nennung des »Vielgeliebten« in einer zielstrebigen Kadenz erreicht, als ostinater Ton durch alle verbleibenden 44 Takte hindurch erklingen wird. Das bedeutet ebensowohl Bindung und Konzentration wie Einschränkung und Verzicht: Mit dem musikalisch suggestiv abflauenden Ostwind verbindet sich der Rückzug des lyrischen Redens in sich selbst, der Partner verschwindet – und damit der Dialog und die Möglichkeit, Ostwind, Feld und Hügel als Dolmetschen der Liebe zu verstehen. Da Suleika den Vielgeliebten mit jubelnder Direktheit nannte, hat sie einen Zauberbann gebrochen und sich in die Einsamkeit derer hineingeredet, die mit ihrer Liebe allein sind. Sie bedurfte der lyrisch-metaphorischen Verhüllung, um dorthin gelangen zu können, wo sie, jene abwerfend, direkt von ihm reden kann; aber sie redet, wenn auch von ihm, nur noch mit sich selbst. Zum Zauber, zur Wahrheit dieser epilogischen Strophe gehört, daß Suleika den Umschlag selbst herbeiführte, daß sie dessen Konsequenz ebenso erleidet wie bejaht – eine Bejahung, die vor dem wie immer nur geahnten Hintergrunde des Wissens steht, daß in der Kurve, die ihr Singen beschrieben hat, diejenige des Liebeserlebnisses insgesamt vorweggenommen, daß in dem Verzicht, mit dem Geliebten zu sprechen, schon ein größerer enthalten sei.

Der Zurücknahme in die Reflexion entspricht diejenige der zuvor erwartungsfroh bewegten musikalischen Aktivität: Zweimal fünf Takte – lange also und eigentümlich irregulär – braucht die Bewegung, um abzuflauen und zurückzufluten, geht immer tiefer hinab, als wolle Suleika den tiefsten Grund ihrer Gewißheit suchen und gerate dabei immer weiter hinab ins Dunkel. Ein »Ach!« eröffnet diese letzte Strophe, ähnlich gesättigt von der wunderbar humanen Hilflosigkeit vor den Paradoxen unseres Lebens wie das »Ach« von Kleists Alkmene; und in dieser Strophe muß Suleika sich – das nun ist Schuberts Interpretation – immer wieder vorsagen, was sie überhaupt noch zu sagen vermag, mit Ausnahme einer getilgten Zeile dreimal. Aus dem treibenden Dreiachtel-Auftakt ist der Gleichschlag geworden, aus dem unruhigen Klopfen ihres Herzens ein in unerbittlichem Gleichmaß geläutetes Memento. Für die vorangehenden fünf Strophen hatte Schubert, das Vorspiel nicht gerechnet, insgesamt 103 *etwas lebhafte* Takte gebraucht, für die letzte Strophe 35 *etwas langsamere*, braucht für diese also weit mehr als die Hälfte der Zeit aller vorangegangenen zusammen. Derlei Messung freilich ist nicht nur fragwürdig, weil er in die »Zeitlosigkeit« eines in sich kreisenden Gefühls und Sinnens hinübergetreten ist fast wie in eine andere Welt, in die von der vorigen nur weniges hineinragt – vom repetierten Fis abgesehen am ehesten die melodische Punktierung, an welcher die eröffnende Frage haftete (»frohe Kunde«), auch sie zum Ostinato geworden, zur unablässig neu gestellten Frage, welche enthüllt, wieviel nicht Beantwortbares in den Worten enthalten sei. Wie um sie zu beschwichtigen, versucht die Singende, mit der melodischen Punktierung einsetzend, zu beantworten, was nicht beantwortet werden kann, am Beginn der Strophe jeweils auftaktig und abwärtsgehend und sonst in vielerlei Gestalt – ein Maximum von wiederholendem Insichkreisen, als wolle sie sich am Gesungenen festhalten, ins Gesungene einspinnen. Die ersten beiden Verse gleichen sich mit Ausnahme der Auftakte, der dritte und vierte bei veränderten Richtungen rhythmisch, die zweite Entsprechung freilich gestört und ergänzt durch die (vom »Dort« der fünften Strophe abgesehen) erste und einzige Teilwiederholung einer Zeile mit »sein Atem geben«. Eben diese Wendung wird durch Wiederholung,

Dehnung und die einzige vom ostinaten Punktieren abweichende Gegenmelodie des Klaviers »traumatisiert«. Wie selbstverständlich auch spricht Suleika von »seinem Atem«, als sei nie von etwas anderem die Rede gewesen, als müsse jeder wissen, daß er als »Ost« nur chiffriert war.

Freilich beläßt Schubert es nicht beim identischen Insichkreisen. Was Suleika, auf dem tiefen Fis angelangt, zu formulieren gelingt, gewinnt eine gewisse Objektivität; also vermag sie es zu wiederholen und das ostinate Fragen der melodischen Punktierung aus der Tiefe heraufzuholen. In der nächsthöheren Oktav begleitet es die repetierte Strophe und hilft diese rechtfertigen als ein Mehr an Objektivität und Wirklichkeit des lyrischen Sagens – dessen Schubert alsdann bedarf, um es wieder zurückzunehmen. Nach dem Forte bei »kann mir nur sein Atem geben« geht er in der wiederholten Strophe bis zum ppp zurück, verbannt die ostinate Punktierung abermals in die tiefe Oktav und schlägt über ihr wie eine Glocke und zugleich als dritten Ostinato das fis an, gewissermaßen die Mitte zwischen dem in der Tiefe in Achteln repetierten Fis und der daktylischen Punktierung, von der es die schwere Taktzwei erbt. Wie wichtig er dies fis nimmt, zeigt sich, wenn er es im vor- und im drittletzten Takt, da die Musik im Dunkel versinkt, in die tiefere Oktav legt. Man mag dies über die »Frage« gelegte fis und das ppp als Zeichen für eine neue Stufe von Entwirklichung nehmen, als Zeichen dafür, daß das Gesagte in der, die es sich vorsagt, nur noch nachklinge, daß sie ihm nachhöre und gar nicht selbst mehr rede – oder nur so, daß es aus ihr wie von selbst rede und sie in diesem Letzten und Wichtigsten aufgehen wolle, Epilog zum Epilog, versinkend und unvollständig. Nach dem identischen Ansatz erscheint die Melodie nun im Dreiklang eine Stufe tiefer, als erhasche Suleika nur einen versetzten Nachklang und auch diesen nicht vollständig: Der dritte Vers fehlt, er ist schon vergessen, er müßte hier, da es um die Essenz des Gesagten, nicht mehr um dieses selbst geht, sperrig und unnötig buchstäblich erscheinen; glaubwürdig ist die Strophe nur noch als Fragment. Was nicht hindert, daß Schubert entgegen der Auflösung aller gestalterischen Absichtlichkeit beim traumatisierten »geben« den Rhythmus wiederholt, in dem das Motiv am Liedbeginn erstmals erschien, im großen Abschied die Frage nach der »frohen Kunde« gegenwärtig haltend, aus der das Lied entstand.

Fidélité des événements

Graz-Andritz, 23.2. Heute abend hat »Fidelio« Premiere, morgen um sieben Uhr startet das Flugzeug. Dieser frühe Sonntagmorgen ist schönste Spaziergehzeit, ganz und gar hier, wo Ausläufer der Stadt, Dörfliches und Landschaft ineinander übergehen. Der Rauch der Schornsteine steigt senkrecht in die klare Frostluft, Meisen und Amseln geben ihre Vorfrühlingskonzerte, aus den Tälern klingt Kirchengeläut ineinander, in den Gärten sieht man Winterlinge und Schneeglocken; noch sind wenige unterwegs, alte Leute zur Kirche, Hundehalter und Jogger. Vor einer Woche bin ich durch Thüringen gefahren, habe mich von der Feininger-Kirche in Gelmeroda, dem Erfurter Dom, den Drei Gleichen und der Wartburg verabschiedet. Vor zwei Wochen lief ich hier dieselben Wege, randvoll mit der Mahler-Sinfonie, alle Arten von Vergegenwärtigung versuchend und prüfend, ob ich sie kennte und was sie von mir, was ich von ihr wollte.

Es geht zu schnell. Jedes Ding hat seine Zeit – das klingt wie ein Gemeinplatz und erweist sich umso weniger als ein solcher, desto mehr Dinge uns beschäftigen und deren Zeiten halb unverwirklicht, nur halb wahrgenommen an uns vorüberwirbeln. So ließen diese Aufzeichnungen sich über die Aufarbeitung der vorvergangenen Woche hinaus als Prüfung verstehen, inwieweit ich, gemessen an einer Übereinstimmung von Erlebnis, Dimension und Wahrnehmung, tatsächlich in Weimar gewesen sei, nicht nur Fluggast bei einer ortlosen Zwischenlandung. Daß Musik, richtig angehört, solche Zwischenlandungen, Flüchtigkeiten, Treulosigkeiten verhindert, daß sie uns hilft, mit dem Auseinanderklaffen zwischen den von außen uns zustoßenden und unseren eigenen Zeitverhältnissen, der spezifischen Geschwindigkeit und den Gravitationen unseres Erlebens zurechtzukommen oder gar sie übereinzubringen, macht einen Gutteil dessen aus, was wir ihre Unmittelbarkeit nennen.

Es geht zu schnell. Zu den drängendsten Fragen der letzten Jahre gehörte – nicht nur als Luxus der Unbetroffenen – diejenige, wieso wir uns nicht noch viel mehr wunderten über das, was da geschah, wieso wir auch nur momentweise selbstverständlich finden konnten, daß eine sorgsam zementierte, scheinbar lebenslänglich verordnete Konstellation über Nacht zusammenbrach; nur purer Aberwitz konnte vor Jahren den gewesenen Staatsratsvorsitzenden als letzten Botschaftsflüchtling vermuten. Andererseits läßt der Sturz der Ereignisse dem Verwundern, der Verarbeitung keine Zeit; obwohl, oft zitiert, wie bei Livingstones Lastträgern die Seelen nicht nachkommen – die Beine müssen mithalten: Wieviel Anlaß für die Frage, auf welche Weise wir wir selbst bleiben können, woher wir kommen, wieviel wir von dorther mitnehmen können, wieviel Anlaß, die treulos rasche Verschiebung der Begriffe, Werte und Maßstäbe gewissenhaft zu erinnern samt dem, was damals geboten und nicht nur lebensdienlich war! Selten haben ein vermeintlicher Realismus, der den Tag und die Stunde nutzt, und derjenige, der begreifen und nachvollziehen will, so weit auseinandergeklafft, zuviel aufdringliche Bescheidwisserei wird mit Untreue gegenüber dem Gewesenen erkauft; ein gut über den Gezeitenwechsel gekommener Chef wirft seinen Mitarbeitern vor, nicht »wendefähig« zu sein. Warum hat keiner versucht, Geschichte zu schreiben und zu erklären im Hinblick auf das jeweils Fällige, auf dessen Wahrnehmungen und Verfehlungen, im Hinblick auf idealiter Gleichzeitiges, das ungeduldiger Vorgriffe oder verspäteter Einsichten wegen selten oder nie zustandekam? – wohl nur, weil er das »Dunkel des gelebten Augenblicks« (Bloch) als aufgehellt und sichere Anhalte für die Bestimmung des jeweils Fälligen hätte behaupten, einer angemaßten Verfügungsgewalt über den Weltlauf sich hätte nähern müssen, der wir kein Comeback wünschen. Zum Jubel von 1989 freilich gehörte die Gewißheit, endlich etwas geschichtlich Fälliges mitbesorgen zu können, erlöst zu sein vom erzwungenen Kopf im Sand, der dumpfen Duldung eines Systems, von dem man zu lange zu genau schon wußte, daß es nicht dauern könne.

Manchmal erschrecke ich, worüber ich mich zugleich freue: daß mir die Namen Paris, Amsterdam, Rom etc. auf Zugschildern oder Abflugtafeln kaum noch sehnsüchtige Schauder über den Rücken jagen, daß wir in der Grabenschänke in Weimar unaufgeregt von Ferien in Italien oder der Provence, von Konzerten in Japan und Amerika erzählen können, daß gefährliche Bücher nach überstandener Kontrolle nicht mehr doppelt so schwer und wichtig werden, daß der Beschäftigung mit neuer Malerei, Literatur oder Musik die verschwörerische Motivation abhandengekommen ist; erschrecke über die Verlegenheit bei Jüngeren, wenn ich aus der Welt von gestern berichte und darüber, wie sehr bei dem, was mich mit vertrauten Orten verbindet, Vergangenheit überwiegt, wie sehr ich dort mich identifiziere aus dem, was war, kaum aus dem, was jetzt ist oder morgen sein wird. Im Zwang zur Erinnerung macht Heimkehr uns älter als wir sind und läßt uns deshalb Ausschau halten nach Möglichkeiten, das Übergewicht von Vergangenheit auszugleichen durch Gegenwart und Zukunft, Tätigkeit und Pläne. Beim ersten Heimkehrversuch vor zwei Jahren – da hatte ich nichts zu arbeiten – war ich im Dunkel durch die Stadt geschlichen.

Gestern, am Tag zwischen Generalprobe und Premiere, sind wir in der Weststeiermark gewandert. »Es ist schön, daß man bei Ihnen alles ausspielen kann, die Tempi sind ruhig«, sagt ein Musiker und ist überrascht, daß ich das nicht unbedingt als Kompliment aufnehme, halte ich's doch mit der beschwingten Klassik und finde Beethovens und Czernys Metronomangaben wichtig. Um mich zu bestätigen, wird in der kommenden Woche ein gescheiter, ausnahmsweise in die Oper abkommandierter Literaturkritiker über die »gehetzte« Aufführung herziehen. Auf der Wanderung kommt es zu einem längeren Disput; »in sich ruhige« statt »ruhige« Tempi wird als Hauptnenner akzeptiert, ehe einer nochmals nachfaßt: Auf die Metronomzahl käme es nicht an, man müsse sich aber verlassen können, die musikalischen Ereignisse müßten »verläßlich« sein.

Die Formulierung trifft mich. In Debussys »Pelleas« habe ich oft auf den Augenblick gewartet, da der alte Arkel zu philosophieren beginnt, einsetzend mit der Vermutung, daß es »unnütze Ereignisse« nicht gebe (»il n'arrive peut-être pas d'événements inutiles«) und dann seinen Glauben bekennend an die »Verläßlichkeit der Ereignisse«: »A mon âge j'ai acquis je ne sais quelle fois à la fidélité des événements.« Das schien mir immer nahe bei der lebensklugen, rational erhellten Mystik des alten Goethe zu liegen, bei seiner Begabung, in allem ihm Zugestoßenen Bedeutungen, Fügungen aufzuspüren (da redet er gern von »Daimonion«) – insgesamt ein Weltverhältnis von Weisen, Mystikern, Stoikern, Alten, worin sich die unterschiedlichsten Temperamente einig werden. »Mein lieber alter Freund«, schrieb der achtzigjährige Bloch an Lukács, »die Verhältnisse ordnen uns besser und wahrer zueinander, als wir selber es in den Jahren einer (kaum von mir ausgehenden) Entfremdung zustandegebracht haben«; führt da nicht auch der Glaube an die Verläßlichkeit der Ereignisse die Feder?

»Verläßlich« meint keineswegs günstige oder gesetzmäßige oder allem Zufall entzogene Ereignisse. Die erstmals, quietistische Verdachte nicht scheuend, konsequent darüber nachdachten, die Stoiker, spürten das Paradoxon im »verläßlichen Ereignis« sehr wohl: »Verlange nicht, daß alles so geschieht, wie du es wünschest, sondern wolle, daß alles so geschieht, wie es geschieht« (Epiktet). Unsere Entfernung zu den alten Griechen, die die Geschichte als Wiederkehr des Gleichen oder Ähnlichen, als Kreislauf oder rhythmische Bewegung dachten, unser Bild einer fortschreitenden Geschichte und dessen scheinhafte Sicherheiten sind schuld daran, daß die Formulierung passivisch klingt, dem Einwand ausgesetzt, sie lasse sich nicht auf das Problem von Geschehnissen ein, die uns keine Zeit geben, sie zu wollen. Ohne Anspruch auf eine rationale Auflösung des Paradoxons war für den Stoiker die Lücke gefüllt durch »prosoche«, die Wachsamkeit, das wache Bewußtsein unserer selbst, unserer Situation, der jeweils möglichen Verfügung über uns, eine so realistisch mutige, illusions- und theorielose wie philosophische Geistesgegenwart, in der, immer neu vermittelt mit dem, was uns zustößt, die Selbstbestimmung nie abdankt, sondern die Freiheitsräume besetzt, die sie gewann, indem sie Unabänderliches akzeptierte wenn nicht bejahte – äußerstenfalls die Selbstverfügung der Todkranken, die die Ankunft eines nahen Menschen noch abwartet, dann sich zur Seite kehrt und stirbt. Ihr stößt das Ende nicht mehr zu, sie hat es überholt und verläßlich gemacht.

Welche Freiheit, das Leben als »si peu chronologique« (Proust) zu erfahren! Erinnerung, indem sie ihre Gegenstände und deren Echo in uns zu einem Akkord zusammenzieht, arbeitet dem, wenn auch rückwärts blickend, vor; für Daten und bedingendes Nacheinander hat sie weniger übrig als für Bilder, Namen und Assoziationen, sie ist auf zeitlich Fixiertes angewiesen und macht sich zugleich von solchen Fixierungen los – ähnlich der Wahrnehmung von Musik, in der Hören, Gehörthaben und Hörenwerden, Gegenwart,

Vergangenheit und Zukunft, einander durchdringen. Nicht zufällig ertappt sich die erinnernde Reflexion oft bei der Versuchung, es Träumen gleichzutun, die dem schrillenden Telefon, der krachenden Tür, die ihnen ein Ende machen, rasch noch eine Vorgeschichte, eine Verursachung nachliefern. Der dröhnende Resonanzboden, den ich unter mir schwingen fühle, wenn ich durch Weimar laufe, nötigt mir nicht nur Erinnerungen an Menschen und Geschehnisse auf, an die ich zehn Jahre lang nicht gedacht habe, holt Dinge herauf aus einem Sediment scheinbar unterhalb des Vergessenen, er paralysiert auch den Zeitsinn: erst nachträglich fällt mir auf, daß ich schon nach acht Jahren über die Schillerstraße gehen kann, ohne erkannt und beachtet zu werden, daß ich in einer Reihe lieblos ausgemusterter Grabsteine auf dem Friedhof Namen von Menschen entdecke, die ich gekannt habe. Das hängt auch mit Distanz zusammen; denn jener aus Gegenstand und Echo gebildete Akkord verträgt nicht, daß man an den Gegenstand, wie er heute ist, nahe herankommt.

Da zeigt sich, wie Ereignisse auf allzu bequeme Weise verläßlich erscheinen, wenn sie zu Objekten der Erinnerung werden, wenn ich sie nun selbst mir herstelle und dabei alle Überraschung, alle inkommensurable »reale Gegenwart« tilge – es ist nützlich, diese nahe bei »Schiffbruch mit Zuschauer« liegende Moralität des Erinnerns zu bedenken; ich mache mich zum Zuschauer meiner selbst, genieße die Resonanz mit der eigenen Vergangenheit, mit Ereignissen, die mir keine prosoche abverlangen, denen also ein wichtiger Teil dessen abhanden kam, womit sie sich ins Gedächtnis eingegraben hatten: daß sie plötzlich da waren und, zunächst nicht faßbar und »unverläßlich«, mich umgeworfen haben, weil »auf ein plötzliches Ereignis ... eine plötzliche innere Wirkung« antwortet, »auf die Ungewißheit dessen, was war, eine Ungewißheit dessen, was ich war« (Valéry). Wohingegen der Erinnernde am sicheren Ufer die Gewißheiten vertieft und, in ihnen sich selbst und seine Geschichte zusammensuchend, sein Recht auf sich selbst wahrnehmend, verdeutlichen hilft, inwiefern prosoche, rigoros als Vorbereitetsein für Unvorhersehbares und als unabdingbares Postulat begriffen, eine Überforderung, ein Paradoxon wäre. Wie sie andererseits, als Bereitschaft »zu Aufbruch und zu Reise«, dem goetheschen »Stirb und werde« nahekommt. Die stabilsten Strukturen, angefangen bei unserem Herzen und seinem Schlage, sind die elastischen, in bestimmten Toleranzen störbaren und chaotischen.

Insofern sie unsere Verantwortung für unsere Lebensverhältnisse anmahnt und Zivilcourage einklagt, kann prosoche auch erklären helfen, wie bequem, wehleidig und feige die Bereitwilligkeit ist, sich nur betroffen, nur als Objekt und Opfer der Macht zu fühlen. »Opfermentalität ist eine Form des Selbstbetrugs« (R. Henrich), sie befestigt die Umstände, mit denen sie sich entschuldigt; die vor zweieinhalb Jahren zusammengebrochene Konstellation hat ihr schlimm zugearbeitet. Fixiert auf die Koordinaten des dominierenden Konflikts, konnten die Systeme sich aneinander definieren, mit Hilfe des Feindbildes bestätigen – Adenauer hatte nie einen besseren Wahlhelfer als Ulbricht –, in einer geschichtlichen Arbeitsteilung voneinander profitieren und sich übergreifend darauf einigen, ihre wechselseitige Bedingtheit zu verschweigen, sie konnten unterhalb dieses Selbstbetruges heranwachsende Wirklichkeiten verdrängen und noch über den Kollaps hinaus Rechenschaft darüber versperren, inwiefen sie, scheinbar Gegenwelten, Teile ein und derselben Welt waren. »Denn allzu begierig tritt man mit Füßen, was man einst gefürchtet« – Lukrez wird heute so schwunghaft bestätigt, weil die Einsicht schmerzt, der zur Hölle gefahrenen Welthälfte soviel offensichtlich schwer ersetzbare raison d'être zu verdanken. Vom Sieg der einen über die andere zu sprechen, ist nicht weniger töricht als früher die – verständliche – Neigung der Unterdrückten, den Gewinn der Freiheit zehnmal wichtiger zu finden als jedes andere Problem, wenn nicht jedes andere im Gefolge dieses einen lösbar. Wir hatten zuviel Anlaß, uns nur als Metallstaub im Gravitationsfeld des Ost-West-Gegensatzes, unsere blockierte Existenz als vorläufig und uneigentlich anzusehen und darüber Fragen nach eigenen Möglichkeiten zu versäumen, das Unsrige zur Verläßlichkeit der Ereignisse zu tun. Epiktet, Zeitgenosse von Monstern wie Nero und Domitian, hätte ähnliche Entschuldigungen benutzen dürfen. Der Eiserne Vorhang samt allem, was ihn bedingte, war ein Gefrierschrank für die Geschichte, funktionierte glänzend als eine ihr Chaotisches, ihre Vielsträhnigkeit verdrängende Gängelung, mithin als Schutzdach für Bequemlichkeiten. Je länger wir auf denen bestehen, uns weigern, die Dimensionen des befreienden Aschermittwochs 1989 zur Kenntnis zu nehmen, zu ermessen, was tatsächlich geschehen ist und was uns abverlangt wird, je simpler die einschlägigen Formeln und Rezepte ausfallen, desto mehr Verläßlichkeit der Ereignisse werden wir verspielen. Es war leicht, in Epiktets Sinne, 1989 zu wollen; nun müssen wir uns bekennen, auch die Folgen gewollt zu haben.

GPSR Compliance

The European Union's (EU) General Product Safety Regulation (GPSR) is a set of rules that requires consumer products to be safe and our obligations to ensure this.

If you have any concerns about our products, you can contact us on ProductSafety@springernature.com

In case Publisher is established outside the EU, the EU authorized representative is:

Springer Nature Customer Service Center GmbH
Europaplatz 3
69115 Heidelberg, Germany

Batch number: 10578184

Printed by Printforce, the Netherlands